# Ética a Nicômaco

**Dados Internacionais de Catalogação na Publicação (CIP)**
**(Câmara Brasileira do Livro, SP, Brasil)**

---

Aristóteles
 Ética a Nicômaco / Aristóteles ;
tradução de Vinícius Chichurra. – Petrópolis, RJ :
Vozes, 2024. – (Coleção Vozes de Bolso)

 Título original: Hoika Nikoauxeia
 ISBN 978-85-326-6710-6

 1. Aristotéles – Ética  2. Ética
3. Ética – Obras anteriores a 1800
I. Título.  II. Série.

24-199637                                                                 CDD-185

---

Índices para catálogo sistemático:

1. Ética : Filosofia aristotélica 185
Eliane de Freitas Leite – Bibliotecária – CRB 8/8415

# Aristóteles

# Ética a Nicômaco

Tradução de Vinícius Chichurra

*Vozes de Bolso*

Tradução do original em grego intitulado *Ηθικά Νικομάχεια*

© desta tradução:
2024, Editora Vozes Ltda.
Rua Frei Luís, 100
25689-900  Petrópolis, RJ
www.vozes.com.br
Brasil

Todos os direitos reservados. Nenhuma parte desta obra poderá
ser reproduzida ou transmitida por qualquer forma e/ou quaisquer
meios (eletrônico ou mecânico, incluindo fotocópia e gravação)
ou arquivada em qualquer sistema ou banco de dados sem
permissão escrita da editora.

**CONSELHO EDITORIAL**

**Diretor**
Volney J. Berkenbrock

**Editores**
Aline dos Santos Carneiro
Edrian Josué Pasini
Marilac Loraine Oleniki
Welder Lancieri Marchini

**Conselheiros**
Elói Dionísio Piva
Francisco Morás
Gilberto Gonçalves Garcia
Ludovico Garmus
Teobaldo Heidemann

**Secretário executivo**
Leonardo A.R.T. dos Santos

*Revisão matricial*: Jhary Artiolli
*Diagramação*: Editora Vozes
*Revisão gráfica*: Lorena Delduca Herédias
*Capa*: Editora Vozes

ISBN 978-85-326-6710-6

**PRODUÇÃO EDITORIAL**

Aline L.R. de Barros
Marcelo Telles
Mirela de Oliveira
Otaviano M. Cunha
Rafael de Oliveira
Samuel Rezende
Vanessa Luz
Verônica M. Guedes

**Conselho de projetos editoriais**
Luísa Ramos M. Lorenzi
Natália França
Priscilla A.F. Alves

Este livro foi composto e impresso pela Editora Vozes Ltda.

# Sumário

**Livro I, 7**
*Trata do bem, do agir humano e das escolhas.*

**Livro II, 44**
*Trata da virtude moral e do meio termo.*

**Livro III, 70**
*Trata do ato moral e das paixões.*

**Livro IV, 111**
*Trata das virtudes morais.*

**Livro V, 147**
*Trata da justiça.*

**Livro VI, 186**
*Trata das virtudes da alma e da racionalidade.*

**Livro VII, 214**
*Trata dos vícios e ações que o ser humano
virtuoso deve evitar.*

**Livro VIII, 256**
*Trata da amizade.*

**Livro IX, 293**
*Trata da amizade política.*

**Livro X, 328**
*Trata dos prazeres, das virtudes e do papel da política.*

# Livro I

*[Trata do bem, do agir humano e das escolhas]*

### 1

Toda arte e toda investigação, assim como toda realização e toda decisão, parecem visar a algum bem; por isso foi certamente dito que o bem é aquilo ao qual todas as coisas visam. É verdade que uma certa variedade deve ser observada entre os fins aos quais as artes e as ciências visam; em alguns casos, a atividade é o próprio fim, em outros, o fim é um produto distinto do próprio exercício da arte. Nas artes cujos fins são distintos da prática das próprias artes, são, esses fins, por natureza, superiores em valor às atividades.

Porém, sendo numerosas as atividades, artes e ciências, numerosos são seus fins; por exemplo, o fim da arte da medicina é a saúde, o da arte da construção naval é um navio, o da estratégia, a vitória, o da economia doméstica, a riqueza. Agora, nos casos em que várias dessas artes estão subordinadas a uma única faculdade – assim como a selaria e outras artes relacionadas a arreios para cavalos estão incorporadas na arte da equitação, e esta, juntamente às atividades militares, da estratégia, há similarmente outras artes incorporadas também em diferentes artes –, em todos esses casos, os fins das artes fundamentais são mais desejáveis que os fins das artes subordinadas a elas, uma vez que os últimos são procurados apenas por causa dos primeiros. Não faz diferença se os fins das ações são as próprias atividades ou alguma outra coisa além delas, como no caso das ciências mencionadas.

## 2

Se, portanto, entre os fins a que visam nossas ações houver um que desejamos por si mesmo, ao passo que desejamos outros fins apenas por interesse nele, e se não desejamos tudo em vista de outra coisa (o que evidentemente resultaria em um processo infinito, de modo que todo desejo seria fútil e vão), é claro que esse fim será o bem e, de fato, o bem supremo.

Não será, então, o conhecimento desse bem supremo de grande importância para a conduta da vida? Não nos capacitará melhor para atingir nosso objetivo adequado, assim como arqueiros tendo um alvo para mirar? Se assim for, devemos tentar determinar em todos os eventos, ainda que em linhas gerais, o que exatamente é esse bem supremo e de qual das ciências ou faculdades ele é o objeto.

Bem, parece que esse fim supremo deve ser o objeto da mais prestigiosa das artes e que mais é preeminentemente uma arte mestra. Tal é, manifestamente, a ciência da política; pois é ela que ordena quais das ciências devem existir numa pólis e quais ramos do conhecimento as diferentes classes de cidadãos devem aprender, e até que ponto; e observamos que mesmo as faculdades mais estimadas, como a estratégia, a economia doméstica e a retórica, estão subordinadas à ciência política. Visto que a política faz uso das demais ciências e, além disso, estabelece leis sobre o que as pessoas devem fazer e as coisas que devem abster-se de fazer, o fim dessa ciência deve incluir os fins de todas as outras. Portanto, o bem humano será o fim da ciência da política. Pois, embora o bem seja o mesmo para o indivíduo e para a pólis, o bem da pólis parece ser um bem maior e mais completo, tanto para alcançar quanto para preservar. O bem de uma pessoa só é melhor do que nada; mas garantir o bem de uma nação ou pólis é uma conquista mais nobre e divina. Sendo esse o seu objetivo, a nossa investigação é, de certo modo, o estudo da ciência política.

## 3

Nossa discussão dessa ciência será adequada se ela tiver tanta quanto pertence ao seu objeto de estudo, pois a mesma exatidão não deve ser esperada igualmente em todos os raciocínios, assim como em todos os produtos das artes e dos ofícios. As disciplinas estudadas pela ciência política são as ações belas e justas; mas essas concepções envolvem muita diferença de opinião e incerteza, de modo que às vezes são consideradas meras convenções e não têm existência real na natureza das coisas. E uma incerteza semelhante envolve a concepção do bem, porque frequentemente ocorre que as coisas boas têm consequências prejudiciais a muitos: houve, por exemplo, pessoas que foram arruinadas devido à sua riqueza e, em outros casos, a coragem custou às pessoas suas vidas.

Devemos, portanto, nos contentar em, tratando de assuntos e partindo de premissas assim incertas, apresentar um amplo esboço, e em linhas gerais, da verdade; quando nossos assuntos e nossas premissas são apenas generalidades, basta que cheguemos a conclusões válidas no geral. Consequentemente, podemos pedir a quem estuda que também aceite os vários pontos de vista que apresentamos no mesmo espírito, pois é a marca de uma mente educada esperar certa quantidade de exatidão em cada tipo que a natureza do assunto particular admite. É igualmente irracional aceitar conclusões prováveis de um matemático e exigir provas científicas de um retórico.

Cada pessoa julga corretamente os assuntos que conhece; e desses assuntos é essa pessoa uma crítica competente. Para criticar um determinado assunto, portanto, uma pessoa deve ter sido treinada nesse assunto: para ser um bom crítico em geral, deve-se ter uma educação completa. Portanto, os jovens não são adequados para ouvir lições sobre a ciência política; pois não têm experiência de vida e conduta, e são elas que fornecem as premissas e o assunto desse ramo do conhecimento. Além disso, os jovens são guiados por seus sentimentos; de modo que estudarão o assunto sem propósito ou vantagem, já que o fim dessa ciência não é o conhecimento, mas a ação. E não importa se são jovens em anos ou em caráter; o defeito não é uma questão de idade, mas do modo de vida e de guiar seus vários objetivos pelo sentimento. Para tais pessoas, como aos desregrados, a ciência é inútil; mas essa ciência pode ser de grande valor para aqueles que guiam seus desejos e ações por meio de princípios racionais.

Que isso baste, pois, como introdução sobre o estudante do assunto, o espírito em que nossas conclusões devem ser recebidas e o objetivo que colocamos diante de nós.

## 4

Visto que todo estudo e todo trabalho é direcionado para a obtenção de algum bem, vamos discutir e determinar o que é que declaramos ser o objetivo da ciência política, ou seja, qual é o maior de todos os bens que a ação pode alcançar. No que diz respeito ao nome, quase podemos dizer que a grande maioria da humanidade está de acordo sobre isso; pois tanto o vulgo quanto as pessoas cultas dizem ser a felicidade esse fim e concebem a boa vida ou fazer o bem como sendo a mesma coisa que ser feliz. Contudo o que constitui a felicidade é uma questão de controvérsia; e o relato popular não é o mesmo que o dado pelos sábios. As pessoas comuns identificam [o ser feliz] com alguma coisa bem óbvia e visível, como prazer ou riqueza, ou honra – uns dizem uma coisa e outros outra; na verdade, muitas vezes a mesma pessoa diz coisas diferentes em momentos diferentes: quando fica doente, pensa que saúde é a felicidade, quando é pobre, riqueza. Outras vezes, sentindo-se conscientes de sua própria ignorância, as pessoas admiram aqueles que propõem algo grandioso e inacessível à sua compreensão; e foi sustentado por alguns pensadores que, além das muitas coisas boas que mencionamos, existe outro bem, que é bom em si mesmo e representa todos esses bens como a causa de serem bons. Talvez seja uma tarefa um tanto infrutífera revisar todas as diferentes opiniões que têm sido sustentadas a esse respeito. Bastará examinar aquelas que prevalecem mais amplamente ou que parecem ter algum argumento a seu favor.

Além disso, não devemos ignorar a distinção entre argumentos que procedem dos primeiros princípios e aqueles que se voltam a eles. Foi uma boa prática de Platão levantar essa questão e indagar se o verdadeiro caminho é partir dos primeiros princípios ou se dirigir a eles, assim como em uma pista de corrida, na qual pode-se correr dos juízes até o final da pista ou vice-versa. Com efeito, é apropriado começar pelo que é conhecido. Contudo o conhecido apresenta dois significados: o que é conhecido por nós, que é uma coisa, e o que é cognoscível em si, que é outra. Talvez, então, a nós, seja apropriado começar com o que por nós é conhecido. É por isso que, para ser um estudante competente do que é nobre e justo e, em geral, sobre os tópicos da ciência política, é preciso ter sido bem educado em seus hábitos. Pois o ponto de partida – ou primeiro princípio – é o fato de que uma coisa é assim; se isso for satisfatoriamente claro, não haverá necessidade de saber a razão pela qual é assim. E a pessoa que foi bem educada já conhece os primeiros princípios, ou pode facilmente adquiri-los. Quanto à pessoa que não os possui nem pode aprendê-los, que ouça as palavras de Hesíodo:

> Melhor é aquele que considera todas
>   as coisas por si mesmo;
> Também é bom o que ouve um bom
>   conselheiro;
> mas aquele que por si mesmo não
>   pensa,
> nem se lembra do que outro lhe diz,
>   esse é um ser inútil[1].

## 5

Continuemos, porém, do ponto do qual nos desviamos. A julgar pela vida que as pessoas levam; as concepções (não sem um certo fundamento) do bem ou da felicidade que parecem prevalecer são as seguintes: por um lado, as pessoas em geral e as mais vulgares identificam o bem com o prazer e, portanto, se contentam com a vida do prazer. Pode-se dizer que há três tipos de vidas principais: a que acabamos de mencionar, a vida da política e a vida da contemplação. A grande

---

1. *Trabalhos e dias*, 295.

maioria da humanidade se mostra totalmente servil, preferindo o que é apenas uma vida para o gado; mas tais indivíduos encontram uma justificativa razoável para seu ponto de vista porque muitas pessoas de alta posição compartilham os gostos de Sardanápalo[2].

As pessoas refinadas, por outro lado, e as pessoas de ação pensam que o bem é a honra – pois pode-se dizer que esse é o fim da vida política. Mas a honra, afinal, parece superficial demais para ser o bem que buscamos, pois parece depender mais de quem a confere do que a quem é conferida, ao passo que instintivamente sentimos que o bem deve ser algo próprio de quem o possui e difícil de ser retirado.

Além disso, o motivo de perseguir a honra parece ser assegurar-se de seu próprio mérito; seja como for, essas pessoas procuram ser honradas por outras de grande sabedoria e por outros que as conhecem, isto é, desejam ser honradas com base na virtude. É claro, portanto, que em suas opiniões, a virtude é um bem maior do que a honra; e talvez se possa supor que a virtude, e não a honra, seja o fim da vida política. Porém, mesmo a virtude se mostra, ao examiná-la, muito incompleta para ser um fim; já que parece possível possuí-la enquanto você dorme, ou sem colocá-la em prática durante toda a sua vida; e, mais ainda, ela é conciliável com as maiores misérias e

---

2. Rei mítico da Assíria. Segundo registros, seu epitáfio dizia: "Coma, beba, faça amor; já que tudo o mais não vale um estalar de dedos".

os maiores infortúnios – embora ninguém declare que aquele que vive uma vida de miséria é feliz, a menos que seja para manter uma tese. Não precisamos, todavia, prosseguir nesse assunto, uma vez que já foi suficientemente tratado em discussões correntes. O terceiro tipo de vida é a vida de contemplação, que consideraremos mais tarde.

Já a vida de ganho é um tipo de vida restrita, e claramente a riqueza não é o bem que buscamos, pois ela é útil, nada mais, ou seja, apenas um meio para outra coisa. Com base nisso, de fato, pode-se conceber que os fins antes mencionados tenham uma reivindicação melhor, pois são aprovados por si mesmos. Mas mesmo eles não parecem realmente ser o bem supremo; no entanto, muitos argumentos contra eles foram desperdiçados. Rejeitemos, pois, este assunto.

## 6

Talvez seja melhor examinarmos a noção de um bem universal e revermos as dificuldades que ela envolve, embora tal investigação seja dificultada por nossa amizade com os pensadores da Teoria das Formas[3]. Parece desejável e, de fato, parece ser obrigatório, especialmente para um filósofo, sacrificar até mesmo os laços pessoais mais íntimos em defesa da verdade. Embora ambos nos sejam caros, é nosso dever preferir a verdade.

---

3. Também traduzida por Teoria das Ideias. Em grego: εἶδος (*eîdos* a vida).

Os defensores dessa teoria não postulavam formas de classes das coisas com uma ordem de prioridade e posterioridade (por isso não construíram a existência de uma forma que abrangesse todos os números). Mas o termo "bem" é predicado igualmente nas categorias de substância, qualidade e relação; no entanto, o que existe por si mesmo, ou seja, a substância, é anterior em natureza ao relativo, que parece ser uma espécie de ramificação ou acidente da substância, de modo que não pode haver uma forma comum correspondente ao que é absolutamente bom e relativamente bom.

Novamente, a palavra "bem" é usada em tantos sentidos quanto "ser", pois podemos predicá-la na categoria de substância como, por exemplo, de um deus ou da razão; na categoria de qualidade, as virtudes; na de quantidade, moderado; na da relação, útil; na de tempo, uma oportunidade favorável; na de lugar, um *habitat* adequado; e assim por diante. Está claro que o bem não pode ser algo único e universal, se fosse, não seria predicável em todas as categorias, mas apenas em uma.

Além disso, as coisas que estão sob uma única forma devem ser objetos de uma única ciência; portanto, deveria haver uma única ciência lidando com todos os bens. Mas, na verdade, há muitas ciências, até mesmo para os bens que se incluem numa só categoria, como a oportunidade, pois a oportunidade na guerra está sob a ciência da estratégia; na saúde, sob a da medicina; já a quantidade de alimentos numa dieta é vista na medicina, enquanto a quantidade de exercícios corporais é estudada na ciência da ginástica.

Pode-se também levantar a questão do que exatamente eles querem dizer com a expressão "tal fulano é ideal", visto que uma e a mesma definição de ser humano aplica-se tanto ao "ser humano ideal" quanto ao "ser humano ordinário", pois, na medida em que ambos são seres humanos, não haverá diferença entre eles; e se assim for, não haverá nenhuma diferença entre "o bem ideal" e o "bem", tendo em vista que ambos são "bem". Tampouco o bem ideal será mais "bem" porque é eterno, visto que uma coisa branca que dura muito tempo não é mais branca do que aquela que dura apenas um dia.

Os pitagóricos parecem dar uma concepção mais plausível sobre o bem quando colocam o "um" em sua coluna de bens; e de fato Espeusipo parece tê-la seguido. Mas esse assunto deve ser deixado para outra discussão.

Podemos levantar uma objeção contra os argumentos que acabamos de citar com base no fato de que a teoria em questão não se destina a ser aplicada a todo tipo de bem, e que apenas as coisas buscadas e aceitas por si mesmas são consideradas boas como pertencentes a uma única forma, enquanto as coisas produtivas ou preservadoras destas de alguma forma, ou preventivas de seus opostos, são consideradas boas como um meio para estas, e em um sentido diferente. Claramente, então, o termo "bem" teria dois sentidos: uns são coisas boas em si mesmas, e outros são meios para essas coisas boas em si mesmas.

Separemos, então, as coisas boas em si mesmas das coisas úteis como meios, e vejamos se as primeiras são chamadas boas porque se enquadram em uma única forma. Que tipo de coisas podemos classificar como boas em si mesmas? Seriam aquelas coisas que são procuradas mesmo sem nenhuma vantagem, como sabedoria, visão e certos prazeres e honras? Pois, mesmo se também perseguirmos essas coisas como meios para outra coisa, ainda assim as classificaríamos entre as coisas boas em si mesmas.

Ou não há nada mais bom em si mesmo, exceto a forma do bem? Se assim for, a forma será inútil. Se, ao contrário, as coisas que indicamos são, também, coisas boas em si, então a mesma noção de bem deve se manifestar em todas elas, assim como a mesma noção de branco se manifesta na neve e no alvaiade. Todavia, as noções de honra, sabedoria e prazer, como sendo boas, são diferentes e distintas. Portanto, o bem não é um termo geral correspondente a uma única forma.

Mas em que sentido, então, coisas diferentes são chamadas de boas? Pois não parece ser o caso de coisas que levam o mesmo nome apenas por acaso. Possivelmente, as coisas são chamadas de boas em virtude de serem derivadas de um só bem; ou porque todos elas contribuem para um bem. Ou talvez seja por meio de uma analogia? Isto é, como a visão é boa no corpo, a inteligência é boa na alma e, da mesma forma, em outros casos. Talvez, por enquanto, essa questão deva ser descartada, uma vez que uma investigação detalhada dela pertence mais propriamente a outro ramo da filosofia.

O mesmo poderia ser dito com relação à forma do bem, pois, mesmo que a bondade predicada de vários bens em comum seja realmente uma unidade ou algo existindo separadamente e absoluto, claramente não será praticável ou atingível por alguém; mas o bem que agora buscamos é um bem atingível.

Alguém, porém, poderá pensar que reconhecer o bem ideal possa ser vantajoso, como se fosse um auxílio para alcançar aqueles bens praticáveis e atingíveis; pois, tendo o bem ideal como padrão, saberemos mais facilmente quais coisas são boas para nós e, conhecendo-as, as alcançaremos. É verdade que esse argumento tem uma certa plausibilidade, mas não parece enquadrar-se no procedimento real das ciências, porque todas visam a algum bem e procuram compensar suas deficiências, mas não se preocupam com o conhecimento do bem ideal. No entanto, se fosse uma ajuda tão poderosa, é improvável que todos os mestres das artes e ciências não o conhecessem, nem mesmo procurassem descobri-lo. Além disso, não é fácil ver como ter conhecimento desse bem ideal ajudará um tecelão ou carpinteiro na prática de seu próprio ofício, ou como alguém será um melhor médico ou general por ter considerado a forma absoluta. De fato, o médico não parece estudar a saúde desse ponto de vista, mas estuda a saúde do ser humano, ou melhor, de um indivíduo em particular, pois são indivíduos que ele deve curar. Vamos aqui concluir nossa discussão sobre esse assunto.

# 7

Retornemos agora ao bem que é o objeto de nossa investigação e tentaremos descobrir o que exatamente ele pode ser. Pois o bem parece ser uma coisa distinta em diferentes atividades ou artes; é diferente na medicina, na estratégia, e assim por diante com o resto das artes. Que definição do bem, então, será verdadeira em todas as artes? Talvez possamos defini-lo como aquilo pelo qual tudo o mais é feito. Isso se aplica a algo diferente em cada arte – à saúde, no caso da medicina; à vitória, na estratégia; a uma casa, na arquitetura; e a uma coisa diferente em cada uma das outras artes. Em cada busca ou atividade é ele a finalidade, já que é em prol do fim que tudo o mais é feito. Portanto, se houver algo que seja o fim de todas as coisas feitas pela ação humana, esse será o bem praticável; se houver vários desses fins, a soma deles será o bem. Assim, mudando seu fundamento, o argumento alcançou o mesmo resultado de antes. Devemos tentar, entretanto, tornar isso ainda mais preciso.

Parece haver vários fins aos quais nossas ações visam, mas quando escolhemos alguns deles – tal como riqueza, flautas e instrumentos em geral – como um meio para outra coisa, fica claro que nem todos são fins absolutos, ao passo que o bem supremo parece ser algo absoluto. Consequentemente, se houver uma única coisa que seja um fim absoluto, essa coisa será o bem que estamos buscando, e se houver vários fins absolutos, buscamos aquele entre eles que é o mais absoluto.

Ora, ao falar de graus de finalidade, queremos dizer que uma coisa buscada como um fim em si mesma é mais absoluta do que uma buscada como um meio para outra coisa, e que uma coisa nunca escolhida como um meio para qualquer outra coisa é mais absoluta do que coisas escolhidas tanto como fins em si mesmas quanto como meios para aquela coisa; e, portanto, uma coisa escolhida sempre como um fim e nunca como um meio é o que chamamos de final absoluto.

Agora, a felicidade parece ser absolutamente final nesse sentido, já que sempre a escolhemos por si mesma e nunca como um meio para outra coisa. Já a honra, o prazer, a inteligência e a excelência em suas várias formas são coisas que também escolhemos de fato por si mesmas (uma vez que deveríamos estar felizes em ter cada uma delas, embora nenhuma vantagem externa resultasse disso), mas também as escolhemos em prol da felicidade, na crença de que elas serão um meio para garanti-la. Ninguém, todavia, escolhe a felicidade por uma questão de honra, nem prazer, nem como um meio para qualquer outra coisa que não seja ela mesma.

A mesma conclusão também parece decorrer de uma consideração da autossuficiência da felicidade, pois se sente que o bem final deve ser algo suficiente em si mesmo. O termo "autossuficiente", no entanto, empregamos com referência não apenas para o que é suficiente para uma pessoa só, vivendo uma vida de isolamento, mas também aos pais, filhos e à esposa, aos amigos e concidadãos em geral, uma vez que o ser humano é, por natureza, um ser social. Por outro lado, um limite deve ser assumido nessas relações, pois se a lista for estendida aos ancestrais e descendentes de alguém e aos amigos de seus amigos, ela continuará infinitamente. Esse é um ponto que deve ser considerado mais adiante.

Consideramos uma coisa autossuficiente como significando uma coisa que, meramente permanecendo por si só, torna a vida desejável e carente de nada, e tal coisa nós consideramos ser a felicidade. Além disso, pensamos que a felicidade é a mais desejável de todas as coisas boas, sem ser considerada como uma entre as demais, pois se fosse assim considerada, é claro que deveríamos considerá-la mais desejável quando mesmo o menor dos outros bens fosse combinado com ela, uma vez que essa adição resultaria em um total maior de bem, e de dois bens o maior é sempre o mais desejável.

A felicidade, portanto, sendo considerada algo final e autossuficiente, é o fim para o qual todas as ações visam. Dizer, entretanto, que o bem supremo é a felicidade provavelmente parecerá um truísmo; ainda há a necessidade de uma explicação mais explícita do que constitui a felicidade. Talvez, então, possamos chegar a isso verificando qual é a função do ser humano. Pois a bondade ou eficiência de um tocador de flauta ou escultor ou artesão de qualquer tipo, e em geral de qualquer pessoa que tenha alguma função ou negócio a desempenhar, é considerada como residindo nessa função; e do mesmo modo pode-se afirmar que o bem do ser humano reside na função do ser humano, se ele tiver uma.

Devemos então supor que, enquanto o carpinteiro e o sapateiro têm funções definidas ou atividades pertencentes a eles, o ser humano como tal não tem nenhuma? Ele foi projetado pela natureza para não cumprir nenhuma função? Não devemos supor que, assim como o olho, a mão, o pé e cada um dos vários membros do corpo manifestamente têm uma certa função própria, também teria um ser humano uma função própria e acima de todas as funções de seus membros em particular? O que exatamente pode ser essa função?

O mero ato de viver parece ser compartilhado até mesmo pelas plantas, ao passo que procuramos, agora, a função peculiar ao ser humano; portanto, deixemos de lado a atividade vital de nutrição e crescimento. A seguir virá alguma forma de vida senciente, mas isso também parece ser compartilhado por cavalos, bois e animais em geral. Resta, então, o que pode ser chamado de vida ativa da parte racional do ser humano (essa parte tem duas divisões: uma parte racional, tida como obediente ao princípio, a outra possuindo princípio e exercendo pensamento). A vida racional tem dois significados; suponhamos que se trate aqui do exercício ativo da faculdade racional, pois esse parece ser o sentido mais próprio do termo.

Se a função do ser humano é o exercício ativo das faculdades da alma em conformidade com o princípio racional, ou em todo caso não dissociado do princípio racional, e se reconhecemos a função de um indivíduo e de um bom indivíduo da mesma classe (por exemplo, um tocador de lira e um bom tocador de lira, e assim com todas as classes) ser, no geral, a mesma, e com a qualificação da superioridade em excelência deste último sendo acrescentada à função em seu caso (quero dizer que se a função de um tocador de lira é tocar lira, a de um bom tocador de lira é tocar bem a lira), se assim é – e declaramos que a função do ser humano é uma certa forma de vida, e definimos essa forma de vida como a exercício das faculdades e atividades da alma em associação com o princípio racional, e dissemos que a função de um ser humano bom é desempenhar bem e corretamente essas atividades, e uma função é bem executada quando é realizada de acordo com sua própria excelência própria –, a partir dessas premissas, segue-se que o bem do ser humano é o exercício ativo das faculdades de sua alma em conformidade com a excelência ou virtude; e, se houver várias excelências ou virtudes humanas, em conformidade com a melhor e mais perfeita entre elas.

Além disso, ser feliz leva uma vida inteira, pois uma andorinha não faz verão, nem um belo dia; e da mesma forma, um dia ou um breve período de felicidade não torna alguém extremamente afortunado e feliz.

Que este relato sirva então para descrever o bem em linhas gerais – pois, sem dúvida, o procedimento adequado é começar fazendo um esboço grosseiro e precisá-lo depois. Se um princípio foi bem traçado em linhas gerais, pode-se supor que qualquer pessoa possa executá-lo e completá-lo em detalhes; e nesta elaboração de detalhes, o tempo parece ser um bom inventor ou, em todo caso, um coadjutor. Na verdade, é assim que os avanços nas artes realmente aconteceram, já que qualquer um pode preencher com o que falta.

Também o aviso dado acima não deve ser esquecido: não devemos procurar a mesma exatidão em todas as coisas, mas apenas o que pertence ao assunto de cada um e no grau apropriado à linha particular de investigação. Um carpinteiro e um geômetra investigam um ângulo reto, mas de maneiras diferentes: o primeiro se contenta com aquela aproximação que satisfaz o propósito de seu trabalho; o último, sendo um estudante da verdade, procura encontrar sua essência ou seus atributos essenciais. Devemos, portanto, proceder da mesma maneira em outros assuntos também, e não permitir que questões secundárias superem a tarefa principal em mãos. Também não devemos, em todos os assuntos, exigir uma explicação da razão pela qual as coisas são o que são; em alguns casos, é suficiente que o fato de que o são esteja satisfatoriamente estabelecido. É o caso dos primeiros princípios; e o fato é a coisa primária ou um primeiro princípio.

Alguns princípios são estudados por indução, outros por percepção, outros por alguma forma de hábito e outros de diferentes maneiras;

portanto, devemos nos esforçar para chegar aos princípios de cada espécie em sua maneira natural, e também devemos ter o cuidado de defini-los corretamente, uma vez que são de grande importância para o curso posterior da investigação. O começo é reconhecidamente mais da metade do todo, e lança clareza ao mesmo tempo sobre muitas das questões que formulamos.

### 8

Assim, devemos examinar nosso primeiro princípio não apenas como uma conclusão lógica deduzida de certas premissas, mas também à luz das opiniões atuais sobre o assunto. Pois, se uma proposição for verdadeira, todos os fatos se harmonizam com ela, mas se for falsa, logo se vê que está em desacordo com os fatos.

As coisas boas foram divididas em três classes, algumas foram descritas como bens externos, e outras relativas à alma ou ao corpo; e desses três tipos de bens, os da alma comumente declaramos bons no sentido mais amplo e no mais alto grau. Mas são as nossas ações e o exercício ativo das funções da alma que colocamos, portanto, no que diz respeito a essa opinião antiga, e geralmente aceita por muitos teóricos de filosofia, ela apoia a correção de nossa definição de felicidade. Também mostra que é correto declarar que o fim consiste em certas ações ou atividades, pois está incluído entre os bens da alma, e não entre os bens externos.

Mais uma vez, nossa definição está de acordo com a descrição do ser humano feliz como alguém que "vive bem" ou "age bem", pois praticamente definimos a felicidade como uma forma de boa vida ou boa ação. E, além disso, todas as várias características procuradas na felicidade pertencem ao bem como o definimos. Algumas pessoas pensam que a felicidade é bondade ou virtude, outras, prudência, outras veem uma forma de sabedoria; outros ainda dizem que são todas essas coisas, ou uma delas, em combinação com o prazer ou acompanhadas do prazer como um complemento indispensável; outras incluem a prosperidade externa como um fator concomitante. Alguns desses pontos de vista foram sustentados por muitas pessoas e desde os tempos antigos, outros, por alguns indivíduos distintos, e nenhuma das duas classes provavelmente está totalmente equivocada; a probabilidade é de que suas crenças sejam pelo menos parcialmente, ou quase inteiramente, corretas.

Ora, com aqueles que declaram que a felicidade é virtude, ou alguma virtude particular, nossa definição está de acordo; pois uma atividade em conformidade com a virtude envolve virtude. Mas, sem dúvida, faz uma grande diferença se concebemos o bem supremo como dependente de possuir a virtude ou de usá-la – no estado de ânimo ou na manifestação de uma ação. Pois uma pessoa pode possuir o estado de ânimo sem que produza nenhum bom resultado, como quando está dormindo ou quando permanece inativa por alguma outra causa, mas a virtude no exercício ativo não pode ser inoperante – necessariamente agirá e agirá bem. E, assim como nos Jogos Olímpicos as coroas da vitória não são concedidas aos mais belos e fortes presentes, mas aos homens que se inscrevem para as competições – pois é entre eles que se encontram os vencedores –, também são aqueles que agem corretamente que levam consigo os prêmios e as coisas boas da vida.

Além disso, a vida de virtude ativa é essencialmente agradável, pois o sentimento de prazer é uma experiência da alma, e para cada ser humano é agradável aquilo que ele ama: por exemplo, um cavalo dá prazer a alguém que gosta de cavalos; uma peça, a quem gosta de teatro, assim como ações justas são agradáveis para o amante da justiça, e atos conformes com a virtude geralmente são para o amante da virtude. Enquanto, porém, a massa da humanidade sente prazer em coisas que se opõem umas às outras, porque não são agradáveis por sua própria natureza, coisas agradáveis por natureza são agradáveis aos amantes do que é nobre, e assim sempre são ações em conformidade com a virtude, pois são agradáveis essencialmente e aprazíveis aos amantes das coisas nobres. Portanto, a vida deles não precisa de prazer como uma espécie de amuleto, mas possui prazer em si mesma. Pois há a consideração adicional de que a pessoa que não gosta de fazer ações nobres não é uma boa pessoa; ninguém chamaria uma pessoa justa se ela não gostasse de agir com justiça, nem liberal se ela não gostasse de fazer coisas liberais, e da mesma forma com as outras virtudes.

Assim sendo, as ações em conformidade com a virtude devem ser essencialmente agradáveis. Mas elas também são boas e nobres, e cada uma no mais alto grau, se uma boa pessoa as julgar corretamente; e sua capacidade de julgamento é como dissemos. Segue-se, portanto, que a felicidade é ao mesmo tempo a melhor, a mais nobre e a mais agradável das coisas, essas qualidades não são separadas, como mostra a inscrição em Delos: "A justiça é o que há de mais belo. A saúde é o que há de melhor. Conseguir o que se deseja é o que há de mais prazeroso".

Com efeito, as melhores atividades possuem todas essas qualidades; e é nas melhores atividades, ou em uma atividade que é a melhor de todas, que, de acordo com nossa definição, a felicidade consiste.

No entanto, é manifesto que a felicidade também requer bens externos, como dissemos, pois é impossível, ou pelo menos não é fácil, desempenhar um papel nobre, a menos que esteja equipado com os meios necessários. Porque muitas ações nobres requerem instrumentos para sua atuação, na forma de amigos, riqueza ou poder político; também existem certas vantagens externas, cuja falta macula a felicidade suprema, como bom nascimento, boa descendência e beleza. Uma pessoa de aparência muito feia, ou malnascida, ou sem filhos e sozinha no mundo não é nossa ideia de pessoa feliz, e menos ainda talvez seja aquela que tem filhos ou amigos que não valem nada, ou que teve bons filhos e amigos, mas os perdeu para a morte.

Como dissemos, portanto, a felicidade parece exigir a adição de prosperidade externa, e é por isso que algumas pessoas a identificam com a boa fortuna, embora algumas a identifiquem com a virtude.

## 9

É isso que suscita a questão de saber se a felicidade é uma coisa que pode ser aprendida, ou adquirida por treinamento, ou cultivada de alguma outra maneira, ou se é concedida por alguma providência divina ou pelo acaso. Se alguma coisa os seres humanos recebem dos deuses, é razoável supor que a felicidade seja uma delas – na verdade, de todas as posses do ser humano, é mais provável que assim seja, na medida em que é a melhor. Esse assunto, no entanto, talvez pertença mais apropriadamente a outro ramo de estudo. Ainda assim, mesmo que a felicidade não nos seja de origem divina, mas conquistada pela virtude e por algum tipo de estudo ou prática, parece ser uma das coisas mais divinas que existem, pois o prêmio e a finalidade da virtude devem claramente ser as melhores coisas, ou seja, devem ser algo divino e abençoado.

Também, a nosso ver, ela deve ser amplamente difundida, uma vez que pode ser alcançada por meio de algum processo de estudo ou esforço por todas as pessoas cuja capacidade de virtude não esteja atrofiada ou mutilada. Novamente, se é melhor ser feliz como resultado de seus próprios esforços do que pelo acaso, é razoável supor que assim sejam os fatos, na medida em que no mundo da natureza as coisas têm uma tendência natural a serem ordenadas da melhor maneira possível, e o mesmo é verdade para os produtos da arte e de qualquer tipo de causalidade, e especialmente a mais elevada de todas as causas. Deixar a maior e mais nobre de todas as coisas ao acaso seria muito contrário à adequação das coisas.

A questão também é iluminada por nossa definição de felicidade, que diz que é um certo tipo de atividade da alma; ao passo que as coisas boas restantes são meramente condições indispensáveis de felicidade, ou são da natureza de meios auxiliares e úteis como instrumentos. Essa conclusão, aliás, concorda com o que estabelecemos no início, pois afirmamos que o bem supremo era a finalidade da ciência política, mas o principal cuidado dessa ciência é produzir um certo caráter nos cidadãos, a saber, torná-los virtuosos e capazes de realizar ações nobres.

Temos boas razões, portanto, para não chamar de feliz um boi ou cavalo ou qualquer outro animal, porque nenhum deles é capaz de participar de atividades nobres. Por isso também as crianças não podem ser felizes, pois não têm idade suficiente para serem capazes de atos nobres; quando se diz que as crianças são felizes, é um elogio à sua promessa para o futuro. A felicidade, como dissemos, requer bondade completa e uma vida inteira. Muitos reveses e vicissitudes de todos os tipos ocorrem no curso da vida, e é possível que a pessoa mais próspera encontre grandes desastres em seus anos de declínio, como é contada a história de Príamo nos poemas épicos. Uma pessoa que se depara com infortúnios como os de Príamo e chega a um fim miserável como ele ninguém chama de feliz.

## 10

Então, não devemos considerar nenhum ser humano feliz, enquanto ele estiver vivo? Devemos ver até o fim, como diz Sólon?[4] Se formos realmente estabelecer essa regra, alguém pode realmente ser feliz depois de morto? Certamente essa é uma ideia extremamente absurda, especialmente para nós que definimos a felicidade como uma forma de atividade. Se, por outro lado, nos recusamos a falar de um morto como sendo feliz, e se as palavras de Sólon não se referem a isso, mas que somente quando alguém está morto é que pode ser chamado com segurança de venturoso, por estar agora fora do alcance do mal e infortúnio, então isso também admite alguma discussão, pois acredita-se que um certo mal e também um certo bem podem acontecer aos mortos, tanto quanto podem acontecer aos vivos sem que eles percebam – por exemplo, honras e desonras, a prosperidade e infortúnios de seus filhos e de seus descendentes em geral.

4. Heródoto, I, 30-32.

Mas há aqui também uma problemática. Suponha que uma pessoa tenha vivido em perfeita felicidade até a velhice e tenha chegado a um final correspondentemente feliz. Muitos reveses aos seus descendentes podem ocorrer, alguns dos quais podem ser bons e encontrar a vida que merecem, e outros o oposto, além disso, esses descendentes podem claramente estar em todos os graus possíveis de afastamento dos ancestrais em questão. Ora, seria uma coisa estranha se o morto também mudasse com a sorte de sua família e se tornasse alguém feliz em um momento e depois miserável em outro, mas, por outro lado, também seria estranho se os ancestrais não fossem afetados, mesmo por um período limitado, pela sorte de seus descendentes.

Voltemos, todavia, à nossa dificuldade anterior, pois talvez ela esclareça a questão que agora estamos examinando. Se é preciso olharmos o fim para declararmos alguém feliz quando morto, porque foi abençoado no passado, certamente é estranho se, no momento real em que alguém é feliz, esse fato não pode ser verdadeiramente predicado dele, porque não estamos dispostos a chamar os vivos de felizes devido às mudanças a que estão sujeitos e devido à nossa concepção de felicidade como algo permanente e não facilmente sujeito a mudanças, ao passo que uma mesma pessoa pode sofrer muitas voltas da roda da fortuna. É claro que, se quisermos ser guiados pela fortuna, muitas vezes teremos que chamar uma mesma pessoa de feliz e depois de miserável; assim, faremos com que o ser humano feliz seja uma espécie de "camaleão" ou uma "casa construída na areia". Porém talvez seja errado guiar nosso julgamento pelas mudanças da fortuna, já que a verdadeira prosperidade e adversidade não depende delas, embora, como dissemos, nossa vida as exija como acréscimos; mas é o exercício ativo de nossas faculdades em conformidade com a virtude que causa a felicidade, e as atividades opostas, o seu oposto.

A dificuldade que acabamos de discutir é uma confirmação de nossa definição, uma vez que nenhuma das funções humanas possui a qualidade de permanência tão plenamente quanto as atividades em conformidade com a virtude, pois elas parecem ser mais duradouras até do que nosso conhecimento de ciências particulares. E, entre essas próprias atividades, aquelas que são mais altas na escala de valores são as mais duradouras, porque ocupam mais plena e continuamente a vida dos supremamente felizes; esta, pois, parece ser a razão pela qual não as esquecemos.

A pessoa feliz, portanto, possuirá esse elemento de estabilidade em questão e permanecerá feliz por toda a vida, já que estará sempre, ou ao menos na maioria das vezes, ocupada em fazer e contemplar as coisas que estão em conformidade com a virtude. E tal pessoa suportará as mudanças de fortuna da maneira mais nobre e com propriedade perfeita em todos os sentidos se for "verdadeiramente boa" e "formado sem reprovação"[5].

---

5. Fragmento 37.1.1, do poeta Simônides.

Muitas coisas acontecem por acaso e variam em grau de importância, e embora pequenos momentos de sorte, como também de infortúnio, claramente não mudem todo o curso da vida, grandes e repetidos sucessos tornarão a vida mais feliz, pois ambos, por sua própria natureza, ajudam a embelezá-la e também podem ser nobre e virtuosamente utilizados; enquanto reveses grandes e frequentes podem esmagar e estragar nossa felicidade, tanto pela dor que causam quanto pelo obstáculo que oferecem a muitas atividades. No entanto, mesmo na adversidade, a nobreza é vista quando uma pessoa suporta repetidas e severas desgraças com paciência, não por insensibilidade, mas por generosidade e grandeza de alma.

Se, como dissemos, a vida de alguém é determinada por suas atividades, ninguém extremamente feliz pode se tornar miserável, pois nunca cometerá ações odiosas ou vis – já que sustentamos que uma pessoa verdadeiramente boa e sábia suportará todos os tipos de fortuna de maneira decente e sempre agirá da maneira mais nobre que as circunstâncias permitirem, assim como um bom general faz o uso mais eficaz das forças à sua disposição, e um bom sapateiro faz o melhor sapato possível com o couro que lhe é fornecido, e assim por diante com todos os outros ofícios e profissões. Sendo assim, a pessoa feliz nunca pode se tornar miserável, embora seja verdade que ela não será extremamente abençoada se encontrar os infortúnios semelhantes aos de Príamo. Tampouco essa pessoa será versátil e sujeita a mudanças, pois ela não será desalojada de sua felicidade facilmente, nem por infortúnios comuns, mas apenas por desastres graves e frequentes, nem se recuperará rapidamente de tais desastres e ficará feliz novamente, mas apenas, se for o caso, após um longo período, no qual teve tempo de abarcar grandes sucessos e conquistas.

Não podemos, então, declarar com confiança que aquela pessoa que realiza a bondade completa em ação e é adequadamente provida de bens externos é feliz? Ou devemos acrescentar que ela também deve estar destinada a continuar vivendo, não por um período casual, mas ao longo de uma vida inteira da mesma maneira e morrer de acordo com isso? Em verdade, o futuro nos é oculto e concebemos a felicidade como algo total e absolutamente final e completo. Se assim for, declararemos que os vivos que possuem e estão destinados a continuar possuindo as coisas boas que especificamos são supremamente felizes, embora não na escala humana de bem-aventurança. Dissemos o suficiente para a discussão dessa questão.

## 11

O fato de a felicidade dos mortos não ser influenciada de maneira alguma pela sorte de seus descendentes e de seus amigos em geral parece uma doutrina cruel demais e contrária à opinião comum. Mas os acontecimentos da vida são muitos e diversos, e variam no grau em que nos afetam. Distinguir entre eles em detalhe seria claramente uma tarefa longa e infinita, e um tratamento geral em esboço talvez seja suficiente.

Até mesmo nossos próprios infortúnios, embora em alguns casos exerçam considerável peso e influência sobre o curso de nossas vidas, em outros casos parecem comparativamente sem importância; e isso também é verdade para os infortúnios de nossos amigos em todos os níveis. Também faz uma grande diferença se aqueles que estão ligados a qualquer ocorrência estão vivos ou mortos (muito mais do que em uma tragédia se os crimes e horrores são assumidos como tendo ocorrido de antemão ou se são representados no palco). Devemos, portanto, levar em conta também essa diferença, ou antes, talvez, a dúvida que existe sobre se os mortos realmente participam de qualquer bem ou mal. As considerações acima parecem mostrar que mesmo que algum bem ou mal chegue até eles, o efeito é muito pequeno e insignificante, quer em si mesmas, quer com relação a eles; ou, se não for insignificante, em todos os eventos, não serão de tal magnitude e espécie que não possam tornar felizes os infelizes ou roubar os felizes de sua bem-aventurança.

Parece, então, que os mortos são influenciados em alguma medida pela boa fortuna de seus amigos, e também por seus infortúnios, mas que o efeito não é de tal espécie ou grau que torne os felizes infelizes ou o contrário.

## 12

Postas essas questões, consideremos se a felicidade é uma das coisas que louvamos ou, antes, uma das que estimamos, pois é evidente que não é uma mera potencialidade.

Tudo que elogiamos é sempre elogiado porque tem uma certa qualidade e está em certa relação com alguma coisa. Louvamos as pessoas justas, corajosas, boas e virtuosas no geral por causa de suas ações e dos resultados que produzem; e também louvamos aqueles que são fortes de corpo, rápidos de pés e semelhantes por possuírem certas qualidades naturais e permanecerem em uma certa relação com algo bom e excelente. Isso também é ilustrado por nosso sentimento sobre os elogios dirigidos aos deuses: parece-nos absurdo que os deuses devam ser referidos aos nossos padrões, e é isso que significa elogiá-los, pois o elogio, como dissemos, envolve uma referência de seu objeto a outra coisa.

Mas se o elogio pertence ao que é relativo, é claro que as melhores coisas não merecem elogios, mas algo maior e melhor, como de fato é geralmente reconhecido, pois falamos dos deuses como bem-aventurados e felizes, e também "abençoado" é o termo que aplicamos às pessoas mais divinas. O mesmo vale para as coisas boas, pois ninguém elogia a felicidade como se elogia a justiça; nós a chamamos de "bênção", considerando-a algo mais elevado e mais divino do que as coisas que louvamos.

De fato, parece que Eudoxo adotou uma boa linha ao defender o prazer como algo da mais alta excelência, quando sustentou que o fato de o prazer, embora um bem, não ser elogiado é uma indicação de que é superior às coisas que consideramos com louvores, como um deus e o bem, porque é a eles que todas as coisas se referem.

O louvor pertence à virtude, pois é ela que torna os seres humanos capazes de realizar ações nobres, enquanto os elogios são para ações realizadas, sejam feitos corporais ou feitos da mente. No entanto, desenvolver esse assunto talvez seja o trabalho daqueles que fizeram um estudo dos elogios. Para o nosso propósito, podemos tirar a conclusão das observações anteriores, que a felicidade é uma coisa estimada e perfeita. Isso parece ser confirmado pelo fato de ser um primeiro princípio ou ponto de partida, uma vez que todas as outras coisas que todos os seres humanos fazem são feitas por causa dela; e aquilo que é o primeiro princípio e causa das coisas boas concordamos ser algo estimado e divino.

## 13

Uma vez que a felicidade é uma certa atividade da alma em conformidade com a virtude perfeita, é necessário examinar a natureza da virtude, pois isso provavelmente nos ajudará em nossa investigação sobre a natureza da felicidade. Além disso, o verdadeiro político parece ser aquele que fez um estudo especial da virtude, já que seu objetivo é tornar os cidadãos pessoas boas e cumpridoras da lei – como exemplo, testemunham os legisladores de Creta e Esparta, e os outros grandes legisladores da história. Mas se o estudo da virtude cai no domínio da ciência política, é claro que, ao investigar a virtude, estaremos mantendo o plano que estabelecemos no início.

A virtude que devemos considerar é claramente a virtude humana, pois o bem ou a felicidade que nos propomos a buscar é o bem humano e a felicidade humana. Mas a virtude humana significa, em nossa visão, a excelência da alma, não a excelência do corpo; também nossa definição de felicidade é uma atividade da alma. Ora, se é assim, claramente cabe ao político ter algum conhecimento sobre a alma, assim como o médico que deve curar o olho ou outras partes do corpo deve conhecer sua anatomia. De fato, um fundamento da ciência é ainda mais necessário para o político, visto que a política é uma arte mais elevada e honrada do que a medicina; mesmo os médicos da melhor classe dedicam muita atenção ao estudo do corpo humano.

O político, portanto, deve estudar a natureza da alma, embora o faça como um auxílio à política e apenas na medida do necessário para os objetos de investigação que ele tem em vista; perseguir o assunto com mais detalhes seria, sem dúvida, mais trabalhoso do que o necessário para seu propósito.

Agora, no assunto da alma, alguns dos ensinamentos correntes em discursos estranhos à nossa escola são satisfatórios e podem ser adotados aqui: a saber, que a alma consiste em duas partes, uma irracional e outra capaz de raciocinar (se essas duas partes são realmente distintas no sentido de que as partes do corpo ou de qualquer outro todo divisível são distintas, ou se embora distinguíveis em pensamento são inseparáveis na realidade, como os lados convexo e côncavo de uma curva, não é uma questão de importância para o assunto em questão). Da parte irracional da alma, novamente, uma divisão parece ser comum a todas as coisas vivas e de natureza vegetativa; referimo-nos à parte que causa nutrição e crescimento, pois devemos assumir que uma faculdade vital dessa natureza existe em todas as coisas que assimilam nutrição, incluindo embriões, e também nos seres adultos (isso é mais razoável do que atribuir-lhes uma faculdade nutritiva diferente). A excelência dessa faculdade, portanto, parece ser comum a todas as coisas animadas, e não peculiar ao ser humano, pois acredita-se que essa faculdade, ou parte da alma, é mais ativa durante o sono, mas quando se está dormindo não se pode distinguir uma pessoa boa de uma má (daí o ditado de que durante metade de suas vidas não há diferença entre o feliz e o infeliz). Esse é um resultado natural do fato de que o sono é uma cessação da alma das funções das quais depende sua bondade ou maldade – exceto que, em um pequeno grau, certas impressões dos sentidos podem atingir a alma durante o sono, e, consequentemente, os sonhos dos bons são melhores do que os das pessoas comuns. No entanto, não precisamos prosseguir nesse assunto, mas podemos omitir de consideração a parte nutritiva da alma, uma vez que não exibe nenhuma excelência especificamente humana.

Mas também parece haver outro elemento na alma, que, embora irracional, de certa forma participa do princípio racional. Em pessoas com autocontrole e irrestritas, aprovamos seus princípios, ou a parte racional de suas almas, porque as incitam no caminho certo e as exortam ao melhor objetivo; mas sua natureza também parece conter outro elemento além daquele do princípio racional, que combate e resiste a esse princípio. Exatamente a mesma coisa pode acontecer na alma, como ocorre com o corpo em caso de paralisia: quando queremos mover os membros para a direita, eles se desviam para a esquerda; e, da mesma forma, em pessoas desenfreadas, seus impulsos vão contra seu princípio. Mas, enquanto no corpo vemos o membro errático, no caso da alma, não o vemos.

Todavia não se pode duvidar que também na alma há um elemento ao lado do princípio racional, que se opõe e vai contra ele (em que sentido os dois são distintos não nos interessa aqui). Esse segundo elemento também parece, como dissemos, participar do princípio racional – ao menos na pessoa autocontrolada ele obedece ao comando do princípio, e, sem dúvida, na pessoa temperada e corajosa é ainda mais receptivo, pois todas as partes de sua natureza estão em harmonia com o princípio racional.

Assim vemos que a parte irracional também parece ser dupla. Uma de suas divisões, a vegetativa, não participa de modo algum do princípio racional; a outra, a sede dos apetites e do desejo em geral, participa em certo sentido por princípio, como sendo receptivo e obediente a ele. É nesse sentido que falamos de "ser racional" ao pai e aos amigos, não no sentido do termo "racional" em matemática. E esse princípio pode, de certa forma, apelar para a parte irracional; isso é indicado por nossa prática de admoestar delinquentes e por nosso emprego de repreensão e exortação em geral.

Se, por outro lado, é mais correto falar da parte apetitiva da alma também como racional, nesse caso é a parte racional que, assim como toda a alma, é dividida em duas: uma parte tendo o princípio racional no sentido próprio e em si mesmo, a outra, obediente como um filho a seu pai.

Ora, também a virtude se diferencia em correspondência com essa divisão da alma. Algumas formas de virtude são chamadas virtudes intelectuais; outras, virtudes morais. Sabedoria filosófica, inteligência e sabedoria prática são intelectuais, já liberalidade e temperança são virtudes morais. Ao descrever o caráter moral de uma pessoa, não dizemos que ela é sábia ou inteligente, mas gentil ou temperada. Porém, uma pessoa sábia também é elogiada por seus hábitos, e os hábitos louváveis chamamos de virtudes.

# Livro II

*[Trata da virtude moral e do meio termo]*

**1**

Sendo a virtude, como vimos, de dois tipos, intelectual e moral, a virtude intelectual é, em sua maior parte, produzida e aumentada pela instrução e, desse modo, requer experiência e tempo; ao passo que a virtude moral ou ética é o produto do hábito (*éthos*) e, de fato, derivou seu nome, com uma ligeira variação da forma, da palavra "hábito" (*éthos*)[6]. E, portanto, é claro que nenhuma das virtudes morais formadas nos surge pela natureza, pois nenhuma propriedade natural pode ser alterada pelo hábito. Por exemplo, é da natureza de uma pedra mover-se para baixo e ela não pode ser treinada para se mover para cima, mesmo que você tente treiná-la para isso, jogando-a no ar dez mil vezes; nem o fogo pode ser treinado para se mover para baixo, nem qualquer outra coisa que se comporte naturalmente de uma maneira pode ser treinada no hábito de se comportar de outra maneira.

---

6. Em grego, ἔθος (*éthos* – "hábito") e ἦθος (*éthos* – "caráter, moral").

As virtudes, portanto, não são engendradas em nós nem pela natureza, nem contrariando a natureza; a natureza nos dá a capacidade de recebê-las, e essa capacidade é amadurecida pelo hábito.

Além disso, as faculdades que nos são dadas pela natureza nos são concedidas primeiro em uma forma potencial; nós exibimos seu real exercício posteriormente. Isso é claramente assim com nossos sentidos: não adquirimos a faculdade de ver ou ouvir vendo ou ouvindo repetidamente, mas o contrário, porque tínhamos os sentidos e começamos a usá-los, não os adquirimos usando-os. As virtudes, por outro lado, adquirimos por primeiro tê-las praticado de fato, assim como fazemos com as artes. Aprendemos uma arte ou um ofício fazendo as coisas que teremos de fazer quando o tivermos aprendido: por exemplo, as pessoas tornam-se construtoras construindo casas, e tocadores de lira tocando a lira. Da mesma maneira, nos tornamos justos praticando atos justos, moderados praticando atos moderados e corajosos praticando atos corajosos.

Essa verdade é atestada pelo que ocorre nas pólis: os legisladores tornam os cidadãos bons treinando-os em hábitos de ação correta – esse é o objetivo de toda legislação, e se ela falha em fazer isso, torna-se um fracasso; é isso que distingue uma boa forma de constituição de uma má.

Novamente, as ações que produzem virtudes ou as ações por meio das quais qualquer virtude é produzida são as mesmas pelas quais ela também é destruída; assim é o caso da habilidade nas artes, pois tanto os bons tocadores de lira quanto os maus são produzidos pela ação de tocar a lira, e da mesma forma com os construtores e todos os outros artesãos: você se tornará um bom construtor por construir bem, você se tornará um mau construtor por construir mal. Se não fosse assim, não haveria necessidade de professores de Artes, pois todos nasceriam bons ou maus artesãos, conforme o caso.

O mesmo se aplica às virtudes. É participando de atos com nossos semelhantes que alguns se tornam justos e outros injustos; agindo em situações perigosas e criando o hábito do medo ou da confiança, tornamo-nos corajosos ou covardes. E o mesmo vale para nossas disposições com relação aos apetites e à raiva; algumas pessoas se tornam temperadas e gentis, outras intemperadas e irascíveis, comportando-se de uma maneira ou de outra em relação a essas paixões.

Em resumo: nossas disposições morais são formadas como resultado das atividades semelhantes. Portanto, cabe a nós controlar o caráter de nossas atividades, pois da qualidade delas depende a qualidade de nossas disposições. Não é de pouca importância se somos treinados desde a infância em um conjunto de hábitos ou outro; pelo contrário, é de grande, ou melhor, suprema importância.

**2**

Como, então, nossa presente investigação, ao contrário dos outros ramos da filosofia, tem um objetivo prático (pois não estamos investigando a natureza da virtude para saber o que é, mas para que possamos nos tornar bons, do contrário, nossa investigação seria inútil), temos, consequentemente, que conduzi-la na área da conduta e nos questionar como devemos agir corretamente, pois nossas ações, como dissemos, determinam a qualidade de nossas disposições.

Ora, a regra de agir em conformidade com o princípio correto é um princípio comum e pode ser considerada a base de nossa discussão. Falaremos sobre essa regra mais tarde[7] e consideraremos tanto a definição do princípio correto quanto sua relação com as outras virtudes. Mas admitamos, de início, que toda a teoria da conduta deve ser apenas um esboço, e não um sistema exato, de acordo com a regra que estabelecemos no início, de que as teorias filosóficas devem apenas corresponder a seu assunto; e as questões de conduta e conveniência não têm nada de fixo ou invariável, assim como as questões de saúde. E se isso é verdade para a teoria geral da ética, ainda menos precisão exata é possível ao lidar com casos particulares de conduta, pois estes não pertencem a nenhuma ciência ou tradição profissional, mas os próprios atuantes devem considerar o que é adequado às circunstâncias de cada ocasião, assim como é o caso da arte da medicina ou da navegação.

---

7. Livro VI.

Mas, embora a discussão que está ocorrendo agora seja necessariamente inexata, devemos fazer o possível para ajudá-la. Antes de mais nada, então, devemos observar que as qualidades morais são constituídas de modo a serem destruídas pelo excesso e pela falta, como se observa com a força e a saúde do corpo (pois somos forçados a explicar o que é imperceptível por meio de coisas perceptíveis). A força é destruída tanto pelos exercícios excessivos quanto pela falta deles, e da mesma forma a saúde é destruída tanto pelo excesso quanto pela falta de comida e bebida. Nesses casos, os exercícios e os alimentos e bebidas devem ser produzidos, aumentados e preservados em quantidades adequadas.

O mesmo, portanto, acontece com a temperança, a coragem e as outras virtudes. A pessoa que foge de tudo com medo e nunca suporta nada torna-se covarde; a pessoa que não teme nada, mas encontra tudo, torna-se imprudente. Da mesma forma, aquela que se entrega a todos os prazeres e não se abstém de nenhum torna-se intemperada, e aquela que evita todos os prazeres, como fazem as pessoas rústicas, torna-se o que pode ser chamado de insensível.

Assim, a temperança e a coragem são destruídas pelo excesso e pela falta, e preservadas pela execução do meio-termo. Mas as virtudes não são apenas geradas e fomentadas por um lado, e destruídas por outro, a partir e pelas mesmas ações, mas também encontrarão seu pleno exercício nas mesmas ações. Esse é claramente o caso com as outras qualidades mais visíveis, como a força corporal, pois a força é produzida pela ingestão de muitos alimentos e exercício intenso, enquanto também é a pessoa forte que será capaz de comer mais comida e suportar mais exercícios. O mesmo vale para as virtudes. Tornamo-nos temperados abstendo-nos dos prazeres e, ao mesmo tempo, somos mais capazes de nos abstermos dos prazeres quando nos tornamos temperados. E o mesmo acontece com a coragem: nos tornamos corajosos treinando-nos para desprezar e suportar os terrores, e seremos mais capazes de suportar os terrores quando nos tornarmos corajosos.

### 3

Um índice de nossas disposições é fornecido pelo prazer ou pela dor que acompanha nossas ações. Uma pessoa é temperada se se abstém de prazeres corporais e acha essa abstinência agradável, mas intemperada se a sente cansativa; ela é corajosa se enfrenta o perigo com prazer ou, em todo caso, sem dor, e é covarde se o faz com dor. De fato, prazeres e dores são as coisas com as quais a virtude moral está envolvida, pois o prazer nos leva a fazer ações vis, e a dor faz nos abstermos de ações nobres. Daí a importância, como Platão[8] aponta, de ser treinado desde a infância para sentir prazer ou dor nas coisas apropriadas; isso é o que significa uma boa educação.

---

8. *República*, 401-402. *Leis*, 653.

Novamente, se as virtudes têm a ver com ações e sentimentos, e toda ação é acompanhada de prazer ou dor, isso também mostra que a virtude tem a ver com prazer e dor. Outra indicação é o fato de que a dor é um meio de punição, pois a punição é uma espécie de cura, e a natureza das curas é trabalhar por meio de opostos.

Além disso, como dissemos antes, toda disposição formada na alma realiza sua plena natureza relativa e concernente àquela classe de objetos pelos quais é sua natureza ser corrompida ou aprimorada. Porém as pessoas são corrompidas pelos prazeres e dores, ou perseguindo e evitando os prazeres e dores, ou perseguindo-os e evitando-os na hora errada, ou de maneira errada, ou em uma das outras maneiras erradas sob as quais erros de conduta podem ser classificados logicamente. É por isso que alguns pensadores definem as virtudes como estados de impassibilidade ou repouso, embora errem ao usar esses termos de maneira absoluta, sem acrescentar "da maneira certa", "da maneira errada" e "na hora certa (ou errada)" e as outras qualificações. Assumimos, portanto, que a virtude moral é a qualidade de agir da melhor maneira com relação aos prazeres e dores, e que o vício é o oposto.

As considerações seguintes também nos darão mais luz sobre o mesmo ponto. Há três coisas que são os motivos da escolha, e três que são os motivos da rejeição; ou seja, o nobre, o vantajoso e o agradável, e seus opostos, o vil, o prejudicial e o doloroso. Com relação a tudo isso, uma pessoa boa provavelmente agirá certo e uma má agirá errado, especialmente com relação ao prazer, pois o prazer é comum tanto ao ser humano como aos animais inferiores, e também é um concomitante de todos os objetos de escolha, já que tanto o nobre quanto o vantajoso nos parecem agradáveis.

Mais uma vez, a suscetibilidade ao prazer e à dor cresceu em todos nós desde a infância. Portanto, esse sentimento é difícil de erradicar, pois está enraizado em nossas vidas. Ademais, o prazer e a dor também são os padrões pelos quais todos nós, em maior ou menor grau, regulamos nossas ações. Por conta disso, portanto, prazer e dor são necessariamente nossas principais preocupações, uma vez que sentir prazer e dor certa ou erradamente tem um grande efeito sobre a conduta.

Além disso, como diz Heráclito: é mais difícil lutar contra o prazer do que contra a dor[9], mas tanto a virtude como a arte estão constantemente lidando com o que é mais difícil, pois quanto mais difícil a tarefa, melhor é o sucesso. Por essa razão, também, o prazer e a dor são necessariamente as principais preocupações tanto da virtude quanto da ciência política, pois aquele que se comporta corretamente com relação a elas será bom, e aquele que o faz incorretamente, mau.

Podemos, então, tomar como estabelecido que a virtude tem a ver com prazeres e dores, que as ações que os produzem são aquelas que aumentam

---

9. Fragmento 105.

a virtude, e se executadas de maneira diferente, a destroem; e que as ações nas quais ela é produzida também são aquelas em que ela é exercida.

## 4

Uma dificuldade pode, no entanto, ser levantada quanto ao que queremos dizer ao declarar que para se tornarem justas as pessoas devem ter ações justas, e para se tornarem temperadas devem praticar ações temperadas. Se praticam ações justas e moderadas, já possuem essas virtudes, assim como se fazem corretamente uma concordância gramatical ou tocam afinadamente são gramáticos ou músicos.

Mas talvez esse não seja o caso, nem mesmo com as artes. É possível fazer uma correta concordância gramatical por acaso, ou porque alguém a sugere; portanto, você só será um gramático se fizer uma concordância corretamente à maneira de um gramático, isto é, em virtude do conhecimento gramatical que você mesmo possui.

Além disso, o caso das artes não é realmente análogo ao das virtudes. As obras de arte têm seu mérito em si mesmas, de modo que basta que sejam produzidas com uma certa qualidade própria, mas os atos praticados em conformidade com as virtudes não são praticados com justiça ou moderação se eles mesmos forem de um certo tipo, mas apenas se o agente também estiver em certo estado de espírito quando os pratica: primeiro ele deve agir com conhecimento;

em segundo lugar, ele deve escolher deliberadamente o ato, por si mesmo; e em terceiro, o ato deve surgir de uma disposição de caráter firme e permanente.

Para a posse de uma arte, nenhuma dessas condições está incluída, exceto o mero conhecimento mas para a posse das virtudes, o conhecimento é de pouca ou nenhuma utilidade, ao passo que as outras condições são muito importantes, na medida em que a virtude resulta do desempenho repetido de ações justas e temperadas. Assim, embora as ações sejam justas e temperadas, quando são atos que as pessoas justas e temperadas teriam, o agente é justo e temperado não quando ele faz esses atos meramente, mas quando ele os faz da maneira em que justas e moderadas pessoas os fazem. É correto, portanto, dizer que alguém se torna justo fazendo ações justas, e temperado fazendo ações temperadas, e ninguém pode ter a possibilidade de se tornar bom sem fazê-las.

Mas a maioria das pessoas, em vez de praticar atos virtuosos, recorrem a discutir a virtude e imaginam que estão praticando a filosofia e que isso as tornará boas pessoas. Ao fazer isso, elas agem como doentes que ouvem atentamente o que o médico diz, mas negligenciam completamente a execução de suas prescrições. Esse tipo de filosofia não levará a um estado de alma saudável, assim como o modo de tratamento não produzirá a saúde do corpo.

## 5

Em seguida, temos que considerar a definição de virtude. A alma se encontra em três estados: emoção, capacidade ou disposição de caráter; a virtude, portanto, deve pertencer a uma dessas três coisas.

Por emoções, entendemos apetite, raiva, medo, confiança, inveja, alegria, amizade, ódio, desejo, ciúme, pena, e geralmente aqueles estados de consciência que são acompanhados de prazer ou dor. As capacidades são as faculdades em virtude das quais podemos dizer que estamos sujeitos às emoções, por exemplo, capazes de fazermos sentir raiva, dor ou pena. As disposições são os estados de caráter formados em virtude dos quais estamos bem ou mal dispostos com relação às emoções, por exemplo, temos uma má disposição com relação à raiva se estamos dispostos a ficar com raiva de modo muito violento ou não violento o suficiente, mas temos uma boa disposição se habitualmente sentimos uma quantidade moderada de raiva; e da mesma forma com relação às outras emoções.

Ora, as virtudes e vícios não são emoções porque não somos considerados bons ou maus de acordo com nossas emoções, mas sim de acordo com nossas virtudes e vícios; nem somos elogiados ou censurados por nossas emoções (uma pessoa não é elogiada por estar com medo ou com raiva, nem é censurada por estar apenas com raiva, mas por estar com raiva de uma certa maneira), mas somos elogiados ou censurados por nossas virtudes e vícios.

Novamente, não estamos com raiva ou com medo por escolha, mas as virtudes são escolhas ou, em todos os eventos, envolvem escolha. Além disso, diz-se que somos movidos pelas emoções, ao passo que, com respeito às virtudes e vícios, não se diz que somos movidos, mas dispostos de uma certa maneira.

Essas mesmas considerações também provam que as virtudes e os vícios não são capacidades, já que não somos considerados bons ou maus, elogiados ou censurados, apenas em razão de nossa capacidade de sentir emoções. Além disso, possuímos certas capacidades por natureza, mas não nascemos bons ou maus por natureza; sobre isso, entretanto, já falamos antes.

Se, então, as virtudes não são emoções nem capacidades, resta que sejam disposições de caráter. Assim mostramos qual o gênero da virtude.

### 6

Não basta, todavia, definir a virtude como uma disposição; devemos também dizer que espécie de disposição é. Portanto, deve-se supor que toda excelência tem um duplo efeito sobre a coisa à qual pertence: ela não apenas torna a coisa em si boa, mas também faz com que ela desempenhe bem sua função. Por exemplo, a excelência no olho faz com que o olho seja bom e funcione bem, pois ter bons olhos significa ter boa visão. Da mesma forma, a excelência em um cavalo o torna um bom cavalo, e também bom em galopar, em carregar seu cavaleiro e em enfrentar o inimigo. Se, portanto, isso é verdade para todas as coisas, excelência ou virtude em uma pessoa será a disposição que a torna uma pessoa boa e também que a levará a desempenhar bem sua função. Já indicamos o que isso significa, mas lançará mais luz sobre o assunto se considerarmos o que constitui a natureza específica da virtude.

De tudo o que é contínuo e divisível, pode-se tomar a parte maior, a parte menor, ou a parte igual, e essas partes podem ser maiores, menores e iguais em relação à própria coisa ou relativamente a nós; a parte igual sendo um meio-termo entre o excesso e a falta. Por meio-termo da coisa entendemos um ponto igualmente distante de qualquer um dos extremos, que é um só e o mesmo para todos; pela média relativa a nós, aquela quantia que não é nem muito, nem muito pouco – e isso não é um só e o mesmo para todos. Por exemplo, se dez é muito e dois é pouco, então seis é o meio-termo em relação à coisa; já que seis menos dois é igual a dez menos seis, e essa é a média de acordo com a proporção aritmética. Mas não podemos chegar por esse método à média relativa a nós. Suponha que dez *minas*[10] de comida seja uma quantidade grande para qualquer pessoa, e duas *minas*, uma quantidade pequena; não se segue daí que um treinador irá prescrever seis *minas* de comida, pois talvez essa seja uma quantidade grande, ou pequena, para o atleta em particular que a receberá; é uma quantidade pequena para Milo, mas grande

10. Antiga moeda grega.

para alguém que está começando a praticar atletismo. E da mesma forma com a quantidade de exercícios de corrida ou luta livre a serem realizados. Da mesma forma, então, um especialista em qualquer arte evita o excesso e a falta, e busca, e adota, o meio-termo – o meio-termo que não é da coisa, mas relativo a nós.

Se, portanto, a maneira pela qual toda arte ou ciência realiza bem o seu trabalho é olhar para o meio-termo e aplicá-lo como padrão às suas produções – daí a observação comum sobre uma obra de arte perfeita, da qual não se poderia tirar ou acrescentar nada a ela, significando que o excesso e a falta destroem a perfeição, enquanto a adesão ao meio-termo a preserva –, e se, então, como dizemos, bons artesãos olham para o meio--termo enquanto trabalham, e se a virtude, como a natureza, é mais precisa e melhor do que qualquer forma de arte, segue-se que a virtude tem a qualidade de atingir o meio-termo. Refiro-me à virtude moral, pois esta diz respeito às emoções e ações, nas quais se pode ter excesso ou falta, ou um meio-termo. Por exemplo, alguém pode sentir medo, confiança, desejo, raiva ou pena, e em geral sentir prazer e dor, em excesso ou não; em ambos os casos, isso é um mal. Considerando, então, que sentir esses sentimentos no momento certo, na ocasião certa, com relação às pessoas certas, para o propósito certo e da maneira certa, é sentir a melhor quantidade deles, que é a quantidade média, essa melhor quantia é, obviamente, a marca da virtude.

Da mesma forma, pode haver excesso, falta e o devido meio-termo nas ações. Ora, os sentimentos e as ações são os objetos com os quais a virtude se ocupa, e nos sentimentos e ações o excesso e a falta são formas de erros, enquanto o meio-termo é elogiado e constitui o sucesso; e ser elogiado e ter sucesso são marcas de virtude. A virtude, portanto, é um estado médio no sentido de que é capaz de atingir o meio-termo.

Por outro lado, o erro apresenta várias maneiras (pois o mal pertence à classe de tudo que é ilimitado, como supuseram os pitagóricos, e o bem ao que é limitado), enquanto o sucesso só é possível de uma maneira (e é por isso que o primeiro é fácil e o segundo difícil – fácil de errar o alvo e difícil de acertá-lo). Então, essa é outra razão pela qual o excesso e a falta são marcas do vício, e o meio-termo é uma marca da virtude: "As pessoas são boas de uma só maneira, as más de muitas maneiras"[11].

A virtude, então, é uma disposição de caráter estabelecida da mente que determina a escolha de ações e emoções, consistindo essencialmente na observância do meio-termo relativo a nós, a qual é determinada por um princípio racional da pessoa dotada de sabedoria. E é um meio-termo entre dois vícios, um por excesso e outro por falta. Além disso, é um estado médio porque, enquanto os vícios ficam aquém ou excedem o que é certo nos sentimentos e nas ações, a virtude determina e adota o meio-termo. Portanto, no que diz respeito

---

11. Elegia anônima.

à sua substância e à definição que afirma o que realmente é em essência, a virtude é a observância do meio-termo; se referente ao bem supremo e ao mais justo, é um extremo.

Nem toda ação ou emoção, entretanto, admite um meio-termo. De fato, os próprios nomes de alguns implicam diretamente o mal, por exemplo: malícia, despudor, inveja e, entre as ações, adultério, roubo, assassinato. Todas essas e outras ações e sentimentos semelhantes são acusados de serem ruins em si mesmos, não o excesso ou a falta deles. É impossível, portanto, acertar com relação a eles, sempre se estará errado. Nem o certo ou errado no caso deles depende das circunstâncias, por exemplo, se alguém comete adultério com a mulher certa, na hora certa e da maneira certa; a mera execução de qualquer uma delas é um mal.

Pode-se também supor que seria um absurdo haver um meio-termo devido, um excesso e uma falta em atos de injustiça, covardia ou libertinagem, pois isso implicaria um meio-termo do excesso e da falta, uma quantidade excessiva de excesso e uma quantidade deficiente de falta. Mas, assim como não pode haver excesso ou falta na temperança e na justiça porque o meio-termo é, em certo sentido, um extremo, também não pode haver observância do meio-termo, nem excesso ou deficiência nos atos viciosos correspondentes mencionados acima. Por mais que sejam cometidos, eles estão errados. Para colocar em termos gerais, não existe um meio-termo do excesso ou da falta, nem excesso ou falta aquém na observância de um meio-termo.

# 7

Não devemos, entretanto, contentar-nos com essa definição geral, mas devemos mostrar que ela se aplica às virtudes individuais. Na prática, embora os princípios universais tenham uma aplicação mais ampla, aqueles que cobrem uma parte particular possuem um grau mais alto de verdade, porque a conduta lida com fatos particulares, e nossas teorias concordam com esses fatos.

Tomemos, então, as virtudes particulares num quadro geral. A prática do meio-termo no medo e na confiança é a coragem. A pessoa que excede em destemor não é designada por nenhum nome especial (esse é o caso de muitas das virtudes e vícios), aquela que excede em confiança é temerária, aquela que excede em medo e é deficiente em confiança é covarde. Com relação aos prazeres e dores – não todos, e em menor grau com respeito às dores –, a prática do meio-termo é a temperança, o excesso é a intemperança. Pessoas deficientes no tocante aos prazeres raramente existem e, portanto, esse caráter também não recebe um nome, mas podemos chamá-las de insensíveis. Com relação a dar e receber dinheiro, a prática do meio-termo é a liberalidade; o excesso e a deficiência são a prodigalidade e a avareza, mas o pródigo e o avarento excedem e ficam aquém um do outro: o pródigo excede em gastar e é deficiente em receber, enquanto o avarento excede em receber e é deficiente em gastar. No momento, então, descrevemos essas qualidades em linhas gerais e resumidamente, o que é suficiente para o propósito em questão, mas elas serão definidas com mais precisão mais tarde[12].

Existem também outras disposições com relação ao dinheiro, a saber, o meio-termo chamado de magnificência (sendo a pessoa magnificente diferente do liberal, pois a primeira lida com grandes quantias e o segundo com pequenas); o excesso chamado de insipidez ou vulgaridade; e o defeito chamado de mesquinhez. Estes não são o mesmo que a liberalidade e os vícios que lhe correspondem, mas a maneira como eles diferem será discutida mais adiante.

No que diz respeito à honra e à desonra, a observância do meio-termo é a grandeza da alma, já o excesso é conhecido como uma espécie de vaidade, e a deficiência como pequenez da alma. Assim como dissemos que a liberalidade está relacionada com a magnificência, diferindo dela por se preocupar com pequenas quantias de dinheiro, também há uma certa qualidade relacionada com a grandeza da alma, que se preocupa com grandes honras, enquanto a vaidade em si preocupa-se com pequenas honras, pois é possível aspirar a honras menores da maneira certa, ou mais do que se deve, ou menos. Aquele que excede nessas aspirações é chamado de ambicioso, aquele que é deficiente, de pouco ambicioso, mas o caráter do meio-termo não tem nome. E as disposições dessas pessoas também não têm nome, exceto que a da pessoa ambiciosa é chamada de ambição.

---

12. Livro IV.

Consequentemente, as pessoas extremas reivindicam a posição intermediária e, de fato, nós mesmos às vezes chamamos a pessoa intermediária de ambiciosa e às vezes não ambiciosa; e às vezes elogiamos alguém por ser ambicioso, às vezes por não ser ambicioso. Por que fazemos isso será discutido mais à frente, por ora, vamos classificar as virtudes e os vícios remanescentes no método que estabelecemos.

Com relação à raiva, também temos excesso, falta e a observância do meio-termo. Esses estados praticamente não possuem nomes, mas como chamamos uma pessoa de caráter intermediário de gentil, vamos nomear a observância do meio-termo de gentileza, ao passo que, com relação aos extremos, aquela pessoa que excede pode ser denominada irascível, e seu vício é a irascibilidade, e aquela que é deficiente no tocante à raiva chamemos de calma, e sua deficiência de calmaria.

Existem também três outros modos de observar um meio-termo que têm alguma semelhança em comum, mas são diferentes. Todos dizem respeito à conversa e à ação, mas diferem no fato de que um está preocupado com a veracidade da fala e do comportamento, e o outro com a amabilidade; destes, um se preocupa com a diversão social, e o outro com os assuntos gerais da vida. Devemos, portanto, discutir essas qualidades também, a fim de melhor discernir que em todas as coisas a observância do meio-termo deve ser elogiada, enquanto os extremos não são corretos nem louváveis, mas repreensíveis. A maioria dessas qualidades também não possui um nome, mas nesses casos, como nos outros, devemos tentar cunhar nomes para elas nós mesmos, por uma questão de clareza e para que nossa exposição possa ser facilmente compreendida.

No que diz respeito à verdade, então, o caráter do meio-termo pode ser chamado de verdadeiro, e o meio-termo de veracidade; fingimento na forma de exagero é a arrogância, e seu possuidor é arrogante; na forma de deficiência é a falsa modéstia, e a pessoa que a possui é a falsamente modesta.

No tocante ao prazer e à diversão social, o caráter do meio-termo é espirituoso e a disposição do meio-termo é o espírito; o excesso é a zombaria, e seu possuidor um zombeteiro; a pessoa com sua deficiência pode ser chamada de grosseira, e sua disposição de grosseira.

Quanto ao prazer geral na vida, a pessoa que é agradável da maneira adequada é amável, e a observância do meio-termo é a amabilidade; aquela que excede, se por nenhum motivo interessado, é obsequiosa, mas se para sua própria vantagem, uma bajuladora; aquela que é deficiente e desagradável em todos os assuntos da vida pode ser chamada de briguenta e mal-humorada.

Existem também modos de observar um meio-termo com relação às emoções, pois nestas também uma pessoa é chamada de moderada e outra de excessiva, por exemplo, a pessoa tímida cuja modéstia se preocupa com tudo; enquanto aquela que é deficiente em vergonha, ou não sente vergonha por nada, é desavergonhada; e a pessoa de caráter mediano é modesta. Embora a modéstia não seja uma virtude, ela é elogiada, assim como a pessoa modesta.

Novamente, a justa indignação é a observância de um meio-termo entre a inveja e a malícia, e essas qualidades estão relacionadas com a dor e o prazer sentidos pela sorte dos nossos semelhantes. Uma pessoa indignada de maneira justa sofre por uma boa fortuna imerecida; a pessoa invejosa o excede e aflige-se com toda a boa sorte alheia; enquanto a pessoa maliciosa fica tão longe de sofrer que ela realmente sente prazer.

Essas qualidades, no entanto, teremos oportunidade de discutir em outro lugar[13]. Depois delas, trataremos da justiça, distinguindo suas duas espécies – pois ela tem mais de um sentido – e mostrando de que maneira cada uma é um modo de observar o meio-termo. Trataremos do mesmo modo das virtudes racionais.

## 8

Há, então, três espécies de disposições: dois vícios, um de excesso e um de carência, e uma virtude, que é a observância do meio-termo; e cada uma delas é, de certa forma, oposta a ambas as outras. Os estados extremos são o oposto tanto do estado intermediário como um do outro, e o estado intermediário é o oposto de ambos os extremos; uma vez que, assim como o igual é maior em comparação com o menor e menor em comparação com o maior, os estados intermediários de caráter são excessivos em comparação com os

---

13. Livro VI.

estados defeituosos e defeituosos em comparação com os estados excessivos, seja no caso de sentimentos ou de ações. Por exemplo, uma pessoa corajosa parece imprudente em contraste com uma covarde e covarde em contraste com uma pessoa imprudente; assim como uma pessoa temperada parece extravagante em contraste com uma pessoa insensível ao prazer e à dor, mas insensível em contraste com uma extravagante; e uma pessoa liberal parece pródiga em contraste com uma mesquinha e mesquinha em contraste com aquela que é pródiga. Portanto, qualquer caráter extremo tenta empurrar o caráter do meio-termo para o outro extremo; alguém covarde chama uma pessoa corajosa de imprudente e alguém imprudente a chama de covarde, e correspondentemente em outros casos.

Porém, enquanto todas as três disposições são assim opostas uma à outra, o maior grau de contrariedade existe entre os dois extremos, pois os extremos estão mais distantes um do outro do que do meio-termo, assim como o grande está mais longe do pequeno e o pequeno do grande do que ambos estão do igual.

Novamente, alguns extremos mostram uma certa semelhança com o meio-termo; por exemplo, a imprudência se assemelha à coragem, a prodigalidade à liberalidade, enquanto os extremos exibem uma maior diferença entre si. Mas são as coisas mais distantes umas das outras que os lógicos definem como contrárias, de modo que quanto mais distantes as coisas entre si, mais contrárias elas são.

Em alguns casos, a deficiência, em outros o excesso, opõe-se mais ao meio-termo; por exemplo, a covardia, que é um vício da deficiência, é mais oposta à coragem do que à imprudência, que é um vício do excesso; mas a libertinagem, ou excesso de sentimento, é mais oposta à temperança do que à insensibilidade ou à falta de sentimento.

Isso se deve a uma das duas causas: uma delas surge da própria coisa; devido a um extremo estar mais próximo do meio-termo e se assemelhar mais a ela, não opomos esse extremo ao meio-termo, mas sim o extremo contrário; por exemplo, como a imprudência parece se assemelhar mais à coragem do que à covardia, e para estar mais próximo dela, consideramos a covardia, em vez da imprudência, como o contrário da coragem, pois os extremos que estão mais distantes do meio-termo são considerados mais contrários a ele.

Essa, então, é uma causa, surgindo da própria coisa. A outra causa tem sua origem em nós: essas coisas parecem mais contrárias ao meio-termo ao qual nós mesmos somos mais inclinados por natureza. Por exemplo, nós próprios somos mais inclinados ao prazer, e é por isso que somos propensos à libertinagem mais do que ao pudor. Portanto, preferimos chamar essas coisas, as quais estamos mais inclinados a cair, de contrárias do meio-termo; e, portanto, a libertinagem, que é um excesso, é mais particularmente o contrário da temperança.

## 9

Já foi dito o suficiente para mostrar que a virtude moral é um meio-termo e em que sentido o é – a saber, que é um meio-termo entre dois vícios, um de excesso e outro de deficiência –, e que é um meio porque visa atingir o ponto mediano nos sentimentos e nas ações. É por isso que é difícil ser bom, pois é difícil encontrar o meio-termo em qualquer coisa; por exemplo, nem todo mundo pode encontrar o centro de um círculo, mas apenas alguém que conhece geometria. Da mesma forma, qualquer pessoa pode ficar com raiva – isso é fácil, como também é fácil dar ou gastar dinheiro –, mas ficar com raiva ou dar dinheiro à pessoa certa, na quantia certa, na hora certa, pelo propósito certo e da maneira certa, isso não está ao alcance de todos e não é fácil, de modo que fazer essas coisas corretamente é raro, louvável e nobre.

Portanto, a primeira regra ao visar ao meio-termo é evitar o extremo que é mais oposto ao meio-termo, como Calipso[14] aconselha: "Mantenha o navio afastado desta fumaça e da ondulação", pois, dos dois extremos, um é um erro mais sério do que o outro. Portanto, na medida em que atingir o meio-termo bom é extremamente difícil, a segunda melhor maneira de uma "segunda navegação"[15], como diz o ditado, é enfrentar o menor dos males, e a melhor maneira de fazer isso será a maneira que ordenamos.

---

14. Homero, *Odisseia*, Canto XII, v. 219.

15. Referente ao provérbio grego "δεύτερος πλοῦς (*deúteros ploûs* – segunda navegação)": tomar os remos quando não houver ajuda do vento, ou seja, uma segunda tentativa após um fracasso.

A segunda regra é perceber quais são os erros aos quais nós mesmos somos mais propensos (pois diferentes pessoas são inclinadas, por natureza, a diferentes faltas) – e descobriremos quais são elas observando o prazer ou a dor que experimentamos. Então, devemos nos deslocar na direção oposta, pois desviando do erro que nos assedia faremos um curso intermediário. Esse é o método adotado pelos carpinteiros para endireitar a madeira torta.

Em terceiro lugar, devemos, em todas as coisas, estar em guarda contra o que é agradável e contra o prazer, pois quando o prazer está em julgamento, não somos juízes imparciais. O caminho certo é, portanto, sentir com relação ao prazer como os anciãos do povo se sentiram com relação a Helena[16], e replicar suas palavras a ela em todas as ocasiões, pois se pedirmos veementemente que o prazer se vá, teremos menos probabilidade de errar. Essas, então, para resumir, são as precauções que melhor nos permitirão atingir o meio-termo.

Sem dúvida, é uma coisa difícil de se fazer, especialmente em casos particulares; por exemplo, não é fácil definir de que maneira e com que pessoas e por que tipo de motivos e por quanto tempo se deve ficar com raiva, e, de fato, às vezes elogiamos as pessoas que erram por deficiência nesse assunto e as chamamos de gentis, e às vezes, aquelas que se irritam rapidamente consideramos viris. No entanto, não culpamos aquela pessoa

---

16. Homero, *Ilíada*, Canto III, vv. 156-160.

que diverge um pouco do caminho certo, seja do lado do muito ou do pouco, mas aquela que diverge mais amplamente, pois seu erro é notado. Também, não é fácil definir em princípio até que ponto e quão seriamente uma pessoa deve errar para ser censurada, pois, de fato, nenhum objeto de percepção é fácil de definir, e tais questões de grau dependem de circunstâncias particulares, e a decisão cabe à percepção.

Portanto, fica claro que é a disposição intermediária em cada conduta que deve ser elogiada, mas que se deve inclinar, às vezes, para o lado do excesso e, outras vezes, para o lado da deficiência, pois essa é a maneira mais fácil de atingir o meio--termo e o curso certo.

# Livro III

*[Trata do ato moral e das paixões]*

**1**

A virtude está relacionada a emoções e ações, emoções e ações voluntárias pelas quais elogios e censuras são dados; já as emoções e ações involuntárias são perdoadas e, às vezes, até lamentadas. Disso, parece ser necessário para quem estuda a natureza da ética definir a diferença entre o voluntário e o involuntário[17], e isso também servirá ao legislador na atribuição de honras e punições.

É então geralmente aceito que as ações são involuntárias quando feitas sob compulsão ou por ignorância, e que uma ação é compulsória quando sua origem é externa, sendo de tal natureza que a pessoa que a comete e a sente em nada contribui para sua ocorrência, por exemplo, quando o capitão de um navio é levado para algum lugar pelo mau tempo ou por pessoas que tenham se apoderado de seu navio.

Há, entretanto, uma certa dúvida sobre as ações feitas para evitar maiores males ou por algum propósito nobre, como, por exemplo, se um

---

17. Em grego: ἑκούσιον (*ekoúsion* – voluntário) e ἀκούσιον (*akoúsion* – involuntário).

tirano ordenasse a uma pessoa que cometesse algo vil tendo os pais e filhos dessa pessoa em seu poder; se ela obedecer, suas vidas serão poupadas, mas se ela recusar, eles serão condenados à morte. É questionável se tais ações são voluntárias ou involuntárias. Um caso um tanto semelhante é quando a carga é jogada ao mar durante uma tempestade, porque, em teoria, ninguém joga fora voluntariamente seus bens, mas para salvar sua própria vida e a de seus companheiros qualquer pessoa sensata faria isso.

Ações desse tipo, então, são mistas, mas elas se aproximam mais dos atos voluntários, pois, no momento em que são feitas, são escolhidas ou desejadas; e a finalidade ou o motivo de uma ação varia com a ocasião, de modo que os termos "voluntário" e "involuntário" devem ser usados com referência ao momento da ação. A ação efetiva nos casos em questão é feita voluntariamente, pois a origem que move as partes do corpo para a ação está na própria pessoa que age; e quando a origem de uma ação está em nós mesmos, está em nosso próprio poder fazê-la ou não. Tais ações, portanto, são voluntárias, embora talvez involuntárias, independentemente das circunstâncias, pois ninguém escolheria fazer tais ações por si mesmas.

Às vezes, de fato, as pessoas são elogiadas por ações dessa espécie "mista" quando se submetem a alguma desgraça ou coisa dolorosa como o preço de algum grande e nobre propósito; mas, se as fizerem sem tal motivo, são censuradas, pois é desprezível submeter-se a uma grande desgraça sem qualquer finalidade ou apenas por um propósito insignificante. Em alguns casos, novamente, tal submissão, embora não elogiada, é tolerada, quando alguém comete algo errado por medo de penalidades que impõem uma pressão muito grande à natureza humana e que ninguém poderia suportar. No entanto, parece haver algumas ações que uma pessoa não pode ser compelida a fazer, e, em vez de fazê-las, deve se submeter à mais terrível morte; por exemplo, é absurdo pensar que Alcmeão, de Eurípides, é forçado, por certas ameaças, a assassinar sua própria mãe. Às vezes, todavia, é difícil decidir até onde devemos ir ao escolher fazer um determinado ato em vez de sofrer uma determinada punição, ou em suportar uma determinada punição em vez de cometer uma determinada ação; e é ainda mais difícil cumprir nossa decisão quando tomada, já que na maioria desses dilemas a penalidade esperada é dolorosa e o ato imposto a nós é desonroso; e é por isso que elogios e censuras são concedidos de acordo com o que fazemos ou com o que não somos forçados a fazer.

Que tipos de ações, então, devem ser chamadas de "compulsórias"? Sem ressalvas, talvez esse termo se aplique a qualquer caso em que a causa da ação esteja em circunstâncias exteriores ao agente e quando o agente em nada contribui. Entretanto, quando ações intrinsecamente involuntárias ainda são, em dadas circunstâncias, deliberadamente escolhidas como preferência a uma outra alternativa, e quando sua origem está no próprio agente, essas ações devem ser declaradas intrinsecamente involuntárias, mas voluntárias nessas circunstâncias e de preferência à alternativa. Aproximam-se, porém, da classe voluntária, uma vez que essas ações ocorrem em casos particulares, e aquilo que é particular, nesse caso em questão, é realizado voluntariamente. Não é fácil, porém, estabelecer regras para decidir qual das duas alternativas deve ser escolhida, pois casos particulares diferem amplamente entre si.

Aplicar o termo "compulsório" a atos praticados por prazer ou por objetivos nobres, sob o argumento de que estes exercem sobre nós uma coerção externa, é tornar compulsória toda ação. Pois tudo o que fazemos têm essa motivação. Também, agir sob compulsão e involuntariamente é doloroso, mas ações visando algo agradável ou nobre são feitas com prazer. E é absurdo culpar as coisas externas, em vez de nos culparmos por sermos facilmente seduzidos por seus atrativos; ou nos declararmos responsáveis pelas ações nobres feitas para nós mesmos, enquanto colocamos a culpa por nossas ações vergonhosas nas tentações do prazer. Parece, portanto, que uma ação é compulsória quando sua origem é externa e quando em nada contribui para quem é forçado a fazê-la.

Uma ação praticada por ignorância é, em todos os casos, não voluntária. É involuntária apenas quando causa dor e arrependimento ao agente. Com efeito, no caso de uma pessoa que agiu por ignorância e não sente nenhum remorso pelo que fez não se pode dizer que agiu voluntariamente, pois não estava ciente de sua ação, mas também não se pode dizer que agiu involuntariamente, pois não se arrepende disso. As ações cometidas por ignorância, portanto, dividem-se em duas classes: se o agente se arrepende do ato, pensamos que ele agiu involuntariamente; se ele não se arrepender, para marcar a distinção, podemos chamá-lo de agente não voluntário, pois, como o caso é diferente, é melhor dar-lhe um nome distinto.

Agir por ignorância, entretanto, parece ser diferente de agir na ignorância, pois, quando alguém está embriagado ou furioso, suas ações não são consideradas como resultado de sua ignorância, mas como resultado de uma das condições mencionadas, assim, ele age na ignorância, ou seja, sem conhecimento do que faz.

É verdade, pois, que todos as pessoas ímpias ignoram o que devem fazer e o que devem abster-se de fazer, e esse erro é a causa da injustiça e do vício em geral. Mas o termo "involuntário" não se aplica realmente a uma ação na qual o agente ignora seus verdadeiros interesses. A ignorância que torna uma ação censurável não é a ignorância demonstrada na escolha moral (esse tipo de ignorância constitui vício), nem resulta da ignorância geral (porque esta é considerada censurável), mas da ignorância particular, isto é, ignorância das circunstâncias da ação e das coisas e pessoas afetadas por ela. Nesse caso, a ação é lamentável e perdoada, porque quem age na ignorância, em qualquer uma dessas circunstâncias, é um agente involuntário.

Talvez seja melhor especificar a natureza e o número dessas circunstâncias. O agente pode ignorar a si próprio, a ação, as coisas e pessoas sobre as quais a ação é feita, e, às vezes, o instrumento utilizado (por exemplo, uma ferramenta com a qual a ação é feita), o efeito causado (por exemplo, salvando a vida de alguém), e a maneira (por exemplo, gentil ou violentamente).

Ora, ninguém, a menos que esteja louco, poderia ignorar todas essas circunstâncias juntas; nem, obviamente, poderia ignorar o agente, pois como é possível ignorar a si mesmo? Mas é possível ignorar o que se está fazendo, como quando as pessoas dizem "escapou-me [as palavras] enquanto falava" ou "não sabia que o assunto era um segredo", como disse Ésquilo sobre os Mistérios; ou ainda que "disparei quando queria apenas mostrar como funcionava", como alegou um homem no caso de uma catapulta.

Novamente, é possível alguém confundir seu filho com um inimigo, como ocorreu com Mérope; ou confundir uma lança afiada com uma lança cega, ou uma pedra pesada com uma pedra-pomes; ou pode-se matar um homem com a intenção de salvar sua vida; ou desferir um golpe quando se pretende apenas agarrar as mãos[18].

A ignorância, portanto, pode relacionar-se a todas essas circunstâncias do ato; a pessoa que agiu na ignorância em qualquer uma delas diz-se que agiu involuntariamente, sobretudo se ignorante das

---

18. Referente ao estilo de luta greco-romano, em que os adversários apenas agarram as mãos uns dos outros.

mais importantes delas, e a mais importante das circunstâncias parece ser a natureza do próprio ato e o efeito que ele produzirá. Além disso, a prática de uma ação considerada involuntária em virtude de uma ignorância dessa espécie deve causar ao agente dor e trazer arrependimento.

Uma ação involuntária sendo aquela feita sob compulsão ou por ignorância, um ato voluntário parece ser um ato cuja origem está no próprio agente que conhece as circunstâncias particulares da ação. É provavelmente um erro dizer que as ações causadas pela raiva ou pelo desejo são involuntárias[19]. Porque, em primeiro lugar, se assim fosse, nenhum dos outros animais inferiores agiria voluntariamente, tampouco as crianças. Em seguida, será que nenhuma de nossas ações causadas por desejo ou raiva é voluntária? Ou as nobres são voluntárias e as vis involuntárias? Não é ridículo isso, quando uma pessoa é a autora de ambas? No entanto, talvez seja estranho chamar de involuntárias as ações que visam coisas que devemos desejar; e é certo sentir raiva de algumas coisas e sentir desejo por outras, como a saúde e o conhecimento.

Por outro lado, pensamos que as ações involuntárias são dolorosas e as ações de acordo com o desejo são agradáveis. E novamente, que diferença existe, com relação ao seu caráter involuntário, entre erros cometidos deliberadamente e atos cometidos por raiva? Ambos devem ser evitados.

---

19. Contra-argumento a Platão, que associa a raiva e o apetite à ignorância como fontes de ações erradas. Cf. *As Leis*, a partir de 683b.

Também pensamos que os sentimentos irracionais são tão parte da natureza humana quanto a razão, de modo que as ações feitas por raiva ou desejo também pertencem ao ser humano que as pratica. Portanto, é estranho classificar essas ações como involuntárias.

Tendo definido a ação voluntária e a involuntária, temos que examinar a natureza da escolha, pois parece estar intimamente conectada com a virtude e parece julgar melhor o caráter de nossas ações.

## 2

A escolha parece ser um ato voluntário. Mas não é sinônimo do termo "voluntário"; sendo esse último o mais amplo. As crianças e os animais inferiores são capazes de ação voluntária, mas não de escolha. Também atos praticados subitamente podem ser denominados voluntários, mas não se pode dizer que foram feitos por escolha.

Os que definem a escolha como sendo um apetite, uma paixão, um desejo ou uma forma de opinião não parecem corretos. Com efeito, os animais irracionais não exercem escolha, mas sentem apetite e também paixão. Também uma pessoa descontrolada age por apetite, mas não por escolha; e, ao contrário, uma pessoa com autocontrole age por escolha, e não por apetite. Novamente, o apetite pode ir contra a escolha, mas o apetite não vai contra o apetite. O apetite considera um objeto como agradável ou doloroso, a escolha não.

A escolha possui uma diferença ainda maior com relação à paixão. Atos praticados por paixão parecem muito distantes de serem feitos por escolha deliberada.

Além disso, a escolha certamente não é um desejo, embora pareçam muito semelhantes. A escolha não pode visar a coisas impossíveis, e qualquer pessoa que dissesse escolhê-las seria considerada tola, mas podemos desejar coisas que são impossíveis, como, por exemplo, a imortalidade. Também podemos desejar o que não pode ser garantido por nosso próprio esforço, como que um determinado ator ou atleta possa vencer uma competição, mas ninguém escolhe o que não depende de si mesmo, apenas o que pensa que pode ser alcançado por seus próprios esforços.

Além disso, o desejo está mais relacionado com os fins, e a escolha com os meios, por exemplo, desejamos ter saúde e escolhemos as ações que nos tornarão sadios; desejamos ser felizes, e essa é a palavra que usamos a esse respeito, mas não seria apropriado dizer que escolhemos ser felizes, já que, falando de modo geral, a escolha parece estar relacionada com coisas que estão sob nosso próprio poder.

Mais uma vez, a escolha não pode ser opinião, pois parece que a opinião pode relacionar-se com todas as coisas – formamos opiniões sobre o que é eterno ou impossível, tanto quanto sobre o que está ao nosso alcance. A opinião também se distingue por sua verdade ou falsidade, não por ser boa ou má, enquanto a escolha é distinguida como sendo boa ou má.

Portanto, ninguém realmente identifica a escolha como uma opinião geral. Mas também não é o mesmo que uma opinião particular, pois é nossa escolha do bem ou do mal que determina nosso caráter, não nossa opinião sobre o bem ou o mal. E escolhemos obter ou evitar alguma coisa boa ou má, mas opinamos o que é uma coisa, para quem ela é boa e de que maneira é boa; não formamos exatamente uma opinião para obter ou evitar alguma coisa.

Também louvamos uma escolha por relacionar-se com a coisa certa, enquanto uma opinião relaciona-se com a maneira certa; e escolhemos apenas coisas que sabemos absolutamente serem boas, mas opinamos sobre coisas que não sabemos com certeza serem verdadeiras. Nem as mesmas pessoas parecem se distinguir tanto na escolha quanto na formação de opiniões: algumas pessoas parecem formar opiniões melhores, mas ainda assim escolhem as coisas erradas. Que a escolha seja precedida ou acompanhada pela formação de uma opinião é irrelevante, pois não é esse o ponto que estamos considerando, mas sim se a escolha é a mesma coisa que alguma forma de opinião.

Visto que não é nenhuma das coisas acima mencionadas, o que é a escolha e que espécie de coisa é? Parece ser voluntária, mas nem todo ato voluntário é escolhido. Talvez possamos defini-la como uma ação voluntária precedida de deliberação, uma vez que a escolha envolve raciocínio e certo processo de pensamento. De fato, a deliberação prévia parece estar implícita no próprio termo, que denota algo escolhido antes de outras coisas[20].

---

20. Em grego: προαιρετός (*proairetós* – deliberativo), palavra composta pela preposição πρός (*prós* – antes) e pelo verbo αἱρέω (*airéō* – escolher).

### 3

Quanto à deliberação, as pessoas deliberam sobre tudo – todas as coisas são possíveis objetos de deliberação –, ou há algumas coisas sobre as quais a deliberação é impossível? O termo "objeto de deliberação" presumivelmente não deve ser entendido como englobando coisas sobre as quais um tolo ou um louco pode deliberar, mas significa o que uma pessoa sensata deliberaria.

Pois bem, ninguém delibera sobre coisas eternas e imutáveis, como a ordem do universo, ou a medida ilimitada da diagonal e do lado de um quadrado. Nem delibera sobre coisas que mudam, mas seguem um processo regular, seja por necessidade ou por natureza ou por alguma outra causa, como os fenômenos dos solstícios e do nascer do sol. Nem ainda sobre ocorrências irregulares, como secas e chuvas. Nem sobre os resultados do acaso, como encontrar um tesouro escondido. A razão pela qual não deliberamos sobre essas coisas é que nenhuma delas pode ser realizada por nosso arbítrio. Deliberamos sobre coisas que estão sob nosso controle e são atingíveis pela ação (que são, de fato, as únicas coisas que ainda precisam ser consideradas, pois natureza, necessidade e acaso, junto à inteligência e à ação humana em geral, preenchem a lista de causas geralmente aceitas). Mas também não deliberamos sobre todos os assuntos humanos sem exceção: por exemplo, nenhum lacedemônio delibera sobre a melhor forma de governo para a Cítia, mas qualquer conjunto particular de pessoas delibera sobre as coisas alcançáveis por suas próprias ações. Também não há espaço para deliberação sobre assuntos totalmente apurados e completamente formulados como ciências, como a gramática, pois não há dúvida de como uma palavra deve ser escrita. Os objetos de deliberação são coisas cujas operações estão sob nosso controle, mas nem sempre produzem resultados uniformes, por exemplo, sobre questões de medicina e de comércio; e deliberamos mais sobre a navegação do que sobre o treinamento atlético, porque a navegação não foi totalmente reduzida a uma ciência; e da mesma forma com outras atividades. E deliberamos mais sobre as artes do que sobre as ciências, porque estamos mais incertos sobre as primeiras.

A deliberação, então, é empregada nas coisas que, embora sujeitas a regras que geralmente são certas, são incertas em seus resultados, ou em coisas nas quais o resultado é indeterminado. Nas coisas em que o assunto é importante, tomamos conselhos para as nossas deliberações, pois desconfiamos da nossa própria capacidade de decidir.

Não deliberamos sobre os fins, mas sobre os meios. Um médico não delibera se deve curar seu paciente, nem um orador se deve persuadir seu público, nem um estadista se deve garantir um bom governo, nem qualquer outro delibera sobre sua finalidade; eles assumem algum fim como já estabelecido e consideram como e por quais meios ele pode ser alcançado. Se eles percebem que existem vários meios de alcançá-lo, passam a considerar qual deles o alcançará mais facilmente e melhor. Se existe apenas um meio pelo qual o fim pode ser realizado, eles examinam como isso pode ser realizado e por quais outros meios esse meio pode ser alcançado, até atingirem o primeiro princípio na ordem de causas, que é o último na ordem de descoberta.

A pessoa que delibera parece realizar uma investigação ou análise que se assemelha à análise de uma figura geométrica (de fato, parece que nem toda investigação é uma deliberação, por exemplo, a investigação matemática, mas toda deliberação é uma investigação), e o último passo na análise parece ser o primeiro passo na execução. Então, se nos depararmos com uma impossibilidade, abandonamos a execução – por exemplo: se precisamos de dinheiro e não há maneira de obtê-lo –, mas se, por outro lado, algo se mostra possível, começamos a agir. Por possível, queremos dizer aquilo capaz de ser realizado por nossos esforços, aquilo que fazemos por meio do esforço de nossos amigos, contando, em certo sentido, como feito por nós mesmos, uma vez que a origem de sua ação está em nós.

O objeto de investigação é, por vezes, as ferramentas a serem usadas e, por vezes, as maneiras de usá-las; e, da mesma forma, em outros casos, às vezes temos que considerar quais meios empregar e, às vezes, como exatamente determinados meios devem ser empregados.

Parece, portanto, como já foi dito, que o ser humano é a origem de suas ações, e que o âmbito da deliberação é descobrir ações dentro do próprio poder de realizar, e todas as nossas ações visam outros fins além delas mesmas. Segue-se que não deliberamos sobre os fins, mas sobre os meios. Também não deliberamos sobre fatos particulares, como se esse objeto é um pão e se está bem assado, pois essas coisas são objetos de percepção. A deliberação deve parar no fato particular, ou irá continuar num processo infinito.

O objeto da deliberação e o objeto da escolha são os mesmos, exceto que, quando uma coisa é escolhida, ela já foi determinada, já que aquilo que é decidido como resultado de nossa deliberação é o objeto da escolha. Todos param de indagar como devem agir depois que trouxeram de volta a origem da ação para si mesmos e para a parte dirigente de si mesmos, pois é essa parte que escolhe. Isso pode ser visto nas antigas constituições representadas em Homero, nas quais os reis costumavam proclamar ao povo o que haviam escolhido.

Como, portanto, o objeto de escolha é algo que está ao nosso alcance e que, após deliberação, desejamos, a escolha é um desejo deliberado de coisas que estão ao nosso alcance, pois primeiro deliberamos, depois selecionamos e finalmente fixamos nosso desejo de acordo com o resultado de nossa deliberação. Que isso sirva como uma descrição, no geral, da escolha e da natureza de seus objetos, e do fato de que ela lida com meios.

**4**

Já foi dito que o desejo tem por objetivo o fim. Mas enquanto alguns sustentam que tal fim é o bem, outros pensam que é o bem aparente. Aqueles que dizem que o que é desejado é o bem são confrontados com a consequência de que qualquer coisa desejada erroneamente não é realmente um objeto de desejo, pois, se deve ser desejado, deve ser bom, ao passo que, nesse caso, pode acontecer que a pessoa deseje algo ruim. E aqueles, por outro lado, que dizem que o bem aparente é desejado, são forçados a admitir que não existe um objeto de desejo natural, mas apenas o que cada pessoa pensa ser bom; ainda que diferentes, e até opostas, as coisas parecem boas para pessoas diferentes.

Se, portanto, nenhuma dessas consequências for satisfatória, talvez devêssemos dizer que, no sentido verdadeiro, o objeto de desejo é o bem, mas que, para cada pessoa em particular, o objeto de desejo é o bem aparente; e, portanto, a pessoa boa deseja o que é realmente objeto de desejo e a pessoa má deseja qualquer coisa que possa acontecer (assim como no caso de nossos corpos, alguém com boa condição corporal encontra coisas realmente saudáveis para sua saúde, mas para alguém enfermo outras coisas podem ser saudáveis, e assim também com as coisas amargas, doces, quentes, pesadas etc.).

A pessoa boa julga tudo corretamente, o que as coisas realmente são e o que parecem ser em todas as disposições de caráter, pois o nobre e o agradável têm uma forma própria correspondente a cada uma das faculdades de nossa natureza, e talvez o que principalmente distingue a pessoa boa é que ela vê a verdade em cada classe de coisas, sendo ela mesma o padrão e a medida do nobre e agradável. Parece ser o prazer que engana a maioria das pessoas, pois lhes parece ser um bem, embora não seja; por isso escolhemos o agradável como um bem e evitamos a dor como um mal.

## 5

Se então, enquanto desejamos o fim, e os meios para esse fim são questões de deliberação e escolha, segue-se que as ações que lidam com esses meios são feitas por escolha e voluntariamente, e as atividades nas quais as virtudes são exercidas lidam com meios. Portanto, a virtude também está em nosso poder. E o mesmo acontece com o vício. Porque, quando depende de nós o agir, também depende o abster-se de agir, e vice-versa; se, portanto, somos responsáveis por fazer algo quando é nobre, também somos responsáveis por não o fazer quando é vil, e se somos responsáveis por não fazer algo quando isso é nobre, também somos responsáveis por não agir quando isso é vil. Logo, se está em nosso poder fazer e deixar de fazer o bem e o mal, e se o que se entende ser bom ou mau é fazer o bem ou o mal, como vimos, consequentemente, depende de nós sermos virtuosos ou viciosos.

A máxima "ninguém é voluntariamente vil, e ninguém é involuntariamente feliz" parece ser em parte falsa e em parte verdadeira: é verdade que ninguém quer ser involuntariamente feliz, mas não é verdade que a maldade seja involuntária. Ou então devemos contradizer o que acabamos de afirmar, e dizer que um homem não é o gerador e pai de suas ações como ele é de seus filhos. Mas se é evidente que uma pessoa é a autora de suas próprias ações, e se somos incapazes de referir nossa conduta a outras origens além daquelas dentro de nós mesmos, então as ações das quais as origens estão dentro de nós dependem de nós e são voluntárias.

Essa conclusão parece ser atestada tanto pelo comportamento dos indivíduos na vida privada quanto pela prática dos legisladores, pois eles punem e exigem reparação daqueles que cometem atos vis (exceto quando são forçados ou quando agem por ignorância pela qual o próprio agente não é responsável), e honram aqueles que praticam ações nobres, a fim de encorajar um tipo e reprimir o outro. Mas ninguém tenta nos encorajar a fazer coisas que não dependem de nós mesmos e não são voluntárias, não há vantagem em sermos persuadidos a não sentir calor, dor, fome ou sensações semelhantes, porque os sentiremos da mesma forma.

Com efeito, o fato de uma ofensa ter sido cometida por ignorância é, por si só, motivo de punição, nos casos em que o ofensor é considerado responsável por sua ignorância; por exemplo, a pena é dobrada se o infrator estava embriagado, porque a origem da ação está no próprio infrator, pois ele poderia ter evitado se embriagar, e ter se embriagado foi causa da sua ignorância. As pessoas também são punidas por ofensas cometidas por ignorância de alguma disposição da lei que deveriam conhecer sem dificuldade; e também em outros casos em que a ignorância é atribuída à negligência, com base no fato de que o ofensor não precisava ser ignorante, pois poderia ter se dado ao trabalho de averiguar os fatos.

Pode-se objetar que talvez as pessoas são feitas de tal modo que não possam ser cuidadosas. Ora, mas as próprias pessoas são responsáveis por se tornarem descuidadas e por viverem descuidadamente, assim como por serem injustas ou intemperantes se fizerem coisas erradas ou passarem seu tempo bebendo. Pois adquirem uma qualidade particular agindo constantemente de uma maneira particular. Isso é demonstrado pela maneira como as pessoas se treinam para alguma competição ou ação qualquer: elas praticam continuamente. Portanto, apenas uma pessoa totalmente insensata pode deixar de saber que nosso caráter é o resultado de nossa conduta, mas se uma pessoa conscientemente age de uma maneira que resultará em se tornar injusto, deve-se dizer que ele é voluntariamente injusto.

Novamente, embora não seja razoável dizer que uma pessoa que age injustamente ou dissolutamente não deseja ser injusta ou dissoluta, isso de modo algum implica que ela pode deixar de ser injusta e se tornar justa apenas por desejar fazê-lo; assim como um doente não pode ficar curado ao desejar isso. Nesse caso, podemos supor que sua doença seja voluntária, no sentido de ser devida a uma vida desregrada e à negligência dos conselhos dos médicos. No princípio, então, é verdade, ele poderia ter evitado a doença, mas, uma vez que se deixou levar, não pode mais fazê-lo – tal como quando se atira uma pedra e não é mais possível trazê-la de volta, mas mesmo assim a pessoa que atirou é responsável por ter pegado a pedra e atirado, pois a origem da ação estava dentro dela mesma. Da mesma forma, os injustos e libertinos poderiam, no princípio, ter evitado se tornar assim e, portanto, eles o são voluntariamente; e, tendo se tornado assim, não lhes é possível ser diferentes.

Contudo não apenas os vícios da alma são voluntários, mas em alguns casos os vícios corporais também o são, e nós os censuramos por isso. Embora ninguém censure uma pessoa por ter nascido feia, censuramos as que assim são devido à negligência de exercícios e de cuidados. O mesmo acontece com enfermidades e mutilações: embora ninguém censure uma pessoa cega de nascença, ou devido a uma doença ou um acidente, todos censurariam alguém que perdeu a visão por causa de bebida alcoólica ou alguma forma de desregramento.

Vemos, então, que os vícios corporais pelos quais somos responsáveis são censurados, enquanto aqueles pelos quais não somos responsáveis não são. Sendo assim, segue-se que somos responsáveis também por vícios morais censuráveis.

Porém suponha que alguém diga que todas as pessoas buscam o que lhes parece bom, mas não são responsáveis por isso parecer bom, pois a concepção que cada pessoa tem de seu fim é determinada por seu caráter, seja ele qual for. Pois bem, a isso respondemos que se cada pessoa é, em certo sentido, responsável por sua disposição moral, será também em certo sentido responsável por sua concepção do bem; do contrário, ninguém seria responsável por seu próprio erro. Uma pessoa comete erros por ignorância do fim certo, pensando que o erro lhe proporcionará seu maior bem; e visar ao fim não depende de sua própria escolha. Uma pessoa precisaria ter nascido com visão moral, por assim dizer, para discernir corretamente e escolher o que é verdadeiramente bom. Uma pessoa de boa disposição natural é uma pessoa bem dotada pela natureza, pois se algo é o maior e mais nobre dos dons, e é algo que não pode ser adquirido ou aprendido de outro, mas concedido no nascimento, uma boa e nobre dotação natural a esse respeito constituirá uma boa disposição no sentido pleno e verdadeiro do termo.

Se isso é verdade, como a virtude será mais voluntária do que o vício? Tanto para a pessoa boa quanto para a má, a visão de seu fim é determinada da mesma maneira pela natureza ou pelo quer que seja; e todas as ações de qualquer tipo são guiadas por referência ao seu fim determinado.

Então, se a visão de alguém sobre seu fim, qualquer que seja, não é dada pela natureza, mas em parte devida a ele mesmo, ou se, embora seu fim seja determinado pela natureza, a virtude é voluntária porque as ações de alguém bom para alcançar seu fim são voluntários, em ambos os casos o vício será tão voluntário quanto a virtude, pois a pessoa má, tanto quanto a boa, possui espontaneidade em suas ações, mesmo que não na escolha de um fim. Se então, como foi dito, nossas virtudes são voluntárias (e de fato nós somos, em certo sentido, a causa de nossas disposições morais, e é o fato de termos um certo caráter que nos faz estabelecer um fim dessa ou daquela forma), segue-se que nossos vícios também são voluntários, da mesma maneira que nossas virtudes.

Discutimos agora, em linhas gerais, as virtudes, tendo indicado seu gênero, mostrando que são meios e também disposições de caráter; e tendo mostrado que elas nos tornam aptos a fazer as mesmas ações que aquelas pelas quais são produzidas; e que dependem de nós mesmos, são voluntárias e agem da maneira que a razão correta pode ordenar. Mas nossas disposições não são voluntárias da mesma forma que nossas ações. Podemos controlar nossas ações do começo ao fim e estamos conscientes delas em cada fase. Com nossas disposições de caráter, por outro lado, embora possamos controlar seus começos, cada progressão somada a elas é imperceptível, como é o caso do crescimento de uma doença; ainda que sejam voluntárias no sentido de que éramos livres para empregar nossas capacidades de uma forma ou de outra.

Todavia, tomemos agora as virtudes separadamente, definindo a natureza de cada uma, a que estão relacionadas e a maneira pela qual estão relacionadas. Ao mesmo tempo, também deixaremos claro quantas são.

## 6

Primeiramente falemos da coragem. Já vimos que a coragem é a prática do meio-termo com relação ao medo e à confiança. É claro que as coisas que tememos são coisas terríveis, o que qualificamos, de um modo geral, de males; por essa razão que o medo às vezes é definido como a expectação do mal.

É verdade, então, que tememos todos os males, como a má reputação, a pobreza, a doença, a falta de amigos, a morte; mas não se pensa que a coragem esteja relacionada a todas essas coisas, pois há alguns males que é justo e nobre temer, e vergonhoso não temer. Por exemplo, a má reputação. Quem teme a má reputação é uma pessoa honrada, com o devido senso de vergonha; quem não a teme é desavergonhada. Embora algumas pessoas chamem de corajosa essa pessoa por analogia, porque tem certa semelhança com a pessoa corajosa, que também é uma pessoa destemida.

Novamente, talvez não devêssemos temer a pobreza, a doença, nem, em geral, qualquer mal que não seja causado pelo vício e não dependa de nós mesmos. Mas aquele que é destemido com relação a essas coisas também não é alguém corajoso (embora o termo também seja aplicado a ele por analogia), já que alguns homens que são covardes na guerra são liberais e corajosos com relação ao dinheiro e à sua perda.

Tampouco é corajoso aquele que teme os insultos à sua esposa e a seus filhos, ou a inveja, ou algo semelhante; nem corajoso se mostra coragem quando está prestes a ser açoitado. Quais são, então, as coisas terríveis com relação às quais a coragem é exibida?

Suponho que sejam os maiores males, pois não há ninguém mais corajoso para suportar o perigo do que a pessoa corajosa. Bem, a coisa mais terrível de todas é a morte, pois é o fim, e quando uma pessoa está morta acredita-se que nada de bom ou ruim pode acontecer a ela. Mas até mesmo a morte não se relaciona com a coragem em todas as circunstâncias; por exemplo, não chamamos alguém de corajoso por enfrentar a morte no mar ou nas doenças.

Em quais circunstâncias, então? Nas mais nobres? Ora, a forma mais nobre de morte é a morte em guerra, pois é encontrada em meio aos maiores e mais nobres perigos. E por isso mesmo são concedidas honras públicas a esses mortos nas pólis e monarquias. A pessoa corajosa, portanto, no sentido próprio do termo, será aquela que enfrenta destemidamente uma morte nobre, ou algum perigo repentino com risco de morte; e os perigos da guerra respondem a essa descrição de maneira mais completa.

Não que a pessoa corajosa não seja também destemida em uma tempestade no mar ou na doença, embora não da mesma forma que os marinheiros, pois essas pessoas pensam que não há esperança de salvamento, e morrer afogado é revoltante, enquanto os marinheiros mantêm a esperança por causa de sua experiência. A coragem também é vista em perigos nos quais uma pessoa pode mostrar seu valor ou morrer nobremente, mas nenhum dos dois casos é possível nas formas de morte que apontamos há pouco.

## 7

As coisas terríveis não são as mesmas para todos. Dizemos, porém, que existem alguns terrores que são além da resistência humana, e estes, é claro, são terríveis para todos que estão em seu juízo normal. E os terrores que o ser humano pode suportar diferem em magnitude e grau, como também os que inspiram confiança.

A pessoa corajosa é destemida, tanto quanto alguém pode ser. Portanto, embora às vezes ela tema até mesmo os terrores que não estão além da resistência do homem, ela os enfrentará da maneira certa e os suportará como a regra dita, porque é nobre; essa é a finalidade à qual a virtude visa. Por outro lado, é possível temer tais terrores mais ou menos, e também temer as coisas que não são terríveis como se o fossem. O erro surge ou de temer o que não se deve temer, ou de temer de maneira errada, ou na hora errada, ou algo semelhante; e da mesma forma no que diz respeito às coisas que inspiram confiança. A pessoa corajosa, então, é aquela que suporta ou teme as coisas certas e pelo propósito certo, da maneira certa e na hora certa, e que mostra confiança de maneira semelhante (pois a pessoa corajosa sente e age de acordo com o mérito das circunstâncias e conforme dita a regra).

O fim de toda atividade corresponde à disposição de caráter com a qual está em conformidade. Assim, a coragem é nobre, portanto, seu fim é nobre, pois uma coisa é definida por seu fim. Logo, é com uma finalidade nobre que a pessoa corajosa suporta os terrores e ousa as ações que manifestam coragem.

Das disposições de caráter que cometem excessos, por outro lado, aquela pessoa que excede em destemor não tem nome (isso, como observamos antes, é o caso de muitas disposições de caráter), mas deveríamos chamar tal pessoa de uma espécie de louco, ou então insensível à dor, se não temesse nada, nem terremotos, nem ondas, como dizem dos celtas; já aquela pessoa que excede em confiança em face de coisas terríveis é imprudente. O ser imprudente é geralmente considerado um impostor, que finge uma coragem que não possui; seja como for, ele deseja parecer corajoso com relação às coisas terríveis que o corajoso sente e, portanto, ele o imita em tudo que pode. Por isso a maioria deles é uma mistura de imprudência e covardia, pois, embora mostrem ousadia em situações que inspiram confiança, não suportam os terrores.

A pessoa que excede no medo é covarde, pois teme tanto as coisas erradas, e de maneira errada, como o restante das coisas. Ela também é deficiente em confiança, mas seu medo excessivo diante de situações difíceis é mais aparente. A pessoa covarde é, portanto, uma pessoa desesperada, com medo de tudo. A corajosa, por outro lado, é exatamente o oposto, pois a confiança pertence a uma temperança natural.

A covardia, a imprudência e a coragem relacionam-se, portanto, com os mesmos objetos, mas têm disposições diferentes para com eles: as duas primeiras excedem e ficam aquém da medida, a última mantém-se na posição mediana, que é a disposição correta. Os imprudentes, além disso, são precipitados e, embora ansiosos antes que o perigo chegue, recuam no momento de agir; enquanto os corajosos são entusiasmados na hora da ação, mas calmos antes.

Como já foi dito, coragem é a observância do meio-termo com relação às coisas que inspiram confiança ou medo, nas circunstâncias indicadas; e é corajosa a pessoa confiante e que suporta coisas porque é nobre fazê-lo e vergonhoso não o fazer. Contudo buscar a morte para escapar da pobreza, ou das dores do amor, ou da dor ou da tristeza, não é ato de uma pessoa corajosa, mas sim de uma covarde; pois é fraqueza fugir dos problemas, e alguém assim não suporta a morte porque é nobre fazê-lo, mas porque escapa do mal.

**8**

Tal é a natureza da coragem, mas o nome também é aplicado a cinco diferentes tipos.

(I) Em primeiro lugar, vem aquilo que mais se assemelha à verdadeira coragem: a coragem política. Os cidadãos parecem suportar perigos por causa das penalidades legais e das censuras associadas à covardia, e também das honras concedidas à bravura; portanto, esses povos parecem ser os mais corajosos entre os quais os covardes são expostos à desonra e os corajosos são honrados. É essa a coragem retratada por Homero, por exemplo, com Diomedes e Heitor: "Polidamas será o primeiro a montar censuras sobre mim"[21]; e Diomedes diz: "Pois um dia, Heitor dirá entre os troianos: 'O filho de Tideu por mim [foi afugentado]'"[22].

Esse tipo de coragem é o que mais se assemelha ao descrito anteriormente, porque é movido por uma virtude, a saber, o sentimento de vergonha, pelo desejo de algo nobre (a honra) e fugir da censura, que é vergonhosa. A coragem dos forçados à batalha por seus oficiais pode ser classificada como do mesmo tipo, embora sejam inferiores na medida em que seu motivo não é um sentimento de vergonha, mas de medo, e o desejo de evitar não a censura, mas a dor. Seus chefes os obrigam a serem corajosos, à maneira de Heitor: "Se eu notar alguém se tremendo longe da batalha, não salvará ele sua carcaça dos cães!"[23]

---

21. Homero, *Ilíada*, Canto XXII, v. 100.

22. Homero, *Ilíada*, Canto VIII, v. 148.

23. Homero, *Ilíada*, Canto II, v. 391.

O mesmo é feito por comandantes que os colocam à frente deles e os espancam se eles recuarem, ou que os formem em linha com uma trincheira ou algum outro obstáculo na retaguarda; todos esses estão usando compulsão. Uma pessoa não deve ser corajosa porque é compelida a ser, mas porque a coragem é nobre.

(II) Mais uma vez, a experiência com relação a fatos particulares é considerada um tipo de coragem; daí surgiu a noção de Sócrates de que coragem é conhecimento. Esse tipo de coragem é exibido em várias circunstâncias, sobretudo na guerra por soldados profissionais. A guerra parece estar cheia de alarmes falsos, os quais esses homens tiveram mais oportunidade de observar, assim, eles parecem corajosos devido à ignorância dos outros sobre a natureza dos fatos. Além disso, a experiência os torna mais eficientes no ataque e na defesa, pois são hábeis no uso de armas e equipados com os melhores equipamentos, tanto para ataque quanto para defesa, de modo que são como homens armados lutando contra desarmados, ou atletas treinados contra amadores; pois mesmo em competições atléticas não são os homens mais corajosos que são os melhores lutadores, mas aqueles que são mais fortes e possuem o corpo em melhores condições.

Os soldados profissionais, todavia, mostram-se covardes quando o perigo impõe uma tensão muito grande e quando estão em desvantagem em número e equipamento; eles são os primeiros a fugir, enquanto as tropas de cidadãos permanecem nos seus postos e morrem lutando, como aconteceu no templo de Hermes[24]. Isso ocorre porque os cidadãos acham vergonhoso fugir e preferem a morte a salvar-se assim; enquanto os soldados profissionais confiam desde o início que são os mais fortes e, quando descobrem que estão em desvantagem, fogem temendo a morte mais do que a desonra. Mas o corajoso não é assim.

(III) O *thymós*[25] também é classificado como um tipo de coragem. As pessoas encorajadas pelo *thymós*, como animais selvagens que avançam sobre o caçador que os feriu, devem ser corajosas, porque os corajosos também são de espírito elevado, pois o *thymós* é muito impetuoso ao enfrentar o perigo. Por isso Homero escreve: "ele colocou força em seu *thymós*"[26] e "despertou seu poder e seu *thymós*"[27], e "uma ira amarga subiu por suas narinas"[28] e "seu sangue fervia"[29], pois todos esses sintomas parecem indicar uma excitação e impulso do *thymós*.

---

24. Episódio da captura da Acrópole por Onomarco, o Fócio. Coroneia, 353 a.C.

25. Trata-se do termo grego θυμός (thymós) cuja tradução é ampla e diversa. O *thymós* era percebido como uma parte constituinte do ser humano e responsável pelas emoções mais íntimas – ânimo, vontade, ímpeto, animosidade, paixão, ardor, ira etc. – Juntamente à ψυχή (*psychē* – sopro vital) e ao νόος (*nóos* – intelecto), formava a alma, na concepção grega.

26. Homero, *Ilíada*, Canto XI, v. 11; Canto XIV, v. 151; Canto XVI, v. 529.

27. Homero, *Ilíada*, Canto V, v. 470.

28. Homero, *Odisseia*, Canto XXIV, v. 318.

29. Teócrito, *Idílios Bucólicos*.

Assim, o verdadeiro motivo das pessoas corajosas é a nobreza da coragem, embora o *thymós* também opere neles; mas os animais selvagens são encorajados pela dor, pois eles atacam quando estão feridos ou assustados; no entanto, se estiverem em uma floresta ou local do qual possam fugir, eles não atacam. Portanto, não devem ser considerados corajosos por atirarem-se ao perigo quando estimulados pela dor e pela raiva, e cegos aos perigos que os aguardam; do contrário, até os asnos seriam corajosos quando estão com fome, pois nenhum golpe os fará parar de pastar. E os adúlteros também são levados a fazer muitas coisas ousadas pela luxúria.

A forma de coragem inspirada pelo *thymós* parece ser a mais natural e, quando reforçada por escolha e propósito deliberados, parece ser a verdadeira coragem. Os seres humanos também sentem dor quando estão com raiva e sentem prazer na vingança, mas aqueles que lutam por esses motivos, embora valentes lutadores, não são corajosos, pois o motivo de suas ações não é a honra, nem são guiados por princípios, mas levados pela força dos sentimentos. No entanto, eles mostram alguma afinidade com a verdadeira coragem.

(IV) Tampouco as pessoas otimistas são corajosas, pois mostram-se confiantes diante do perigo porque já conquistaram muitas vitórias sobre muitos inimigos antes. Assemelham-se aos corajosos, porque ambos são confiantes, mas, enquanto os corajosos são confiantes pelas razões já explicadas, os otimistas o são porque pensam que são mais fortes do que o inimigo e que provavelmente não sofrerão nenhum dano (uma ousadia semelhante é mostrada por pessoas embriagadas, pois tornam-se otimistas). Quando, porém, as coisas não saem como eles esperam, os meramente otimistas fogem, e a marca da pessoa corajosa, como vimos, é suportar coisas que são e parecem terríveis para um ser humano porque é nobre fazê-lo e vergonhoso não o fazer. Portanto, é considerado um sinal de coragem ainda maior ser destemido e inabalável em alarmes repentinos do que em perigos previstos. A coragem em perigos imprevistos procede mais do caráter, pois há menos tempo para preparação; pode-se resolver enfrentar um perigo que se pode prever, por cálculo e por princípio, mas apenas uma disposição de caráter de coragem permitirá enfrentar um perigo imprevisto.

(V) As pessoas que enfrentam o perigo na ignorância também parecem corajosas; e elas se aproximam muito daquelas pessoas cuja coragem repousa sobre um otimismo, embora sejam inferiores a elas na medida em que lhes falta a autoconfiança que os otimistas possuem. Assim, os otimistas permanecem firmes por um tempo; enquanto aqueles que foram enganados quanto ao perigo, se souberem ou suspeitarem da verdadeira situação, fogem, como fizeram os argivos quando travaram combate com os espartanos pensando que fossem siciônios.

Com isso, acabamos de descrever as características tanto dos corajosos quanto daqueles que são considerados corajosos.

## 9

A coragem relaciona-se à confiança e ao medo, mas não a ambos igualmente: é mais particularmente relacionada às coisas que inspiram medo, pois a pessoa que é inabalável na presença de coisas terríveis e se comporta corretamente com relação a elas é corajosa em um sentido mais amplo do que aquela que o faz em situações que inspiram confiança. De fato, como já foi dito, as pessoas às vezes são chamadas de corajosas por suportar a dor. Portanto, a própria coragem é dolorosa, e é justamente elogiada porque é mais difícil suportar a dor do que se abster do que é agradável.

Não obstante, parece que o fim correspondente à coragem é realmente agradável, mas seu prazer é encoberto pelas circunstâncias concomitantes. Assim acontece no caso das competições atléticas: para os pugilistas, por exemplo, seu fim – o objeto pelo qual lutam, a coroa e as honras da vitória – é agradável, mas os golpes que recebem são dolorosos, pois são pessoas de carne [e osso], e todo o treinamento é doloroso; e esses incidentes dolorosos são tão numerosos que o objeto final, sendo apenas uma coisa e pequena, parece nada ter de agradável. Se então o mesmo é verdade para a coragem, a morte ou as feridas que ela pode trazer serão dolorosas para a pessoa corajosa, e ela as sofrerá de má vontade, mas as suportará porque é nobre fazê-lo e porque é vergonhoso não o fazer. E quanto mais virtuosa e feliz for, mais dor lhe causará a morte, pois para tal pessoa a vida tem mais valor, e ela conscientemente renuncia ao maior dos bens, e isso deve ser doloroso. Mas essa pessoa não é menos corajosa por isso, talvez seja ainda mais, porque prefere a glória na guerra aos maiores prêmios da vida.

Não é verdade, portanto, de toda virtude que seu exercício seja essencialmente agradável, exceto na medida em que atinge seu fim. Sem dúvida, é possível que pessoas dessa maneira não sejam os melhores soldados profissionais, mas sim pessoas que são menos corajosas e não têm nada de valor além da vida a perder, pois estas enfrentam o perigo prontamente e trocam suas vidas por ganhos insignificantes.

Que isso seja suficiente como um relato sobre a coragem. Pelo que foi exposto, não será difícil compreender sua natureza de maneira geral.

## 10

Depois da coragem, falemos da temperança, pois essas parecem ser as virtudes das partes irracionais da alma.

Já dissemos que a temperança é a prática do meio-termo com relação aos prazeres (pois ela se preocupa menos e de modo diferente quanto às dores); e a intemperança também é exibida no mesmo assunto. Determinemos, então, o tipo de prazeres aos quais essas qualidades estão relacionadas.

Devemos fazer uma distinção entre os prazeres do corpo e os prazeres da alma, como o amor à honra e o amor ao aprendizado: quem ama a honra ou o aprendizado tem prazer na coisa que ama, não sendo o corpo afetado de maneira alguma, mas sim a mente. Mas não chamamos as pessoas de temperantes ou intemperantes com relação a esses prazeres. Tampouco esses termos podem ser aplicados aos outros prazeres que não são corporais: aqueles que amam ouvir e contar histórias e que passam seus dias em fofocas triviais chamamos de tagarelas, mas não de intemperantes; e da mesma forma aqueles que sentem dor excessiva pela perda de dinheiro ou amigos.

A temperança, portanto, está relacionada aos prazeres do corpo. Mas não com todos eles, pois as pessoas que se deleitam com os objetos da visão, como as cores, as formas e as pinturas, não são chamadas de temperantes nem intemperantes, embora seja possível que essas coisas também possam ser apreciadas da maneira certa, ou muito ou pouco. Da mesma forma ocorre com os objetos da audição: ninguém chamaria de intemperantes aqueles que sentem um prazer excessivo na música ou no teatro, nem temperantes aqueles que os apreciam na medida certa. A temperança também não se aplica ao prazer do olfato, a menos que acidentalmente; não chamamos de intemperantes aqueles que se deliciam com o cheiro de maçãs, rosas ou incenso, embora denominamos assim aqueles que sentem prazer no cheiro de perfumes e de pratos preparados. Os intemperantes sentem prazer com esses odores porque lhes lembram dos objetos de seus desejos. Pode-se notar que outras pessoas também gostam do cheiro de comida quando estão com fome, mas deleitar-se com coisas desse tipo é uma marca do intemperante, uma vez que são as coisas nas quais seus desejos são estabelecidos.

Os animais inferiores também não obtêm nenhum prazer desses sentidos, a não ser acidentalmente. Os cães não sentem prazer em farejar lebres, mas em comê-las; o cheiro apenas os alerta sobre a lebre. O leão não se deleita com o mugido do boi, mas em devorá-lo, embora o mugido lhe diga que o boi está próximo e, consequentemente, parece ter prazer com o som. Da mesma forma, o leão não sente prazer ao ver "um veado ou uma cabra montês"[30], mas porque irá comê-los.

Apesar disso, a temperança e a intemperança estão relacionadas com os prazeres que o ser humano compartilha com os outros animais e que, por esse motivo, parecem inferiores e bestiais. Esses são os prazeres do tato e do paladar. O paladar, porém, parece ser em pequena parte ou nenhuma, pois se preocupa com a discriminação de sabores, como fazem os provadores de vinho e os cozinheiros que preparam pratos, mas não são exatamente os sabores que dão prazer, ou pelo menos não ao intemperante. A essas pessoas, é

---

30. Homero, *Ilíada*, Canto III, v. 24.

desfrutar realmente do objeto que é prazeroso, e isso é feito apenas pelo sentido do tato, tanto no comer quanto no beber e nos prazeres do sexo. É por isso que um certo apreciador de boa mesa desejou que sua garganta fosse mais longa que a de uma garça, mostrando que seu prazer vinha do contato[31].

Portanto, o sentido ao qual a intemperança está relacionada é o mais universal dos sentidos; e parece haver um bom motivo para sua censura, porque nos pertence não como seres humanos, mas como animais. É bestial deleitar-se com tais prazeres e apreciá-los mais do que quaisquer outros. Não nos referimos ao mais refinado dos prazeres do tato, como a fricção e o calor produzidos no ginásio; os prazeres táteis da pessoa intemperante dizem respeito apenas a certas partes, não ao corpo todo.

### 11

Os desejos parecem ser de dois tipos, um comum a todos os indivíduos, e o outro peculiar adquirido. Por exemplo, o desejo de alimento é natural, pois todos desejam comer e beber, e às vezes ambos, quando precisam; e também a relação sexual, quando jovem e vigoroso, como diz Homero[32]. Mas nem todos desejam este ou aquele tipo particular de alimento, assim como todos não

---

31. Trata-se, aparentemente, de um personagem cômico.

32. Homero, *Ilíada*, Canto XXIV, v. 130.

desejam a mesma porção particular de alimento, portanto, o anseio por este ou aquele tipo de alimento parece ser uma peculiaridade individual. Entretanto há também algo de natural em tais vontades, pois coisas diferentes são agradáveis para pessoas diferentes, e há algumas coisas que são mais agradáveis a todos do que qualquer outra coisa comum.

No caso dos desejos naturais, então, poucos homens erram, e apenas de uma maneira: o excesso, pois comer ou beber até a saciedade é exceder o que é natural em quantidade, já que o desejo natural é apenas preencher o que nos falta. Por isso, as pessoas que comem demais são chamadas de "estômago desregrado"[33], significando que enchem esse órgão além da medida certa; são as pessoas de natureza inteiramente servil que estão sujeitas a essa forma de excesso.

Mas no que diz respeito aos prazeres peculiares a pessoas particulares, muitas erram, e erram de muitas maneiras. Quando se diz que as pessoas gostam muito disso ou daquilo, ou é porque se deleitam com coisas que não devem, ou se deleitam mais com elas do que a maioria das pessoas, ou se deleitam com elas de maneira errada. Os intemperantes excedem em todas essas maneiras, pois sentem prazer por algumas coisas que são erradas (pois são odiosas), e por todas as coisas que é certo sentir prazer, eles sentem mais do que é certo e mais do que a maioria das pessoas.

---

33. Em grego: γαστρίμαργος (gastrímargos), composição das palavras γαστήρ (*gastér* – estômago, ventre) e μάργος (*márgos* – desregrado, louco, furioso).

É claro, então, que o excesso com relação aos prazeres é intemperança e que é censurável. No que diz respeito às dores, por outro lado, não é como na coragem: uma pessoa não é chamada de temperante por suportar a dor e intemperante por não a suportar, mas intemperante por sentir mais dor do que o certo quando não obtém as coisas que lhe dão prazer (nesse caso, sendo a dor um efeito do prazer), e temperante por não sentir dor na ausência ou na abstenção do que causa prazer.

O intemperante, portanto, deseja todos os prazeres, ou aqueles que são os mais agradáveis, e é levado por seu desejo de persegui-los em preferência a todo o resto. Consequentemente, sente dor não apenas quando não consegue obtê-los, mas também por seu desejo por eles, uma vez que o desejo é acompanhado de dor, por mais absurdo que pareça que a dor deva ser causada pelo prazer.

No lado da falta, pessoas que erram no que diz respeito aos prazeres e possuem menos coisas prazerosas do que uma quantidade adequada são raras ou quase não existem; tal insensibilidade não é humana. De fato, mesmo os animais inferiores fazem discriminações nos alimentos e gostam de alguns, e não de outros; e se existe alguém que não ache nada agradável e não veja diferença entre uma coisa e outra, deve estar muito distante do ser humano. Como pessoas desse tipo raramente ocorrem, não temos um nome especial para elas.

A pessoa temperante mantém um meio-termo nessas questões. Ela não sente nenhum prazer nas coisas que o intemperante mais gosta, pelo contrário, ela possivelmente não gosta delas; nem, em geral, encontra prazer em coisas erradas, nem prazer excessivo em qualquer coisa desse tipo; nem sente dor ou desejo quando ausentes, ou apenas em grau moderado, não mais do que o certo, nem na hora errada, e assim por diante. Mas os prazeres que conduzem à saúde e à boa forma essa pessoa tentará obter em grau moderado e correto; como também outros prazeres, desde que não sejam prejudiciais à saúde e à boa forma, e não sejam indignos, nem além de seus meios. A pessoa que ultrapassa esses limites se preocupa mais com tais prazeres do que eles merecem. Não é assim a pessoa temperante, ela só se importa com eles conforme ordena o princípio correto.

## 12

A intemperança parece ser mais voluntária do que a covardia. Pois a primeira é causada pelo prazer, a segunda pela dor, e o prazer é algo que escolhemos, a dor é algo que evitamos. A dor também destrói a natureza de quem a sente, ao passo que o prazer não tem tal efeito. Portanto, a intemperança é mais voluntária. E, consequentemente, é a mais censurável, já que, além disso, é mais fácil treinar-se para resistir às tentações do prazer, porque elas ocorrem com frequência na vida, e praticar a resistência a elas não envolve perigo, ao passo que o inverso é o caso dos objetos terríveis.

Por outro lado, a posse de um caráter covarde parece ser mais voluntária do que manifestações particulares de covardia, pois a covardia em si não é dolorosa, mas as manifestações particulares de covardia são tão dolorosas que deixam uma pessoa fora de si, levando-a a abandonar suas armas ou a se comportar de maneira imprópria; de modo que ações covardes realmente parecem ser feitas sob compulsão. Com o intemperante, porém, os atos particulares são voluntários, pois são feitos com desejo e apetite, mas a disposição de caráter em geral é menos voluntária, já que ninguém deseja ser intemperante.

A palavra "intemperança" também é aplicada nos erros das crianças, que tem alguma semelhança com o que estávamos considerando. Qual dos dois deriva de qual não tem importância para a presente investigação, mas parece claro que o estado que vem mais tarde na vida deve ser nomeado a partir daquele que vem antes. A transferência de sentido parece bastante adequada, uma vez que aquele que deseja o que é vergonhoso e cujos desejos crescem rapidamente precisa ser punido, e essa descrição se aplica, acima de tudo, ao desejo e à criança. Pois as crianças vivem de acordo com o desejo, e o desejo por coisas prazerosas é mais forte na infância, de modo que se a criança não for disciplinada e obediente à autoridade irá a grandes extremos. Em um ser irracional, o desejo pelo prazer é insaciável e indiscriminado, e a tendência inata é fomentada pela gratificação ativa; na verdade, se tal gratificação for grande e intensa, ela realmente supera a razão. Portanto, nossos desejos devem ser moderados e poucos, e nunca opostos aos princípios – é isso que queremos dizer com "bem disciplinado" e "obediente". E a parte apetitiva de nós deve ser subordinada por princípios, assim como uma criança deve viver em obediência a seu tutor.

Em suma, na pessoa temperante, o elemento apetitivo deve estar em harmonia com o princípio racional, pois o objetivo de ambos é o que é nobre; e a pessoa temperante deseja a coisa certa, da maneira certa, na hora certa, que é o que o princípio racional ordena.

Que esse seja o nosso relato da temperança.

# Livro IV

*[Trata das virtudes morais]*

### 1

Seguindo a ordem, falemos da liberalidade. Essa virtude parece ser o meio-termo com relação à riqueza. Louvamos uma pessoa como liberal não na guerra, nem em assuntos em que louvamos a pessoa temperante, nem em decisões judiciais, mas com relação a dar e receber riquezas, e especialmente ao dar. Por riquezas, entendemos todas aquelas coisas cujo valor é medido pelo dinheiro.

Já a prodigalidade e a avareza são modos de excesso e de deficiência com relação à riqueza. A avareza é sempre aplicada àqueles que se preocupam mais do que o apropriado com a riqueza, mas a prodigalidade às vezes é usada com uma conotação mais ampla, uma vez que chamamos de pródigos os desenfreados e aqueles que esbanjam dinheiro com seus prazeres; portanto, a prodigalidade é considerada extremamente perversa, porque é uma combinação de vícios. Mas essa não é a aplicação adequada da palavra: realmente denota a pessoa que possui um vício particular, o de desperdiçar seus próprios bens. Trata-se daquela pessoa que é arruinada por seu próprio arbítrio, e desperdiçar os próprios bens parece ser uma forma de arruinar a si mesmo, visto que, na opinião de muitos, a posse de riquezas é o meio de vida. Esse é, então, o sentido em que tomamos o termo "prodigalidade".

Agora, as riquezas são as coisas úteis, mas as coisas úteis podem ser bem ou mal usadas, e aquele que usa melhor uma coisa é aquele que possui a virtude relacionada a essa coisa; portanto, a pessoa que melhor usa as riquezas é a pessoa que possui a virtude relacionada à riqueza, e essa é a pessoa liberal.

O uso da riqueza parece consistir em gastar e em dar, ao passo que obter riqueza e mantê-la são modos de aquisição, e não de uso. Portanto, é mais próprio da pessoa liberal dar aos destinatários certos do que obter riqueza das fontes certas e não a obter das fontes erradas. A virtude tem como característica fazer o bem, em vez de receber o bem de alguém, e em realizar atos nobres, em vez de evitar os vis; é fácil perceber que dar implica fazer o bem e agir nobremente, ao passo que receber o bem implica ser o receptor e evitar ações vis. Mais uma vez, a gratidão é concedida a quem dá, não a quem se abstém de receber; e é ainda mais louvado o primeiro do que o segundo. Também é mais fácil não receber do que dar, pois as pessoas relutam mais em dar o que lhes pertence do que em abster-se de tomar o que pertence a outra pessoa.

Novamente, são as pessoas que dão a quem chamamos de liberais; quem se abstém de tomar não é louvado pela liberalidade, mas sim pela justiça, e quem toma não é louvado de jeito nenhum. De todas as pessoas virtuosas, as liberais são talvez as mais louvadas, porque são benéficas para os outros; e elas são assim porque dão.

Atos de virtude são nobres e são executados em vista do que é nobre; a pessoa liberal, portanto, dá tendo em vista o que é nobre. E ela dará corretamente, pois dará às pessoas certas, na quantia certa e na hora certa, e cumprirá todas as outras condições presentes na correta ação de dar. Isso com prazer, ou pelo menos sem dor, pois a ação virtuosa é agradável ou indolor, certamente não pode ser dolorosa.

Quem dá às pessoas erradas, ou não tendo em vista o que é nobre, mas por algum outro motivo, não será chamado de liberal, mas de algum título diferente; nem é liberal quem dá com dor, pois preferiria a riqueza ao nobre ato, o que não é próprio de uma pessoa liberal.

Consequentemente, a pessoa liberal não receberá de uma fonte errada, pois isso é próprio de alguém que não valoriza a riqueza. Também não gostará de pedir favores, pois quem confere benefícios não os aceita prontamente. Mas receberá da fonte adequada, isto é, de suas próprias posses, não porque pensa que é uma coisa nobre a fazer, mas porque é uma condição necessária para ter os meios para dar.

Por outro lado, a pessoa liberal não será descuidada de seus bens, na medida em que deseja empregá-los para auxiliar outros. Não dará indiscriminadamente, para poder dar às pessoas certas e no momento certo, e onde for nobre fazê--lo. Mas a pessoa liberal certamente tende a exagerar nas suas dádivas, de modo a deixar para si a parte menor, pois é uma marca de natureza liberal não olhar a si mesmo.

Ao creditar as pessoas com liberalidade, seus recursos devem ser levados em consideração; pois a liberalidade do que é dado não depende de sua quantia, mas da disposição de quem dá, e uma disposição liberal dá de acordo com suas posses. Portanto, é possível que aquele que dá menos seja o mais liberal, já que tem menos para dar.

As pessoas que herdaram uma fortuna são consideradas mais liberais do que aquelas que a fizeram, pois nunca souberam o que é necessidade; além disso, todo mundo gosta mais de algo que é sua própria criação, como os pais e os poetas. Mas não é fácil para uma pessoa liberal ser rica, uma vez que ela não é inclinada nem para ganhar riquezas, nem para guardá-las, mas para dar, e valoriza a riqueza não por si mesma, mas como um meio de dar. Portanto, as pessoas culpam a fortuna, porque os mais merecedores dela são os menos ricos. Mas isso é perfeitamente natural, pois não se pode ter dinheiro mais do que qualquer outra coisa sem se esforçar para tê-lo.

Por outro lado, o liberal não dará para as pessoas erradas, nem na hora errada, e assim por diante, pois isso não seria um ato de liberalidade de maneira alguma; e se ele gastasse seu dinheiro nos objetos errados, não teria nenhum para gastar nos objetos certos. De fato, como foi dito antes, o liberal é aquele que gasta na proporção de suas posses, bem como nos objetos certos;

enquanto aquele que excede seus meios é pródigo. É por isso que não chamamos os déspotas de pródigos, porque sentimos que, por mais que gastem e doem, dificilmente ultrapassarão o limite de seus recursos.

Sendo, pois, a liberalidade a observância do meio-termo em dar e receber riqueza, a pessoa liberal não apenas dará e gastará as quantias certas nos objetos certos, tanto em pequenas quanto em grandes coisas, e sentirá prazer em fazê-lo, mas também receberá as quantidades certas e das fontes certas. Como essa virtude é um meio-termo, tanto para dar quanto para receber, o liberal fará ambos da maneira certa. A ação de receber corretamente acompanha a ação de dar corretamente, já a ação de receber da forma errada se opõe a ela; as duas práticas concordantes, portanto, podem ser encontradas na mesma pessoa, mas as duas opostas claramente não podem ser. Se o liberal gastar de maneira contrária ao que é correto e nobre, ele sentirá dor, embora em grau moderado e conforme deve, pois é próprio da virtude sentir prazer e dor nas ocasiões certas e da maneira apropriada. Além disso, o liberal é uma pessoa fácil de lidar em questões financeiras, pois pode ser enganado, uma vez que não tem grande estima pelo dinheiro, e fica mais aflito se gastou menos do que deveria do que se gastou mais; discordando, assim, do dito de Simônides.

A pessoa pródiga, por outro lado, erra com relação ao dinheiro, bem como em suas ações; ela não sente prazer nem dor nas ocasiões certas nem da maneira certa. Isso ficará mais claro à medida que prosseguirmos. Dissemos, então, que a prodigalidade e a avareza são modos de excesso e de deficiência em duas coisas: dar e receber – dar sendo entendido como gastar. A prodigalidade excede em dar sem receber e é deficiente em receber, enquanto a avareza é deficiente em dar e excede em receber, só que não em grande escala.

Agora, as características da prodigalidade são raramente encontradas unidas na mesma pessoa, porque não é fácil dar a todos sem receber de ninguém. As posses de quem dá logo se esgotam, se tal pessoa for um cidadão privado, e somente essas pessoas são consideradas pródigas. De fato, uma pessoa que é pródiga em ambos os aspectos pode ser considerada superior a uma pessoa avarenta, pois é facilmente curada de seu vício pela idade ou pela pobreza, e pode ser levada ao devido meio-termo, porque possui o essencial do caráter liberal – ela dá e se abstém de receber, embora não o faça da maneira adequada ou corretamente. E se essa pessoa fosse treinada pelo hábito ou outra forma, seria liberal, porque então daria seu dinheiro aos objetos certos, enquanto não o obteria das fontes erradas. É por isso que não é considerada de mau caráter, pois exceder em dar sem receber é tolice, e não é próprio de uma pessoa má ou desprezível. A pessoa pródiga desse tipo, portanto, parece ser muito superior à avarenta, tanto pelas razões expostas quanto porque beneficia muitas pessoas, enquanto a avarenta não beneficia ninguém, nem sequer a si mesma.

Mas a maioria dos pródigos, como já dito, além de dar da forma errada, recebe de fontes erradas; a esse respeito, são de fato avarentos. E o que os torna assim é que eles querem gastar, mas não podem fazê-lo livremente porque logo chegam ao fim de seus recursos e, portanto, são compelidos a obter de outros. Além disso, sendo indiferentes à honra, são descuidados na obtenção de seu dinheiro e o tiram de qualquer lugar; seu desejo é dar, e não se importam como ou onde conseguem os meios para isso. Por isso não dão com liberalidade, pois as coisas que dão não são nobres, nem dadas pela nobreza da ação de doar, nem da maneira correta; pelo contrário, às vezes enriquecem pessoas que deveriam ser pobres e não dão nada aos dignos, enquanto amontoam presentes em bajuladores e outros que lhes proporcionam algum prazer. Portanto, a maioria das pessoas pródigas também é intemperante, pois, como elas gastam seu dinheiro livremente, parte dele é desperdiçado em seus prazeres; e não tendo em vista o que é nobre, prontamente cedem à tentação do prazer.

É a isso que chega a pessoa pródiga se não for disciplinada, mas se ela for controlada, poderá atingir a disposição intermediária devida e justa. A avareza, todavia, é incurável, pois vemos que pode ser causada pela velhice ou por qualquer forma de fraqueza. Também está mais enraizada na natureza do ser humano do que a prodigalidade; a maioria da humanidade é mais avarenta do que generosa. Além disso, a avareza é um vício de longo alcance e de aspecto variado, pois parece assumir várias formas.

A avareza, pois, consiste em duas coisas: deficiência em dar e excesso em receber; não é encontrada em sua totalidade em todas as pessoas, mas às vezes as duas formas ocorrem separadamente, algumas vão longe demais em receber, enquanto outras falham em dar. As pessoas descritas por nomes como parcimoniosas, mesquinhas e sovinas falham na ação de dar, mas não cobiçam os bens dos outros nem desejam tomá-los para si. No caso de algumas delas, isso se deve a uma espécie de motivo honroso, a saber, uma retração com relação à conduta vil (pois algumas pessoas parecem, ou pelo menos dizem, ter cuidado com seu dinheiro porque desejam evitar a ser forçadas, em algum momento ou outro, a fazer algo vergonhoso; a essa classe pertencem os econômicos e semelhantes, que recebem esse nome por uma excessiva relutância em dar). Mas algumas pessoas mantêm as mãos longe dos bens alheios por medo; elas calculam que não é fácil tomar o que pertence a outros sem que outros tomem o que pertence a elas mesmas, e assim se contentam em não pegar nem dar.

O outro tipo de pessoas é daquelas que excedem na ação de receber, tirando de todas as fontes e tudo o que podem; tais são as que se dedicam aos negócios degradantes, donos de bordéis e todas as pessoas desse tipo, e pequenos agiotas que emprestam dinheiro em pequenas quantias a uma alta taxa de juros. Todas essas tiram de fontes erradas e mais do que o devido. A característica comum a todas elas parece ser a ganância sórdida, uma vez que todas suportam a má fama em troca de um ganho, aliás, um pequeno ganho. Aquelas pessoas que obtêm ganhos impróprios de fontes impróprias em grande escala, como déspotas que saqueiam cidades e roubam templos, não são chamadas de avarentas, mas sim de perversas, ímpias e injustas.

Mas o jogador de dados e o saqueador – ou ladrão – devem ser classificados como avarentos, por mostrarem uma ganância sórdida. Ambos exercem suas práticas e suportam a reprovação pelo ganho; o ladrão arriscando sua vida por amor ao ganho, e o jogador de dados por ganhar dinheiro de seus amigos, a quem se deve dá-lo. Portanto, ambos são culpados de ganância sórdida, tentando obter lucro de fontes erradas. E todos os modos semelhantes de obtenção de riqueza incluem-se no vício da avareza pelos mesmos motivos.

A avareza é naturalmente definida como o oposto da liberalidade, pois não apenas é um mal maior do que a prodigalidade, mas as pessoas mais frequentemente erram do lado da avareza do que da prodigalidade tal como a definimos.

Que isso seja suficiente sobre a liberalidade e os vícios que a ela se opõem.


## 2

Em seguida, parece apropriado discutir a magnificência, pois essa também parece ser uma virtude relacionada com a riqueza. No entanto, como a liberalidade, não se estende a todas as ações que lidam com a riqueza, mas apenas se refere ao gasto da riqueza; e nessa categoria supera a liberalidade em termos de magnitude, pois, como o próprio nome indica, consiste em gastos adequados em grande escala.

Essa grandeza de escala é relativa. A despesa de quem chefia uma trirreme não se compara à de quem chefia uma peregrinação. A magnificência, portanto, é relativa à própria pessoa que gasta, à ocasião ou ao objeto. Ao mesmo tempo, o termo "magnificente" não se aplica a quem gasta quantias adequadas em objetos de pouca ou moderada importância (como aquele que disse "muitas vezes dei esmolas a peregrinos"[34]), mas denota alguém que gasta adequadamente em coisas de grande importância. Embora a pessoa magnificente seja liberal, a pessoa liberal não é necessariamente magnificente.

A deficiência dessa disposição de caráter é chamada de mesquinhez, e o excesso, de vulgaridade, falta de gosto, ou algo semelhante, o qual não excede gastando uma quantia muito grande em objetos apropriados, mas gastando de maneira ostensiva em ocasiões erradas e da maneira errada. No entanto, falaremos deles mais tarde.

O homem magnificente assemelha-se a um artista, pois pode discernir o que é adequado e sabe gastar grandes somas com bom gosto. Como dissemos no início, uma disposição de caráter é definida pelas atividades em que é exibida e pelos objetos aos quais está relacionada. Portanto, o gasto da pessoa magnificente é adequado e também

---

34. Homero, *Odisseia*, Canto XVII, v. 420.

grande. E, consequentemente, os objetos que ele produz também devem ser grandes e adequados, pois somente assim um grande gasto será adequado ao resultado. Dessa forma, assim como o resultado produzido deve ser digno do gasto, também o gasto deve ser digno, ou mesmo exceder, o resultado produzido.

Além disso, a finalidade da pessoa magnificente em tais gastos será a nobreza da ação, sendo essa finalidade característica de todas as virtudes. Ademais, ela gastará alegremente e generosamente, uma vez que um cálculo preciso é próprio de um avarento. Também, essa pessoa pensará em como pode alcançar esse resultado da maneira mais nobre e bela possível, ao invés de pensar em quanto custará e da maneira mais barata. É necessário, pois, que a pessoa magnificente seja também liberal, pois a pessoa liberal também gastará a quantia certa da maneira certa, e é na quantidade e na maneira de seus gastos que o termo "magnificente" se manifesta, uma vez que a liberalidade é exibida por meio dessas coisas. Com uma despesa igual, o magnificente alcançará um resultado mais magnificente, pois o mesmo padrão de excelência não se aplica a uma conquista como a uma posse: com posses, a coisa com o preço mais alto é a mais honrada – como o ouro, por exemplo –, mas a conquista mais honrada é aquela que é grande e nobre (uma vez que uma grande realização desperta a admiração do espectador, e a qualidade de causar admiração pertence à magnificência); e a excelência em uma conquista envolve grandeza.

Existem algumas formas de despesas consideradas honrosas, como as despesas a serviço dos deuses – oferendas votivas, construções, sacrifícios – e os ofícios da religião em geral; e as despesas relacionadas aos espetáculos públicos que são objetos apropriados de ambição, como o dever de organizar um coro, como é estimado em certas pólis, ou de equipar um navio de guerra, ou até mesmo de oferecer um banquete ao público. Mas em todos esses casos, como já foi dito, a escala de gastos deve ser analisada com referência à pessoa que gasta, isto é, à sua posição e aos seus recursos, pois as despesas devem ser proporcionais aos meios e adequadas não apenas à ocasião, mas também a quem gasta. Portanto, uma pessoa pobre não pode ser magnificente, uma vez que não tem os meios para fazer um grande desembolso adequadamente; o pobre que tenta a magnificência é tolo, pois gasta fora de proporção com seus meios e além do que deveria, enquanto um ato exibe virtude apenas quando é feito da maneira certa.

Grandes gastos públicos são adequados para aqueles que têm recursos adequados derivados de seus próprios esforços, ou de seus ancestrais, ou de seus amigos, para os nobres e de grande reputação desde nascimento, e assim por diante, pois em todos esses há um elemento de grandeza e prestígio.

A pessoa magnificente, portanto, é essencialmente desse tipo, e a magnificência se encontra principalmente nesses gastos que descrevemos, uma vez que são as maiores formas de despesa e as mais honradas. Contudo a magnificência também é mostrada em ocasiões privadas nos gastos que só acontecem uma vez na vida, como num casamento, por exemplo, ou algo semelhante, e que desperte o interesse do público em geral, ou de pessoas de posição que nela vivem; e também na recepção de convidados estrangeiros, na celebração de sua partida, e na troca de presentes, pois a pessoa magnificente não gasta dinheiro consigo mesma, mas com objetos públicos, e seus presentes têm alguma semelhança com as ofertas votivas.

Também é característico da pessoa magnificente mobiliar sua casa de maneira adequada à sua riqueza (pois uma bela casa é uma espécie de ornamento público) e preferir gastar com obras permanentes, porque são as mais nobres; e gastar uma quantia que seja apropriada para a ocasião particular, pois as mesmas coisas não são adequadas para os deuses e para os seres humanos, e a mesma despesa não é apropriada para um sacrifício e um funeral. De fato, na medida em que a grandeza de qualquer forma de gasto varia de acordo com seu tipo particular e, embora o gasto mais grandioso seja absolutamente um grande gasto em um grande objeto, o mais magnificente em um caso particular é a quantia que é grande nas circunstâncias desse caso. E como a grandeza do resultado alcançado não é a mesma que a grandeza do gasto (pois a melhor bola ou o melhor brinquedo não custa muito, mas é um presente magnífico para uma criança), segue-se que é próprio da pessoa magnificente, em despesas de qualquer tipo, produzir um resultado com magnificência (de modo que não seja facilmente superado), e um resultado proporcional ao gasto.

Tal é então o caráter do ser magnificente. Sua contraparte do lado do excesso, a pessoa vulgar, excede, como já foi dito, gastando além do que é justo. Essa pessoa gasta muito e faz uma exibição de mau gosto em ocasiões sem importância, por exemplo: fornece um jantar aos seus amigos no nível de um banquete de casamento e, ao equipar um coro nas comédias, veste-o de cor roxa em cena, como fazem em Mégara. Além disso, a pessoa vulgar faz tudo isso não por um motivo nobre, mas para exibir sua riqueza, e com a ideia de que esse tipo de coisa faz com que as pessoas a admirem; e ela gasta pouco onde deveria gastar muito e muito onde deveria gastar pouco.

A pessoa mesquinha, por outro lado, errará do lado da deficiência em tudo; mesmo quando está gastando muito, ela estragará a nobreza do resultado por uma insignificância, e hesita em tudo que faz e considera como pode gastar menos, e mesmo assim é relutante com o que gasta e sempre pensa que está fazendo mais coisas do que o necessário.

Essas disposições de caráter, portanto, são vícios, mas não trazem séria desonra, visto que não são prejudiciais aos outros, nem são excessivamente indecorosas.

# 3

A magnanimidade, como a própria palavra indica, parece estar relacionada a grandes coisas; vamos primeiro verificar que coisas são essas. Não fará diferença, no entanto, se examinarmos a disposição de caráter em si ou a pessoa que a exibe.

Ora, uma pessoa é considerada magnânima se ela se considera digna de grandes coisas com razão, pois aquela pessoa que reivindica muito sem merecer é tola, e ninguém de excelência moral é tolo ou insensato. A pessoa magnânima é então como nós acabamos de descrever, já aquela que pouco merece e reivindica pouco é temperante, mas não magnânima, pois ser magnânimo envolve grandeza, assim como beleza envolve boa estatura – pessoas pequenas podem ser bonitas e com boas proporções, mas não são belas. Por outro lado, a pessoa que se julga digna de grandes coisas, mas não as merece, é vaidosa; embora nem todas as pessoas que se consideram mais merecedoras do que realmente são sejam vaidosas.

A mais humilde de todas as pessoas parece ser aquela que reivindica menos do que merece quando seus merecimentos são grandes ou moderados; afinal, o que ela teria feito se não merecesse tanto?

Portanto, no que diz respeito à grandeza de sua reivindicação, a pessoa magnânima é um extremo, mas é um meio-termo em razão de sua honestidade, pois reivindica o que merece; enquanto os outros erram por excesso ou deficiência.

Se, então, o magnânimo reivindica e é digno de grandes coisas e, acima de tudo, das maiores coisas, a magnanimidade deve estar relacionada com algum objeto em especial. "Digno" é um termo de relação: denota ter direito a bens exteriores. O maior bem exterior, supomos nós, é aquilo que oferecemos como tributo aos deuses, e que é mais cobiçado por pessoas de alta posição, e é o prêmio concedido pelos atos mais nobres. Tal coisa é a honra, pois a honra é claramente o maior dos bens exteriores.

Portanto a pessoa magnânima é aquela que tem a disposição de caráter correta com relação a honras e desonras. E, mesmo sem essa nossa discussão, é evidente que a honra é o objetivo com o qual as pessoas magnânimas estão preocupadas, uma vez que é a honra acima de tudo que reivindicam de acordo com os seus méritos. A pessoa indevidamente humilde fica aquém tanto quando julgada por seus próprios merecimentos quanto em comparação com a reivindicação da pessoa magnânima. A pessoa vaidosa, por outro lado, excede com relação a seus próprios méritos, mas não excede os interesses da pessoa magnânima.

Na medida em que o magnânimo merece mais, ele deve ser uma pessoa boa no mais alto grau, pois quanto melhor uma pessoa é, mais ela merece, e aquela que é melhor merece mais. Portanto, o verdadeiro magnânimo deve ser uma pessoa boa. Na verdade, a grandeza em cada uma das virtudes deve ser característica da magnanimidade. Por exemplo, não se pode imaginar um homem magnânimo fugindo, balançando os braços, de uma batalha nem agindo desonestamente, pois que finalidade atos vergonhosos teriam para aquele a quem nada é grande? Considerando todas as virtudes sucessivamente, acharemos bastante absurdo retratar a pessoa magnânima como uma pessoa que não seja boa. Além disso, se fosse uma pessoa ruim, não seria digna de honra, pois a honra é o prêmio da virtude e o tributo que pagamos aos bons.

A magnanimidade parece, portanto, ser como um ornamento que coroa as virtudes: as torna maiores e não pode existir sem elas. Por esse motivo, é difícil ser verdadeiramente magnânimo, pois sem um caráter bom e nobre é impossível sê-lo.

Honra e desonra então são os objetos pelos quais as pessoas magnânimas estão especialmente interessadas. Grandes honras concedidas por pessoas boas proporcionarão aos magnânimos prazer em grau moderado, pois sentirão que recebem o que merecem, ou até menos, pois nenhuma honra está à altura dos méritos da virtude perfeita. Mesmo assim eles aceitarão essas honras, porque outros não têm nada maior para lhes oferecer. As honras prestadas por pessoas comuns, todavia, e por motivos triviais, os magnânimos desprezarão totalmente, pois não é o que merecem. E do mesmo modo com relação às desonras, pois nenhuma desonra atribuída a eles pode ser justa.

Como dissemos, então, a pessoa magnânima preocupa-se especialmente com a honra; mas ela também observará a devida medida com relação à riqueza, ao poder e a toda boa ou má fortuna em geral, conforme possam acontecer com ela; ela não se alegrará muito com a prosperidade, nem se lamentará muito com a adversidade, pois nem mesmo se preocupa com a honra, que é o maior dos bens exteriores, uma vez que o poder e a riqueza são desejáveis apenas pela honra que trazem (pelo menos seus possuidores desejam ser honrados por causa deles); aquela pessoa, portanto, para quem até mesmo a honra é uma coisa pequena, também será indiferente a outras coisas. Portanto pessoas magnânimas são consideradas desdenhosas.

Porém acredita-se que os bens da fortuna também conduzem à magnanimidade; tendo em vista que os nobres de nascença e os que são poderosos ou ricos são considerados dignos de honra, porque são superiores aos seus semelhantes, e aquilo que é superior em algo bom é sempre tido em maior honra, de modo que mesmo esses bens de fortuna tornam as pessoas mais magnânimas, porque seus possuidores são honrados por alguns. Mas, na realidade, apenas a pessoa boa deve ser honrada, embora a que tenha virtude e fortuna seja considerada ainda mais digna de honra, ao passo que aqueles que possuem tais bens da fortuna sem serem virtuosos não têm justificativa para reivindicar grandes valores e não podem ser corretamente denominados de magnânimos, uma vez que o verdadeiro valor e a magnanimidade não podem existir sem a perfeita virtude.

É verdade que as pessoas que possuem os bens da fortuna podem ser desdenhosas e insolentes; porque sem virtude não é fácil suportar os bens da fortuna adequadamente, e tais pessoas, sendo incapazes de manter sua prosperidade e se julgando superiores ao resto da humanidade, desprezam outras pessoas, embora sua própria conduta não seja melhor do que a dos outros. Imitam a pessoa magnânima sem serem semelhantes a ela, e copiam-na apenas no que podem, reproduzindo seu desprezo pelos outros, mas não sua conduta virtuosa. Com efeito, a pessoa magnânima com justiça despreza outras pessoas (visto que suas estimativas estão corretas), mas a maioria das pessoas vulgares faz isso sem bons motivos.

Também, a pessoa magnânima não corre perigo por razões insignificantes nem tem amor pelo perigo, porque valoriza poucas coisas; mas ela enfrentará o perigo por uma grande causa e, ao fazê-lo, estará pronta para sacrificar sua vida, pois sustenta que a vida não vale a pena por qualquer preço. Tal pessoa gosta de conceder benefícios, mas tem vergonha de recebê-los, porque o primeiro é sinal de superioridade, e o segundo, de inferioridade. Devolve um serviço a ela prestado com juros, pois assim colocará o primeiro benfeitor em dívida e fará dele a parte beneficiada. Parece, além disso, que as pessoas magnânimas possuem uma boa memória para qualquer benefício que tenham conferido, mas uma memória ruim para aqueles que receberam (uma vez que o destinatário de um benefício é inferior ao seu benfeitor, mas eles desejam ser superiores), e gostam de serem lembradas do primeiro, mas não gostam de serem lembradas do segundo. É por isso que Tétis não especifica seus serviços prestados a Zeus[35];

---

35. Homero, *Ilíada*, Canto I, v. 393.

nem os espartanos enumeraram aos atenienses as ocasiões em que Esparta ajudou Atenas, mas apenas aquelas em que Atenas ajudou Esparta.

Da mesma forma, é característico da pessoa magnânima nunca pedir ajuda aos outros, ou apenas com relutância, mas prestar ajuda de bom grado; e se mostrar digna às pessoas de classe alta e favorecidas pela fortuna, mas despretensiosa aos de classe média, porque é difícil e distinto mostrar-se superior aos grandes, mas fácil em relação aos mais humildes, e adotar modos elevados com os primeiros não é má educação, mas entre pessoas humildes é tão vulgar quanto mostrar a força de alguém contra os fracos.

O magnânimo também não competirá pelos objetos comuns de ambição, nem por aqueles em que outros se distinguem; e ele se mostrará desinteressado e lento para agir, exceto quando perseguir alguma grande honra ou conquista, e não se envolverá em muitos empreendimentos, mas apenas nos que são importantes e notáveis. Ele deve também ser sincero tanto no amor quanto no ódio, pois ocultar sentimentos mostra covardia; e deve se preocupar mais com a verdade do que com a opinião alheia, além de falar e agir abertamente, pois, como despreza as outras pessoas, é franco, exceto quando fala com ironia às pessoas comuns. Além disso, será incapaz de viver à vontade de outro, a menos que seja um amigo, pois fazer isso é servil, e servis são os bajuladores, e os bajuladores são aqueles que não se respeitam.

Não é propenso à admiração, já que nada é grande para ele. Nem guarda rancor, pois não é próprio da magnanimidade relembrar coisas contra as pessoas, especialmente os erros que elas cometeram, mas sim ignorá-las. Ele não se dá com conversas fúteis, não fala sobre si mesmo nem sobre os outros, pois não quer receber elogios nem ouvir outras pessoas falarem mal (nem é pródigo em elogios); não costuma falar mal de si mesmo nem de seus inimigos, exceto quando ele deliberadamente pretende ofender. Em problemas que não podem ser evitados ou contratempos insignificantes, ele nunca lamentará ou pedirá ajuda, pois isso implicaria que ele os levou a sério. É uma pessoa que gosta de possuir coisas belas e inúteis, em vez de coisas úteis que tragam retorno, pois mostram mais seu caráter independente.

Além disso, outras características geralmente atribuídas à pessoa magnânima são um andar lento, uma voz profunda e uma expressão uniforme; pois falar em tons estridentes e andar rápido denota um temperamento excitável e nervoso, que não pertence a quem se preocupa com poucas coisas e não pensa em nada grande.

Tal é, pois, a pessoa magnânima; o caráter correspondente no lado da deficiência é a pessoa humilde; e no lado do excesso, a pessoa vaidosa. Estas também não são consideradas pessoas más, uma vez que não fazem mal, mas apenas equivocadas. A pessoa humilde se priva das coisas boas que merece; e sua falha em reivindicar coisas boas faz parecer que ela possui algo de censurável e também que não conhece a si mesma, pois se merecesse algum bem, tentaria obtê-lo. Tais pessoas não são consideradas tolas, mas muito modestas; no entanto, acredita-se que essa modéstia as torne ainda piores, pois as ambições das pessoas mostram o que elas de fato valem, e se elas se distanciam de empreendimentos e atividades nobres e buscam as coisas boas da vida, presumivelmente pensam que não são dignas deles.

As pessoas vaidosas, por outro lado, são pessoas tolas, que são deficientes em autoconhecimento e expõem seu defeito; assumem responsabilidades honrosas das quais não são dignas e depois são descobertas. São ostensivas em roupas, têm maneiras afetadas, e assim por diante. Elas querem que as pessoas saibam como estão bem e falem sobre elas, imaginando que isso as tornará respeitadas. A humildade é mais oposta à magnanimidade do que a vaidade, tanto por ser mais comum quanto pior.

A magnanimidade, então, como dissemos, está relacionada com a honra em grande escala.

4

Parece, no entanto, que a honra também, como foi dito na primeira parte desta investigação, tem uma certa virtude relacionada a ela, que pode ser considerada como tendo a mesma relação com a magnanimidade, assim como a liberalidade tem com a magnificência. Essa virtude não tem o elemento da grandeza, mas nos leva a uma disposição de caráter correta para honras moderadas e pequenas, assim como a liberalidade; e assim como há um meio-termo, um excesso e uma deficiência em receber e dar riquezas, é possível desejar a honra mais ou menos do que é certo e também buscá-la da fonte certa e da maneira certa. Censuramos uma pessoa ambiciosa se ela deseja honra mais do que é certo, ou de fontes erradas; nós a censuramos como pouco ambiciosa se ela não se importa em receber honra mesmo que por motivos nobres. Porém, às vezes, louvamos a pessoa ambiciosa como vigorosa e alguém que ama aquilo que é nobre, ou louvamos a pessoa pouco ambiciosa como modesta e temperante, como dissemos na primeira parte desta investigação.

Uma vez que dizer "gostar disso ou daquilo" possui mais de um significado, evidentemente não aplicamos os termos "ambição" e "amor à honra" à mesma coisa. Quando usamos como um termo de elogio, queremos dizer de uma pessoa que tem mais amor com relação à honra do que a maioria das pessoas, mas quando usamos como uma censura, temos em mente uma pessoa que ama em demasia, ou seja, mais do que é certo.

Como não há um termo para designar o meio-termo, os extremos parecem disputar o seu lugar. Mas onde há excesso e deficiência deve haver também um meio-termo. As pessoas desejam a honra não só mais como menos do que é justo; logo, deve ser possível também desejá-la corretamente. É, portanto, essa disposição de caráter intermediária sem nome com relação à honra que realmente louvamos. Comparado com a ambição, parece falta de ambição, e comparado com falta de ambição, parece ambição: comparado com ambos, parece ser, em certo sentido, ambos. Isso aparenta ser verdade também para as outras virtudes, mas no presente caso os extremos parecem opor-se apenas um ao outro, porque o meio-termo não recebe nome.

## 5

A afabilidade é um meio-termo com relação à raiva. Na verdade, não existe um nome reconhecido para a posição intermediária a esse respeito, até mesmo para os extremos, então aplicamos a palavra "afabilidade" ao meio-termo, embora ela se incline para o lado da deficiência, que tampouco possui nome. Contudo o excesso pode ser chamado de uma espécie de irascibilidade, pois a emoção em questão é a raiva, embora as causas que a produzem sejam muitas e variadas.

Louvamos uma pessoa que sente raiva pelo motivo certo e contra as pessoas certas, e também da maneira certa, no momento certo e pelo período de tempo certo. Ela pode então ser chamada de afável, se considerarmos a afabilidade uma qualidade louvável (pois "afável" realmente denota um temperamento calmo, não levado pela emoção, mas apenas ficando com raiva da maneira, por causas e durante o tempo que ordena o princípio). Todavia, pensa-se que essa qualidade é um erro do lado da deficiência, uma vez que a pessoa afável não é vingativa, mas é inclinada a perdoar ofensas.

A deficiência, por outro lado, seja ela uma espécie de impassibilidade ou o que quer que seja, é censurada; já que as pessoas que não ficam com raiva de coisas com as quais é certo ficar com raiva são consideradas tolas, assim como as que não ficam com raiva da maneira certa, na hora certa e com as pessoas certas. Pensa-se que elas não sentem ou se ressentem de uma ofensa, e que se uma pessoa nunca está com raiva, ela será incapaz de se defender; e é considerado um ato servil suportar um insulto ou permitir que seus amigos sejam insultados.

O excesso também é possível em cada uma dessas formas, pois a pessoa pode ficar com raiva das pessoas erradas, por coisas erradas, mais do que convém, mais rapidamente ou por mais tempo do que o certo; mas nem todos esses excessos são encontrados na mesma pessoa. Isso seria impossível, pois o mal destrói até a si mesmo e, quando presente em sua totalidade, torna-se insuportável.

Há, então, primeiro, o irascível, que fica com raiva rapidamente, com as pessoas erradas, pelas coisas erradas e mais do que convém, mas cuja raiva logo passa. Esse último quesito é o melhor ponto em seu caráter. É dessa maneira porque não guarda sua raiva, mas, sendo de temperamento explosivo, exibe-a abertamente revidando e depois acaba com ela.

As pessoas excessivamente irascíveis são coléricas; elas se encolerizam por tudo e em todas as ocasiões, daí seu nome.

As pessoas de temperamento amargo, por outro lado, são implacáveis e permanecem com raiva por muito tempo, porque mantêm sua ira dentro de si, ao passo que, quando revidam, o problema termina; a dor do ressentimento é substituída pelo prazer de obter reparação e, assim, sua raiva cessa. Mas se não revidam, elas continuam com esse ressentimento, pois como sua raiva está escondida, ninguém mais tenta apaziguá-la, e leva muito tempo para digerir a própria raiva dentro de si. A amargura causa grandes incômodos, tanto para a própria pessoa que a possui como para seus amigos mais próximos.

Aqueles que perdem a paciência com as coisas erradas, por mais tempo e mais do que deveriam, e que se recusam a se reconciliar sem obter reparação ou retaliação, chamamos de temperamento difícil.

Consideramos o excesso mais contrário à afabilidade do que a deficiência, porque ocorre com mais frequência, sendo a natureza humana mais propensa a buscar reparação do que a perdoar; mas as pessoas de temperamento difícil são as piores pessoas com as quais se pode conviver.

O que foi dito anteriormente também fica claro pelo que estamos dizendo agora; não é fácil definir de que maneira, com quem, com que fundamento e por quanto tempo se deve sentir raiva, e até que ponto é justo fazê-lo e onde começa o erro. A pessoa que se desvia apenas um pouco do caminho certo não é censurada, quer erre por excesso ou por deficiência; na verdade, às vezes louvamos as pessoas deficientes em raiva e as chamamos de gentis, e às vezes louvamos as que são de temperamento difícil as chamando de vigorosas e adequadas para comandar. Portanto não é fácil pronunciar, a princípio, que grau e tipo de erro é censurável, uma vez que isso é uma questão de circunstâncias particulares, e o julgamento cabe à faculdade de percepção. Mas, em todo caso, é claro que a disposição intermediária é louvável, o que nos leva a ficar com raiva das pessoas certas, pelas coisas certas, da maneira certa e assim por diante, enquanto as várias formas de excesso e defeito são censuráveis – pouco censuráveis quando em modesto grau, e, quando maiores e extremas, muito censuráveis. É claro, portanto, que devemos nos esforçar para alcançar o meio-termo.

Que este seja o nosso relato das disposições relacionadas à raiva.

## 6

Na vida social, na vida comum e na relação de conversas e atos, algumas pessoas são consideradas obsequiosas; essas são pessoas que louvam tudo com complacência e nunca levantam objeções, mas consideram um dever evitar causar dor àqueles que encontram. Por outro lado, as pessoas que se opõem a tudo e não se importam nem um pouco com a dor que causam, são chamadas de rabugentas e desagradavelmente agressivas.

Está claro que as disposições de caráter descritas são censuráveis, e que a disposição intermediária entre elas é louvável, isto é, a tendência a concordar com as coisas certas e, da mesma forma, desaprovar as coisas certas, da maneira certa. Mas a isso nenhum nome especial foi atribuído, embora se assemelhe muito à amizade, pois aquela pessoa que corresponde a essa disposição intermediária aproxima-se muito da pessoa que chamamos de um bom amigo, só que com o acréscimo da afeição. Difere da amizade por não possuir o fator emocional de afeição por quem se relaciona, já que uma pessoa desse caráter acolhe tudo da maneira certa, nem por amor nem por ódio, mas por uma amabilidade natural. Ela se comportará com a mesma propriedade tanto com estranhos quanto com conhecidos, com pessoas com quem é familiar e com quem não é, muito embora se conduza em cada um desses casos como convém, uma vez que não é apropriado mostrar a mesma consideração ou desconsideração por pessoas íntimas e estranhos.

Dissemos, então, em termos gerais, que essa pessoa se comportará de maneira correta na sociedade. Queremos dizer que, ao procurar causar dor ou proporcionar prazer, ela será guiada por considerações de honra e conveniência, pois parece estar preocupada com o prazer e a dor nas relações sociais. Ela desaprovará os prazeres nos quais é desonroso ou prejudicial para ela participar, preferindo antes causar dor; e também desaprovará e se recusará a concordar com um prazer que traga alguma desonra ou algum dano considerável ao agente, se sua oposição não causar muita dor.

Tal pessoa também se comportará de maneira diferente com as pessoas de alta posição e com as pessoas comuns, com pessoas mais e menos conhecidas por ela, e da mesma forma com relação a outras distinções, tratando cada classe da maneira que for apropriada; e embora, de um modo geral, prefira participar dos prazeres de seus companheiros e relute em causar dor, se guiará pelas consequências, isto é, de acordo com a honra ou interesse dela e de seus amigos. Além disso, tal pessoa causará pequenas dores tendo em vista uma grande quantidade de prazer no futuro.

Tal é o caráter do meio-termo, embora não tenha nome. A pessoa que sempre participa dos prazeres de seus companheiros, se pretende ser agradável sem segundas intenções, é obsequiosa; se faz isso com o objetivo de obter algo na forma de dinheiro ou coisas que o dinheiro pode comprar, ela é uma bajuladora. Aquela pessoa que desaprova tudo é, como dissemos, rabugenta e desagradavelmente agressiva. Como o meio-termo não possui nome, os extremos aparecem como opostos.

## 7

A prática do meio-termo com relação à ostentação tem a ver quase com as mesmas coisas. Também não tem nome, mas será bom discutir essas disposições não nomeadas juntamente às outras, pois entenderemos melhor a natureza do caráter moral se examinarmos suas qualidades uma por uma; e também confirmaremos que as virtudes são meios-termos se observarmos como isso ocorre em todos os casos.

Já tratamos do comportamento na vida social com relação a dar prazer e dor. Falemos agora da veracidade ou da falsidade exibidas de modo semelhante em palavras e ações, e nas pretensões pessoais de alguém.

Como geralmente entendido, então, o charlatão é alguém que finge ter qualidades dignas de crédito que não possui, ou possui em menor grau do que aparenta, enquanto, inversamente, o falso modesto nega ou menospreza as boas qualidades que possui; a meio caminho entre eles está o tipo certo de pessoa, que é verdadeira tanto no comportamento quanto na fala, e admite a verdade sobre suas próprias qualificações sem exagero ou eufemismo.

Cada uma dessas coisas pode ser feita com ou sem segundas intenções; mas quando uma pessoa está agindo sem segundas intenções, suas palavras, ações e conduta sempre representam seu verdadeiro caráter. A falsidade é em si mesma vil e repreensível, e a verdade, nobre e louvável; e, da mesma forma, a pessoa verdadeira que está entre os dois extremos é digna de louvor, e a falsa de ambos os tipos é censurada, mais especialmente do tipo fanfarrão. Vamos discutir cada um dos dois, começando com a pessoa verdadeira.

Não estamos falando de veracidade nas relações comerciais nem em questões que envolvam justiça e injustiça (pois isso pertence a uma virtude diferente), mas de casos em que uma pessoa é verdadeira tanto no discurso quanto na conduta, porque assim é seu caráter. Tal veracidade pode ser considerada uma excelência moral, tendo em vista que quem ama a verdade, ou seja, que é verdadeiro mesmo quando nada depende dela, será ainda mais verdadeiro quando algum interesse estiver em jogo, pois uma vez que evita o tempo todo a falsidade por si mesma, certamente a evitará quando for moralmente vil; e essa é uma disposição de caráter que louvamos. A pessoa verdadeira divergirá da verdade na direção do eufemismo em vez do exagero; isso lhe parece de bom gosto, pois todo excesso é ofensivo.

A pessoa que finge ter mais mérito do que possui sem objetivo ulterior parece, é verdade, ser uma pessoa de caráter inferior, pois de outra forma não teria prazer na falsidade; mas ela parece ser mais fútil do que má. Quando, por outro lado, uma pessoa exagera seus próprios méritos para obter algum objetivo, sendo esse objetivo glorioso ou honroso, ela não deve ser muito censurada (como é o fanfarrão), mas se ela se vangloria de obter dinheiro ou coisas que valem dinheiro, isso é de um caráter mais detestável. A ostentação não é uma questão de capacidade, mas de propósito; alguém é fanfarrão se tiver uma disposição para vangloriar-se de um caráter presunçoso. Da mesma forma, as pessoas mentirosas são divididas entre aquelas que gostam de mentir por si só e aquelas que mentem para obter reputação ou lucro. Aquelas, então, que se gabam por causa da reputação fingem possuir tais qualidades que são elogiadas e admiradas; já aquelas que o fazem com fins lucrativos fingem realizações que são úteis para seus semelhantes e também podem ser falsificadas sem serem descobertas – por exemplo, as realizações de um profeta, de um sábio ou de um médico. Como essas artes possuem as duas qualidades especificadas, elas são as áreas mais comuns de fingimento e ostentação.

As pessoas falsamente modestas, que subestimam seus próprios méritos, parecem ter um caráter mais refinado, pois sentimos que o motivo subjacente a essa forma de insinceridade não é o ganho, mas a aversão à ostentação. Também, geralmente, renegam qualidades que trazem boa reputação, como costumava fazer Sócrates. Aquelas que negam distinções meramente triviais ou óbvias são chamadas de impostoras e são mais desprezíveis; e às vezes isso parece ser realmente uma ostentação, como a vestimenta dos espartanos, pois a extrema negligência no vestuário, assim como a atenção excessiva a ele, possui um traço de ostentação. Mas um uso moderado de modéstia em assuntos não muito comuns e óbvios não tem um ar desagradável. O fanfarrão parece ser o oposto da pessoa verdadeira, porque a ostentação é a pior das duas disposições extremas.

## 8

A vida, entretanto, também inclui repouso, e uma forma de repouso é o lazer e a recreação. Também aqui sentimos que existe um certo padrão de bom gosto no comportamento social, e uma certa propriedade no tipo de coisas que dizemos e na nossa maneira de dizê-las, e também no tipo de coisas que permitimos que nos digam; e nos interessará se aqueles em cuja companhia falamos, ou a quem ouvimos, estão de acordo com as mesmas regras de propriedade. E é claro que também nessas questões é possível exceder ou ficar aquém do meio-termo.

As pessoas, então, que exageram na jocosidade são consideradas bobalhonas e vulgares, que desejam ser engraçadas a todo custo e estão mais preocupadas em provocar uma risada do que em se manter dentro dos limites do decoro e evitar causar dor ao objeto de sua zombaria. Aquelas, por outro lado, que nunca dizem nada engraçado e se ofendem com as que o fazem são consideradas impolidas e reservadas. Aquelas que brincam com bom gosto são chamadas de espirituosas, ou seja, cheias de boas maneiras, pois tais espertezas parecem brotar do caráter, e julgamos o caráter das pessoas por seus movimentos, assim como seus corpos. Mas como é fácil descobrir a jocosidade nas coisas, e como a maioria das pessoas gosta muito de diversão e zombaria, até mesmo os bobalhões são chamados de espirituosos e passam por companheiros inteligentes; embora esteja claro, pelo que foi dito, que essa esperteza é bem diferente da bobagem.

A disposição intermediária é ainda caracterizada pelo tato, cujo possuidor dirá e permitirá que lhe digam apenas o tipo de coisas que são adequadas a alguém virtuoso e bem-educado; uma vez que há certa propriedade no que tal pessoa dirá e ouvirá em tom de brincadeira, e o gracejo de uma pessoa bem-educada difere daquele de uma pessoa de natureza servil, assim como o de uma instruída daquele de uma ignorante. Essa diferença pode ser vista nas comédias antigas e modernas: os primeiros comediógrafos encontravam sua diversão na obscenidade, os modernos preferem insinuações; e ambos diferem muito no que dizem.

Podemos, então, definir a pessoa que sabe zombar adequadamente dizendo que suas zombarias nunca são impróprias para os bem-educados, ou que evita causar dor no seu ouvinte, proporcionando-lhe prazer? Ou é impossível definir algo tão elusivo, já que os gostos diferem quanto ao que é ofensivo e divertido? Qualquer que seja a regra que estabeleçamos, o mesmo se aplicará às coisas que uma pessoa deve permitir que lhe sejam ditas, pois sentimos que as ações que uma pessoa permite que lhe sejam atribuídas, ela não se limitaria a realmente fazer. Portanto, há piadas que uma pessoa nunca fará, pois a zombaria é uma espécie de insulto, e algumas formas de insulto são proibidas por lei; e talvez algumas formas de zombaria também devam ser proibidas.

A pessoa culta e bem-educada, portanto, regulará sua inteligência e ditará uma espécie de lei para si mesma. Tal é o caráter do meio-termo, quer ele seja chamado de tato ou espirituoso. O bobalhão é aquele que não consegue resistir a uma piada; ele não manterá sua língua longe de si mesmo ou de qualquer outra pessoa, dando risada e dizendo coisas que uma pessoa refinada nunca diria, e algumas das quais ele nem mesmo permitiria que lhe fossem ditas. O reservado, por sua vez, não serve para conversa lúdica: ele não contribui com nada e se ofende com tudo. Ainda assim, o repouso e a diversão parecem ser elementos necessários à vida.

Acabamos de discutir três modos de observar o meio-termo em nosso comportamento, todos relacionados à conversa ou a algum tipo de atividade comum. Eles diferem porque um está preocupado com a veracidade, e os outros em ser agradáveis. Das duas que lidam com o prazer, uma é exibida em nossas diversões, e a outra nas relações gerais da vida.

## 9

A vergonha não pode ser descrita adequadamente como uma virtude, pois parece ser um sentimento, e não uma disposição de caráter; pelo menos é definida como uma espécie de medo da desonra e, de fato, em seus efeitos, é semelhante ao medo do perigo, pois as pessoas que têm vergonha ficam vermelhas, enquanto as que temem por suas vidas empalidecem. Ambos, portanto, parecem ser, em certo sentido, estados corporais, e isso indica mais um sentimento do que uma disposição de caráter.

O sentimento de vergonha não convém a todas as idades, mas apenas aos jovens. Achamos apropriado que os jovens sintam vergonha, porque, como vivem de sentimentos, muitas vezes erram, e a vergonha pode mantê-los sob controle;

e louvamos os jovens quando se mostram envergonhados, embora ninguém louvasse uma pessoa mais velha por esse motivo, pois pensamos que ela não deve fazer nada do que deva se envergonhar. De fato, uma pessoa virtuosa não sente vergonha, pois a vergonha é o sentimento causado por ações vis; uma vez que não se deve fazer ações vis (a distinção entre atos realmente vergonhosos e aqueles reputados como tal é irrelevante, uma vez que não se deve fazer nenhum dos dois), então nunca se deve sentir vergonha.

A vergonha é uma marca de uma pessoa má e surge de um caráter capaz de cometer um ato vergonhoso. E é absurdo considerar uma pessoa virtuosa porque ela se envergonha quando comete um ato vergonhoso, pois ações para causar vergonha devem ser voluntárias, e uma pessoa virtuosa nunca fará voluntariamente uma ação vil. A vergonha só pode ser virtuosa em certas condições: se uma pessoa boa fica envergonhada caso cometesse uma ação dessas, mas as virtudes não estão sujeitas a tais condições. E embora o despudor e não se envergonhar da prática de ações vis seja ruim, isso não prova que seja virtuoso envergonhar-se de praticá-las.

O autocontrole também não é uma virtude, mas uma mistura de virtude e vício. Isso, todavia, será explicado mais adiante[36]. Falemos agora da justiça.

---

36. Livro VII.

# Livro V

*[Trata da justiça]*

### 1

No que diz respeito à justiça e à injustiça, devemos considerar de que tipo de ações elas tratam precisamente, em que sentido a justiça é a prática de um meio-termo e quais são os extremos entre os quais o ato justo é um meio-termo. Nossa investigação seguirá o mesmo procedimento feito anteriormente.

Observamos que todos entendem por justiça aquela disposição moral que torna as pessoas aptas a fazer coisas justas e que as leva a agir com justiça e a desejar o que é justo; e igualmente por injustiça aquela disposição que faz as pessoas agirem injustamente e desejarem o que é injusto. Vamos então assumir essa definição como base geral para começar.

O fato é que as coisas não são as mesmas nas disposições de caráter e nas ciências e faculdades. Parece que a mesma faculdade ou ciência lida com coisas opostas, mas uma disposição de caráter, ou condição que produz certo resultado, não produz os resultados opostos; por exemplo, a saúde não dá origem a ações insalubres, mas apenas a ações saudáveis: caminhar de modo saudável significa caminhar como uma pessoa saudável caminharia.

Portanto às vezes a natureza de uma das duas disposições opostas é reconhecida pela outra, às vezes as disposições são conhecidas pelas coisas em que são encontradas. Por exemplo, se sabemos o que é uma boa condição corporal, também sabemos o que é uma má condição, mas também sabemos o que é uma boa condição corporal pelos corpos em boas condições, e sabemos quais são os corpos em boas condições ao saber o que é uma boa condição. Assim, supondo que boa condição seja firmeza da carne, má condição deve ser flacidez da carne, e uma dieta produtiva de boa condição deve ser uma dieta que produz firmeza da carne.

Além disso, se um dos contrários for usado de maneira ambígua, segue-se, como regra, que o outro também será; por exemplo, se "justo" possui um significado ambíguo, também "injusto" e "injustiça" possuirão.

Ora, parece que os termos "justiça" e "injustiça" são usados em vários sentidos, mas como seus diferentes significados estão intimamente conectados, a ambiguidade não é detectada, ao passo que, no caso de significados amplamente diferentes chamados por um nome comum, a ambiguidade é, por comparação, óbvia; por exemplo (pois a diferença é considerável quando é de maneira externa), a ambiguidade da palavra *kleís*[37] para designar tanto o osso na base do pescoço, a clavícula, como o instrumento com o qual trancamos nossas portas, a chave.

---

37. Em grego: κλείς.

Averiguemos, então, em quantos sentidos uma pessoa é considerada "injusta". A pessoa que age contra a lei, assim como a gananciosa e desonesta, é considerada injusta, ao passo que a pessoa cumpridora da lei e a pessoa honesta serão evidentemente justas. "Justo", portanto, é aquele legítimo e honesto, e "injusto" é aquele ilegítimo e desonesto.

Como a pessoa injusta é gananciosa, ela será injusta com relação aos bens (nem todos os bens, mas aqueles dos quais dependem a prosperidade e o infortúnio). Embora sempre bons no sentido absoluto, nem sempre são bons para uma pessoa em particular. No entanto, esses são os bens que as pessoas almejam e buscam, embora não devam fazê-lo; elas deveriam, enquanto escolhem as coisas que são boas para elas, pedir aos deuses para que o que é absolutamente bom também seja bom para elas.

A pessoa injusta, porém, nem sempre escolhe a parte maior: das coisas que, falando absolutamente, são ruins, ela escolhe a menor parte; no entanto, acredita-se que ela receba mais do que o devido, porque o menor de dois males parece, em certo sentido, ser um bem, e receber mais do que o devido significa receber mais do que o devido de um bem. Vamos chamar tal pessoa de "injusta", pois esse é um termo abrangente e inclui tanto tomar muito de coisas boas quanto pouco de coisas ruins.

Vimos que o infrator da lei é injusto, e o que cumpre a lei é justo. É, portanto, claro que todas as coisas legais são, em certo sentido, justas, pois o que é legal é decidido pela legislatura, e as várias decisões da legislatura chamamos de justas. Todos os vários pronunciamentos da lei visam ou o interesse comum de todos, ou o interesse de uma classe dominante determinada por excelência ou de alguma outra maneira semelhante; de modo que, em um de seus sentidos, o termo "justo" é aplicado a qualquer coisa que produz e preserva a felicidade, ou os componentes da felicidade, da comunidade política. Mas a lei também prescreve que pratiquemos certas condutas, como a conduta de alguém valente (por exemplo: não abandonar o posto, não fugir, não abandonar as armas), a de alguém temperante (por exemplo: não cometer adultério ou ultraje), a de alguém gentil (por exemplo: não bater em ninguém, nem falar mal); e assim com as ações que exemplificam o restante das virtudes e vícios, ordenando certos atos e proibindo outros; a lei corretamente elaborada faz essas coisas, enquanto não as fazem tão bem as leis feitas ao acaso.

Justiça então, nesse sentido, é uma virtude perfeita, não em absoluto, mas em relação a outras. É por isso que a justiça é frequentemente considerada a principal das virtudes e mais sublime do que "a estrela da tarde ou da manhã"[38]; e por isso temos o provérbio: "Na justiça estão somadas todas as virtudes"[39]. E a justiça é uma virtude perfeita porque é a prática da virtude perfeita; e perfeita, num grau especial, porque seu possuidor pode exercer sua virtude para com os outros, e não apenas para si mesmo; pois há muitos que podem exercer a virtude em seus assuntos

---

38. Fragmento 486 da peça *Melanipa*, de Eurípides.

39. Teógnis, 147.

particulares, mas não podem fazê-lo em suas relações com os outros. Por esse motivo é que parece certa a citação de Bias: "o comando revela o homem", pois quem governa é, necessariamente, colocado em relação com os outros e se torna membro de uma comunidade.

Por essa mesma razão é dito que a justiça é, entre todas as virtudes, "o bem do outro"[40], porque se relaciona com nosso próximo, seja um governante ou um associado. Logo, como a pior pessoa é aquela que pratica o vício tanto para com seus amigos quanto para consigo mesma, então a melhor pessoa não é aquela que pratica a virtude com relação a si mesma, mas aquela que a pratica com relação aos outros; essa, pois, é uma tarefa difícil.

A justiça, nesse sentido, não é uma parte da virtude, mas toda a virtude; e seu oposto, a injustiça, não é uma parte do vício, mas o vício inteiro. O que foi dito mostra a diferença entre a virtude e a justiça: são a mesma coisa, mas não com a mesma essência. O que é exibido com relação aos outros é justiça, e o que é exibido como uma simples disposição de caráter e em si mesmo, é virtude.

## 2

O objeto de nossa investigação, no entanto, é a justiça que faz parte da virtude, pois sustentamos que existe uma espécie de justiça nesse sentido; e da mesma forma estamos investigando a injustiça no sentido particular. A existência dessa última é

40. Platão, *República*, 343.

provada pelo fato de que quando uma pessoa exibe os outros vícios – por exemplo, joga fora seu escudo por covardia, ou usa linguagem abusiva por mau humor, ou recusa ajudar com dinheiro um amigo por avareza –, embora aja injustamente, ela não age com ganância; por outro lado, uma pessoa gananciosa frequentemente não exibe nenhum desses vícios, nem certamente todos eles; no entanto, a ação exibe certo vício (pois nós a censuramos), na verdade, exibe o vício da injustiça. Portanto, há outro tipo de injustiça, que é uma parte da injustiça no sentido universal, e há uma outra injustiça correspondente a uma parte do que é injusto no sentido amplo de ser oposto à lei.

Novamente, suponha que duas pessoas cometam adultério, uma por lucro e ganhando pelo ato, a outra por desejo, tendo que pagar, e assim perdendo por isso. Esse último caso seria considerado como próprio de uma pessoa intemperante, em vez de gananciosa, enquanto o primeiro caso seria considerado injusto, mas não intemperante. Claramente, então, a ação torna-se injusta por estar sendo feita em razão do lucro. Além disso, considerando que todos os outros atos injustos são invariavelmente atribuídos a algum vício particular – por exemplo, o adultério, à intemperança; o abandono em combate, à covardia; a agressão, à raiva –, um ato injusto pelo qual uma pessoa lucrou não é atribuído a nenhum vício que não a injustiça.

Portanto, é manifesto que há outro tipo de injustiça além da injustiça universal, sendo a primeira uma parte da segunda. É chamada pelo mesmo nome porque sua definição cai no mesmo gênero, ambos os tipos de injustiça são exibidos na relação de uma pessoa com os outros; mas enquanto a injustiça no sentido particular está relacionada à honra, ao dinheiro ou à segurança (ou qualquer termo que possamos empregar para incluir todas essas coisas), sendo seu motivo o prazer do lucro, a injustiça no sentido universal está relacionada a todas as coisas relacionadas à esfera da virtude.

Assim, fica claro que há mais de um tipo de justiça, e que o termo tem outro significado além da virtude como um todo. Temos, então, que determinar a natureza e os atributos da justiça nesse sentido.

Distinguimos dois significados de "injusto", o ilegítimo e o desonesto, e dois significados de "justo", o legítimo e o honesto. Injustiça então, no sentido anteriormente mencionado, corresponde ao significado de ilegítimo; mas como o desonesto não é o mesmo que o ilegítimo, mas diferente dele e relacionado a ele como parte do todo (pois nem todo ilegítimo é desonesto, embora todo desonesto seja ilegítimo), assim também o injusto e a injustiça no sentido particular não é o mesmo que o injusto e a injustiça no sentido universal, mas diferentes e relacionados a eles como parte do todo. Pois a injustiça, nesse sentido, é uma parte da injustiça universal, e, similarmente, a justiça que estamos considerando agora é uma parte da justiça universal. Temos, portanto, que discutir a justiça e a injustiça no sentido particular, assim como o justo e o injusto.

Podemos, então, deixar de lado aquela justiça que corresponde à virtude em geral, sendo a prática da virtude em geral para com outra pessoa, e aquela injustiça que é a prática do vício em geral para com outra pessoa. Também está claro como devemos definir o que é justo e injusto nos sentidos correspondentes, pois as ações que decorrem da virtude em geral são aquelas ações que estão de acordo com a lei, uma vez que a lei nos prescreve a prática de todas as virtudes e nos proíbe a prática de qualquer vício. Também os regulamentos estabelecidos para a educação que prepara uma pessoa para a vida social são as regras que produzem a virtude em geral.

Quanto à educação do indivíduo como tal, que torna uma pessoa simplesmente boa por si mesma, será determinada mais tarde[41], assim como a questão de saber se ela é assunto da arte política ou de alguma outra, pois parece que ser uma boa pessoa nem sempre é a mesma coisa que ser um bom cidadão.

A justiça particular, ao contrário, e a que é justa no sentido que lhe corresponde, divide-se em duas espécies. Uma é exercida na distribuição de honras, riqueza e outros bens divisíveis da comunidade que podem ser distribuídos entre seus membros em partes iguais ou desiguais. A outra espécie é aquela que fornece um princípio corretivo em transações individuais. Essa última ainda tem duas subdivisões, correspondendo às duas

---

41. Esse assunto é discutido na *Política*.

classes de transações, as voluntárias e as involuntárias. Exemplos de transações voluntárias são as vendas, as compras, os empréstimos com juros, a penhora, os empréstimos sem juros, os depósitos e as locações; essas transações são denominadas voluntárias porque são realizadas voluntariamente. Das transações involuntárias, algumas são clandestinas, como o roubo, o adultério, o envenenamento, a exploração, o aliciamento de escravos e o falso testemunho; outras são violentas, como a agressão, o sequestro, o assassinato, o roubo com violência, a mutilação, a injúria e os insultos.

3

Uma vez que o injusto é o desonesto e desigual, é claro que ao desigual corresponde um meio-termo, a saber, o igual; pois toda ação que admite o mais e o menos admite também o igual. Se então o injusto é o desigual, o justo é o igual – um pensamento que todos possuem sem discussão. E como o igual é um meio-termo, o justo também será.

Novamente, a igualdade envolve pelo menos duas coisas. Segue-se, portanto, que o justo não é apenas um meio-termo, igual e relativo a algo (para certas pessoas), mas também que, como meio-termo, implica certos extremos entre os quais se encontra, a saber, o mais e menos; que, como igual, implica duas partes iguais; e que, como justo, implica que o é para certas pessoas. A justiça, pois, envolve pelo menos quatro termos, a saber, duas pessoas para as quais ela é justa e duas partes que são justas.

E haverá a mesma igualdade entre as ações e entre as pessoas envolvidas, uma vez que a relação entre as ações será igual à relação entre as pessoas, pois se as pessoas não forem iguais, elas não terão partes iguais; é quando pessoas iguais possuem ou recebem partes desiguais, ou quando pessoas desiguais recebem partes iguais, que surgem disputas e queixas. Isso também fica claro a partir do princípio de "atribuição por mérito". Todos concordam que a justiça nas distribuições deve ser baseada em algum tipo de mérito, embora nem todos signifiquem o mesmo tipo de mérito. Os democratas o identificam como nascimento livre; os oligárquicos, como riqueza (ou em outros casos como nascimento nobre); e os defensores da aristocracia, como virtude.

A justiça é, portanto, uma espécie de proporção; pois a proporção não é uma propriedade apenas da quantidade numérica, mas da quantidade em geral, sendo a proporção uma igualdade de razões que envolve pelo menos quatro termos (que uma proporção descontínua envolve quatro termos é claro, mas o mesmo ocorre na proporção contínua, uma vez que trata um termo como dois e o repete; por exemplo: assim como a linha que representa o termo um está para a linha que representa o termo dois, a linha que representa o termo dois está para a linha que representa o termo três; aqui a linha que representa o termo dois é mencionada duas vezes, de modo que se for contada duas vezes, haverá quatro termos proporcionais). Assim, o justo também envolve pelo menos quatro termos, e a razão entre o primeiro par de termos é a mesma que entre o segundo par. As duas linhas que representam as pessoas e ações são divididas de modo semelhante; então, como o primeiro termo está para o segundo, o terceiro está para o quarto; e, portanto, por alternância, como o primeiro está para o terceiro, o segundo está para o quarto; também, como o primeiro está para o segundo, a soma do primeiro e do terceiro está para a soma do segundo e do quarto. Essa é a combinação efetuada por uma distribuição de ações, e a combinação é justa se pessoas e ações forem somadas dessa maneira. O princípio da justiça distributiva, portanto, é a conjunção do primeiro termo de uma proporção com o terceiro e do segundo com o quarto; e o justo, nesse sentido, é um meio-termo entre dois extremos desproporcionais, pois o proporcional é um meio-termo, e o justo é o proporcional (esse tipo de proporção é denominado pelos matemáticos de proporção geométrica, pois uma proporção geométrica é aquela em que o todo está para o todo assim como cada parte está para a parte correspondente). A justiça distributiva não é uma proporção contínua, pois seu segundo e terceiro termos, uma pessoa e uma ação, não representam um único termo.

O justo nesse sentido é, portanto, o proporcional, e o injusto é aquele que viola a proporção. O injusto pode, portanto, ser muito ou pouco; e é isso que encontramos de fato, pois, quando a injustiça é cometida, o que age injustamente possui muito do bem em questão, e o que sofre injustiça possui pouco. Embora verifique-se o inverso no caso de um mal, porque um mal menor em comparação com um maior conta como um bem, visto que o menor de dois males é mais desejável do que o maior, e o que é desejável é bom, e quanto mais desejável for, maior será o bem. Esse é, então, um tipo de justiça.

## 4

O outro tipo de justiça é a corretiva, que opera em transações privadas, tanto voluntárias quanto involuntárias. Essa justiça é de um tipo diferente do anterior. A justiça na distribuição da propriedade comum sempre está de acordo com a proporção que descrevemos acima (pois quando uma distribuição é feita a partir do armazenamento comum de uma sociedade, ela seguirá a mesma proporção entre as quantias que as pessoas contribuíram para esse armazenamento comum); e a injustiça oposta à justiça desse tipo é uma violação dessa proporção. Mas o justo nas transações privadas, embora seja igual em certo sentido (e o injusto sendo desigual), não é igual de acordo com a proporção geométrica, mas de acordo com a proporção aritmética. Não faz diferença se uma pessoa boa defraudou uma pessoa má ou o contrário, nem se é uma pessoa boa ou má que cometeu adultério; a lei considera apenas a natureza do dano, tratando as partes como iguais, e apenas se uma pessoa cometeu e a outra sofreu a injustiça ou se uma infligiu e a outra sofreu o dano.

Portanto, o injusto sendo desigual, o juiz se esforça para igualá-lo; na medida em que quando uma pessoa recebeu e a outra infligiu um golpe, ou uma matou e a outra foi morta, a ação e o sofrimento foram divididos em partes desiguais, mas o juiz procura igualá-los por meio da pena que impõe, retirando o ganho do acusado. O termo "ganho" é usado de maneira geral para se aplicar a tais casos, embora não seja estritamente apropriado para alguns deles, como no caso de uma pessoa que agride outra – aliás, nem "perda" é apropriado para a vítima nesse caso –, mas, em todo caso, os resultados são chamados de perda e ganho, respectivamente, quando estimada a quantidade de dano sofrido.

Assim, enquanto o igual é um meio-termo entre o maior e o menor, ganho e perda são respectivamente maiores e menores em sentidos contrários; um bem maior e um mal menor sendo o ganho, e um mal maior e um bem menor sendo a perda. E como o igual, que declaramos ser justo, é, como dissemos, um meio-termo entre eles, segue-se que a justiça corretiva será o meio-termo entre perda e ganho.

É por isso que, quando ocorrem disputas, as pessoas recorrem a um juiz. Ir a um juiz é ir à justiça, pois o juiz ideal é, por assim dizer, a personificação da justiça. Além disso, as pessoas exigem que um juiz seja um intermediário – de fato, em alguns lugares, os juízes são chamados de mediadores –, pois pensam que, se conseguirem o meio-termo, obterão o que é justo. Assim, o justo é uma espécie de meio-termo, na medida em que o juiz é um meio-termo entre os litigantes.

O juiz restaura a igualdade: se representarmos o assunto por uma linha dividida em duas partes desiguais, ele tira do segmento maior aquela parte que excede a metade de toda a linha e a adiciona ao segmento menor. Quando o todo foi igualmente dividido, as pessoas dizem que receberam "o que lhes pertence", tendo obtido o que é igual. Por isso mesmo que é nomeado de "justo" (δίκαιον – *díkaion*) aquilo que é "dividido em dois" (δίχα – *dícha*), como se a pronúncia fosse "δίχαιον – *díchaion*[42]"; e um juiz (δικαστής – *dikastés*) é o divisor (διχαστής – *dichastés*).

O igual é um intermediário, por meio de proporção aritmética, entre o maior e o menor. Quando uma parte é subtraída de dois iguais e adicionada ao outro, o último excederá o primeiro em dobro, pois se tivesse sido tirada, mas não adicionada, o último excederia o primeiro em apenas uma vez. Portanto, o maior excederá o intermediário de um, e o intermediário excederá aquele da qual a parte foi retirada, ambos os casos na diferença de somente uma vez. Esse processo permite-nos, então, saber o que devemos retirar do que tem a mais e o que acrescentar ao que tem a menos; devemos acrescentar do menor a quantia

---

42. Tal termo não existe na língua grega. Aristóteles, aqui, cria essa palavra ao juntar o "justo" com "dividido em dois" para mostrar como soaria de maneira bem semelhante.

com a qual o intermediário o excede, e retirar do maior a quantia que excede o intermediário.

Sejam as linhas AA, BB, CC iguais entre si. Retira-se o segmento AE da linha AA, e adiciona--se o segmento CD à linha CC de modo que toda a linha DCC exceda a linha EA pelo segmento CD e CF; então este excederá BB pelo segmento CD.

Os termos "perda" e "ganho", nesses casos, procedem das operações de troca voluntária. Nelas, ter mais do que se tinha no início é chamado de ganho, e ter menos do que se tinha no início é chamado de perda, como na compra, na venda, e em todas as outras transações liberadas por lei; enquanto se o resultado da transação não é um aumento nem uma diminuição, mas exatamente o que pertence às partes, dizem que possuem o que é seu e que não perderam nem ganharam.

Portanto, a justiça nas transações involuntárias é um meio-termo entre ganho e perda em certo sentido: é ter, após a transação, uma quantia igual à quantia que se tinha antes.

### 5

Alguns também acreditam que a simples reciprocidade é justiça. Como os pitagóricos diziam, pois definiam o justo simplesmente como "sofrer reciprocamente com o outro". A reciprocidade, entretanto, não se enquadra nem na justiça distributiva, nem na justiça corretiva (embora queiram identificá-la com essa última quando citam a regra de Radamanto: "Se uma pessoa sofrer o que ela mesma fez, ocorrerá a devida justiça"[43]). Em muitos casos, porém, a reciprocidade está em desacordo com a justiça corretiva. Por exemplo: se uma autoridade agride um homem, é errado que o homem revide; e se um homem agride uma autoridade, não é suficiente à autoridade agredi--lo, mas o homem também deve ser punido. Novamente, faz muita diferença se um ato foi praticado com ou sem o consentimento da outra parte. Mas nas transações de troca essa forma de justiça não produz a união que mantém a associação: a reciprocidade deve ser feita com base na proporção, não com base na igualdade. A própria existência da pólis depende da reciprocidade proporcional, pois as pessoas procuram pagar o mal com o mal – se não puderem, se sentirão na posição de escravos – e o bem com o bem – caso contrário, não há troca, e é a troca que os une. É por isso que montamos um templo das Graças[44] em um lugar público, para lembrar as pessoas de retribuírem um serviço, pois essa é uma característica da graça, e é um dever não apenas retribuir um serviço prestado, mas também tomar a iniciativa de fazer um serviço por si mesmo.

A retribuição proporcional é efetuada por conjunção cruzada. Por exemplo, seja A um construtor, B um sapateiro, C uma casa e D um par

---

43. Hesíodo, fragmento 174.

44. As Graças ou Cárites – em grego, Χάριτες (*Chárites*) –, na mitologia grega, são as deusas responsáveis por proporcionar graças, como o banquete, a gratidão, o encanto, a prosperidade, a sorte, a concórdia etc.

de sapatos. Requer-se que o construtor receba do sapateiro uma parte do produto de seu trabalho e dê a ele uma parte do produto de sua autoria. Se, pois, a igualdade proporcional entre os produtos for estabelecida primeiro, e então a reciprocidade ocorrer, o resultado indicado terá sido alcançado; mas se isso não for feito, a troca não é igual nem válida, pois pode acontecer que o produto de uma das partes valha mais que o da outra e, nesse caso, portanto, eles devem ser igualados.

Isso também vale para as outras artes, pois elas teriam deixado de existir se o elemento ativo não produzisse e não recebesse o equivalente, em quantidade e espécie, ao que o elemento passivo recebe. Por certo, um serviço de trocas não é formado entre dois médicos, mas entre um médico e um agricultor, e, geralmente, entre pessoas que são diferentes e desiguais, embora nesse caso devam ser igualadas. Portanto, todos os objetos de troca devem ser comparáveis de alguma forma. É para atender a esse fim que se introduziu o dinheiro; o dinheiro constitui, de certa forma, um meio-termo, pois é uma medida de todas as coisas, e, portanto, de seu excesso e de sua falta, ou seja, quantos sapatos equivalem a uma casa ou a uma determinada quantidade de alimentos.

Assim, a razão entre um construtor e um sapateiro deve corresponder à razão do número de sapatos e uma casa (ou para uma determinada quantidade de comida), pois sem essa proporção recíproca não pode haver troca nem associação; e essa proporção não pode ser garantida a menos que os bens em questão sejam iguais em certo sentido. É necessário, portanto, que todos os bens sejam medidos por algum padrão, como foi dito antes. E esse padrão é, na realidade, a demanda, que é o que mantém tudo unido, pois se as pessoas deixarem de ter necessidades ou se suas necessidades se alterarem, a troca não ocorrerá mais ou será uma troca diferente. Mas a demanda passou a ser representada convencionalmente pelo dinheiro; é por isso que se chama *nómisma* (νόμισμα – dinheiro), porque não existe por natureza, mas por *nómos* (νόμος – lei), e está em nosso poder alterá-lo ou torná-lo sem valor.

Haverá, portanto, proporção recíproca quando os produtos forem equiparados, de modo que, assim como o agricultor está para o sapateiro, o produto do sapateiro também pode estar para o produto do agricultor. Não devemos, porém, colocá-los à forma de uma proporção depois da troca, mas quando cada um possui ainda o seu próprio bem (pois, caso contrário, um dos dois extremos terá ambos os excessos); assim, são iguais e podem formar uma associação entre si, porque a igualdade nesse sentido pode ser estabelecida (seja A um agricultor, C um alimento, B um sapateiro, D um par de sapatos); considerando que, se fosse impossível que a proporção recíproca fosse efetuada dessa maneira, não poderia haver associação entre eles.

Que é a demanda que, servindo como um único padrão, mantém tal associação unida é demonstrado pelo fato de que quando não há demanda mútua por parte de ambos, ou pelo menos de uma das partes, nenhuma troca ocorre entre eles. Como quando alguém precisa de algo que temos: por exemplo, uma licença para exportar trigo em troca de vinho. Essa desigualdade de demanda deve, portanto, ser equalizada.

O dinheiro nos serve, de certo modo, como garantia de troca no futuro: se não precisamos de nada no momento, ele garante que a troca seja possível quando surgir uma necessidade, pois dá a possibilidade de obtermos por meio de pagamento a coisa que precisamos. O dinheiro, é verdade, está sujeito à mesma demanda que outros bens, pois seu poder de compra varia em momentos diferentes; mas tende a ser mais estável. Portanto, o correto é que todos os bens tenham seus preços fixados; isso garantirá que a troca e, consequentemente, a associação, sejam sempre possíveis.

O dinheiro serve, então, como uma medida que torna as coisas comensuráveis e assim as reduz à igualdade. Se não houvesse troca, não haveria associação, e não pode haver troca sem igualdade nem igualdade sem comensurabilidade. Embora seja impossível que coisas tão diferentes se tornem comensuráveis no sentido estrito, nossa procura fornece uma medida comum suficientemente precisa para fins práticos. Deve haver, portanto, uma unidade padrão estabelecida por comum acordo (isso é chamado de dinheiro), pois tal medida padrão torna todas as coisas comensuráveis, uma vez que todas as coisas podem ser medidas pelo dinheiro.

Seja A uma casa, B dez minas e C uma cama. Então, A é metade de B (supondo que a casa valha cinco minas); e C, a cama, é um décimo de B; assim fica claro quantas camas são iguais a uma casa, ou seja, cinco. É evidente que antes da existência do dinheiro era assim que a troca era realizada, já que não há diferença entre trocar uma casa por cinco camas ou pelo valor equivalente a cinco camas.

Definimos o que são, em princípio, a justiça e a injustiça. Pela definição dada, fica claro que a ação justa é um meio-termo entre fazer e sofrer injustiça, pois a primeira é ter demais, e a segunda, ter de menos. E a justiça é um modo de observar o meio-termo, embora não da mesma forma que as outras virtudes, porque está relacionada a um meio-termo, enquanto a injustiça está relacionada aos extremos.

Além disso, justiça é aquilo em virtude do qual se diz que uma pessoa faz, por escolha, o que é justo e, ao distribuir entre ela e uma outra pessoa, ou entre duas outras, não dá demais a si mesmo nem muito pouco para o próximo do que é desejável (e inversamente no relativo ao que é prejudicial), mas para cada um o que é proporcionalmente igual; e da mesma forma quando se trata de distribuir entre duas outras pessoas. A injustiça, pelo contrário, relaciona-se de modo semelhante com o que é injusto, isto é, um excesso ou deficiência contrários à proporção de algo benéfico ou prejudicial. Assim, a injustiça é excesso e deficiência, no sentido de que resulta nessas coisas; ou seja, no nosso caso pessoal, excesso de tudo o que é benéfico e deficiência de tudo o que é prejudicial, e no caso de outras pessoas, embora o resultado como um todo seja o mesmo, o desvio da proporção pode ser em qualquer direção, conforme o caso. Da ação injusta cometida, a menor parte é ser vítima de injustiça e a maior parte é agir injustamente.

Que seja isso o que pode ser dito sobre a natureza da justiça e da injustiça, e do justo e do injusto considerados de modo geral.

## 6

Visto que uma pessoa pode cometer injustiça sem realmente ser injusta, qual a diferença daqueles atos injustos cuja prática torna uma pessoa realmente injusta sob uma das várias formas de injustiça, como um ladrão ou adúltero, ou um bandido? Ou devemos dizer que a distinção não está na qualidade do ato? Uma pessoa pode ter relações sexuais com outra sabendo quem ela é, não por motivo de escolha deliberada, mas sob a influência da paixão; nesse caso, embora tenha cometido injustiça, essa pessoa não é injusta. Alguém, então, pode não ser um ladrão, apesar de ter roubado, nem adúltero, apesar de ter cometido adultério, e assim por diante.

A relação da reciprocidade com a justiça já foi enunciada. Mas não devemos esquecer que o objeto de nossa investigação é ao mesmo tempo a justiça em sentido absoluto e a justiça política. Justiça política é a justiça entre pessoas livres e iguais (aritmeticamente ou proporcionalmente) vivendo uma vida comum com o propósito de satisfazer suas necessidades. Portanto, entre pessoas que não são livres nem iguais, a justiça política não pode existir, mas apenas uma espécie de justiça em um sentido análogo.

A justiça só pode existir entre aqueles cujas relações mútuas são reguladas pela lei, e a lei existe entre aqueles entre os quais existe a possibilidade de injustiça, pois a justiça da lei significa a discriminação do que é justo e do que é injusto. Pessoas, portanto, entre as quais pode haver injustiça, podem agir injustamente umas com as outras (embora a ação injusta não envolva necessariamente injustiça), e agir injustamente é atribuir a si mesmo muito das coisas boas em si e pouco das coisas más em si.

É por essa razão que não permitimos que uma pessoa governe, mas a lei, porque uma pessoa governa em seu próprio interesse e se torna um tirano. A função de um governante é ser o guardião da justiça e, consequentemente, da igualdade. Um governante justo parece não ganhar nada com seu cargo, pois ele não atribui a si mesmo uma parte maior das coisas geralmente boas, a menos que seja proporcional aos seus méritos, de modo que é para os outros que ele trabalha, o que explica o mencionado acima, de que a justiça é "o bem do outro". Portanto, alguma recompensa deve ser dada a ele, na forma de honra e privilégio. Tornam-se tiranos aqueles a quem tais recompensas não satisfazem.

A justiça de um senhor e a de um pai não é a mesma que a justiça política, mas apenas análoga, pois não existe injustiça em sentido absoluto contra o que nos pertencem; e um servo ou o filho de um homem, até atingir certa idade e se tornar independente, é, por assim dizer, uma parte dele. Ninguém escolhe prejudicar a si mesmo, portanto, não pode haver injustiça contra si próprio e, consequentemente, nada justo ou injusto no sentido político, pois estes, como vimos, estão incorporados à lei e existem entre pessoas cujas relações são naturalmente reguladas por ela, ou seja, pessoas que compartilham igualmente tanto o governar como o ser governado.

A justiça existe em um grau mais completo entre marido e mulher do que entre pai e filhos, ou senhores e servos. Nesse caso, a justiça entre marido e mulher é a justiça doméstica, a qual também difere da justiça política.

### 7

A justiça política é de dois tipos: natural e legal. É natural quando possui a mesma validade em todos os lugares, e não depende de aceitá-la ou não. Legal, quando, a princípio, é indiferente, mas deixa de ser após ser estabelecida de uma forma ou de outra: por exemplo, que o resgate de um prisioneiro seja no valor de uma mina, ou que um sacrifício consista em uma cabra, e não em duas ovelhas; ou quaisquer leis promulgadas para casos particulares, como a lei do sacrifício em honra a Brásidas[45] e as ordenanças na natureza de decretos especiais.

Algumas pessoas pensam que toda justiça é do tipo político, porque enquanto as coisas que são por natureza imutáveis e em toda a parte possuem a mesma validade (como o fogo que queima tanto aqui como na Pérsia), as coisas justas parecem variar. Que as coisas justas variam não é absolutamente verdade, mas apenas em certo sentido. Entre os deuses talvez não seja verdade, mas para nós, embora exista algo como justo por natureza, todas as coisas justas são variáveis. No entanto, existe o justo tanto por natureza como não ordenado por natureza; e é perceptível ver que coisas justas, embora não absolutas, são naturais, e quais não são naturais, mas legais e convencionais, ambos os tipos sendo igualmente variáveis. A mesma distinção será válida em todos os outros assuntos; por exemplo, a mão direita é naturalmente mais forte que a esquerda, mas é possível para qualquer pessoa se tornar ambidestra.

As coisas que são justas em virtude da convenção e da conveniência são como medidas. As medidas de trigo e vinho não são iguais em todos os lugares, mas são maiores no atacado e menores no varejo. Da mesma forma, as coisas justas ordenadas não pela natureza, mas por decisão humana, não são as mesmas em toda parte, pois as formas de governo não são as mesmas, ainda que haja apenas uma forma de governo que é, por natureza, a melhor em todos os lugares.

---

45. Espartano adorado como um herói e homenageado com jogos e sacrifícios. Tucídides, v. ll.

As diversas coisas justas e legítimas se relacionam como universais aos seus casos particulares, pois as coisas praticadas são muitas, mas cada coisa é uma só, visto que é universal.

Há uma diferença entre a ação injusta e o que é injusto, e entre a ação justa e o que é justo. Assim, uma coisa é injusta por natureza ou por lei, e essa mesma coisa será uma ação injusta somente depois de alguém realizá-la; antes disso, é apenas injusta. E acontece o mesmo com a ação justa (δικαίωμα – *dikaíōma*) – um melhor termo seria "δικαιοπράγημα – *dikaioprágēma*", sendo "δικαίωμα – *dikaíōma*" utilizado para uma retificação de um ato de injustiça.

Devemos, mais tarde[46], considerar as várias leis de justiça e de direito, enumerar seus vários tipos e descrevê-los, e as coisas com as quais eles lidam.

## 8

Sendo essa a descrição de ações justas e injustas, uma pessoa age justa ou injustamente de maneira voluntária. Se faz involuntariamente, não se pode dizer que essa pessoa aja com justiça ou injustiça, exceto por acidente, no sentido de que ela comete um ato que é justo ou injusto. Portanto, se uma ação é ou não um ato de injustiça ou de justiça, depende de seu caráter voluntário ou involuntário. Quando é involuntário, é censurado, e só nesse caso a ação é um ato de injustiça; de modo que é

---

46. Possível referência a um livro perdido da *Política*.

possível que um ato seja injusto sem ser um ato de injustiça, se a voluntariedade estiver ausente.

Por voluntário, como já foi dito, entendo qualquer ação sob o controle do próprio agente e que ele faz conscientemente, isto é, sem ignorar a pessoa atingida, o instrumento empregado e o resultado a ser alcançado (por exemplo: quem golpeia, com o que e o efeito do golpe); e cada um desses aspectos não deve ser acidental nem compulsório (por exemplo: se A segurasse a mão de B e com ela batesse em C, B não seria um agente voluntário, pois o ato não estaria sob seu controle). Ou ainda, uma pessoa pode bater em seu pai ignorando que se trata de seu pai, mas ciente de que bate em um homem ou em uma das pessoas presentes; e essa ignorância pode ser definida de modo semelhante com referência ao resultado e às circunstâncias da ação em geral.

Isso posto, um ato involuntário é um ato feito em ignorância, ou então aquele que, embora não seja feito em ignorância, não está sob o controle do agente, ou é feito sob compulsão (uma vez que existem muitos processos naturais que realizamos ou sofremos conscientemente, ainda que nenhum deles seja voluntário ou involuntário, como envelhecer e morrer).

Além disso, um ato pode ser justo ou injusto acidentalmente. Uma pessoa pode restituir um depósito involuntariamente ou por medo das consequências, e, nesse caso, não podemos dizer que ela faz um ato justo, nem que age com justiça, a não ser acidentalmente. E, da mesma forma, uma pessoa que, sob compulsão e contra sua vontade, deixa de restituir um depósito, só pode ser considerada injusta ou faz o que é injusto acidentalmente.

Uma vez mais, os atos voluntários são divididos em atos feitos por escolha ou não; sendo os primeiros aqueles feitos após deliberação, e os últimos aqueles feitos sem prévia deliberação.

Existem, então, três maneiras pelas quais alguém pode ferir seu próximo. Um dano causado por ignorância é um erro, quando a pessoa afetada, o próprio ato, o instrumento ou o resultado é diferente do que o agente supõe: o agente pensou que não iria atingir ninguém, ou não iria atingir com certo objeto, ou não em determinada pessoa, ou que não aconteceria certo resultado e aconteceu de maneira diferente do que esperava (por exemplo: não pretendia ferir, mas apenas incitar, ou a pessoa atingida e o objeto eram outros).

Quando, então, o dano ocorre contrariamente à expectativa, é um infortúnio (*atýchēma*)[47]. Quando, embora não contrário à expectativa, é feito sem má intenção, é um erro censurável (*hamártēma*)[48]; pois um erro é censurável quando a causa da ignorância de alguém está em si mesmo, mas apenas um infortúnio quando a causa está fora de si mesmo. Quando um dano é cometido conscientemente, mas não deliberadamente, é um ato de injustiça (*adíkēma*)[49], por exemplo, os

---

47. ἀτύχημα – revés, adversidade, equívoco.

48. ἁμάρτημα – falta, delito.

49. ἀδίκημα – injustiça, prejuízo, agravo.

danos causados pela raiva ou qualquer outra emoção inevitável ou natural à qual as pessoas estão sujeitas. Ao cometer esses atos e erros, uma pessoa age injustamente, e sua ação é um ato de injustiça, mas ela não é de fato injusta ou perversa, pois o dano não foi feito por maldade. Quando, no entanto, um dano é causado por escolha, o agente é injusto e perverso.

Portanto, os atos devidos à raiva são corretamente considerados como não sendo cometidos por malícia premeditada, pois é quem fez a provocação que a iniciou, não quem cometeu o ato em um impulso emotivo. Além disso, a questão não é se uma coisa aconteceu de fato ou não, mas se é justa ou não (uma vez que é a aparente injustiça que desperta a raiva); a ocorrência do dano não é contestada (como nos casos de transação comercial, em que uma ou outra parte agiu erroneamente), a menos que contestem os fatos por esquecimento. Os participantes concordam com os fatos, mas discutem de que lado está a justiça, de modo que um pensa que foi tratado injustamente e o outro não. Por outro lado, quem planeja um dano não está agindo por ignorância, é culpado de injustiça; e injustiça do tipo que torna o autor uma pessoa injusta se for um ato que viole a proporção ou a igualdade. Igualmente, quem age com justiça por escolha própria é uma pessoa justa, mas age com justiça apenas se agir voluntariamente.

Das ações involuntárias, algumas são perdoáveis e outras não. Erros não cometidos por ignorância, mas causados por ignorância, são perdoáveis. Erros cometidos por ignorância, porém causados não por essa ignorância, mas por uma paixão antinatural ou desumana, são imperdoáveis.

## 9

Talvez possa-se perguntar se nossa discussão sobre cometer e sofrer injustiça foi suficientemente definida. Primeiramente, se é verdade o que Eurípides colocou nas estranhas linhas "Em resumo, mataram minha mãe! Fizeram propositalmente ou não?"[50]. É realmente possível sofrer injustiça voluntariamente, ou, ao contrário, sofrer injustiça é sempre involuntário, assim como agir injustamente é sempre voluntário? E, novamente, sofrer injustiça é sempre voluntário, ou sempre involuntário, ou às vezes um e às vezes o outro? E da mesma forma no que se refere a ser tratado com justiça (sendo o agir com justiça sempre voluntário). Assim, seria razoável supor que ser tratado injustamente e ser tratado justamente são igualmente opostos a agir injustamente e agir justamente, respectivamente: que ambos são voluntários ou ambos involuntários. Mas pareceria paradoxal afirmar que ser tratado com justiça fosse sempre voluntário, pois as pessoas às vezes são tratadas com justiça contra sua vontade.

O fato é que uma outra questão pode ser levantada: pode-se sempre dizer que uma pessoa que sofre injustiça foi também tratada injustamente?

---

50. Fragmento 68 da peça *Alcméon*.

Ou a mesma coisa vale tanto para sofrer injustiça quanto para agir injustamente? Alguém pode ser parte de um ato justo, seja como seu agente ou seu objeto, acidentalmente, idêntico a ser tratado injustamente; o mesmo é verdadeiro para agir e ser tratado com justiça, pois ser tratado injustamente requer alguém que aja injustamente, e ser tratado com justiça requer alguém que aja com justiça. Se, porém, agir injustamente é simplesmente causar dano voluntariamente, e voluntariamente significa conhecer a pessoa afetada, o instrumento e a forma como age, segue-se que a pessoa sem autocontrole, na medida em que voluntariamente se prejudica, voluntariamente sofre injustiça, e também é possível que uma pessoa aja injustamente consigo mesma (pois a possibilidade disso também é uma questão debatida).

Além disso, a falta de autocontrole pode fazer com que uma pessoa se submeta voluntariamente ao dano causado por outra; o que novamente provaria que é possível sofrer injustiça voluntariamente. Mas talvez essa definição de agir injustamente seja incorreta, e devamos acrescentar às palavras "causar dano conhecendo a pessoa afetada, o instrumento empregado e a forma como age" o seguinte: "contra a vontade dessa pessoa afetada". Assim, uma pessoa pode ser prejudicada e pode sofrer uma injustiça voluntariamente, mas ninguém pode sofrer injustiça voluntariamente, porque ninguém deseja ser prejudicado, nem mesmo a pessoa sem autocontrole. Esse tipo de pessoa age contrariamente ao seu desejo, já que ninguém deseja uma coisa que não pensa ser boa, e alguém sem autocontrole faz o que pensa que não deve fazer.

Aquela pessoa que dá o que é seu, como Homero diz que Glauco deu a Diomedes "armadura de ouro como se fosse bronze, e cem bois pelo valor de nove"[51], não se pode dizer que sofre injustiça, pois dar depende de si mesmo, sofrer injustiça não – é preciso outra pessoa que aja injustamente. Fica claro, então, que não é possível sofrer injustiças voluntariamente.

Restam, ainda, duas das questões que nos propusemos a discutir: é sempre quem dá a maior parte indevidamente, ou é sempre quem a recebe, que age injustamente? E alguém pode agir injustamente consigo mesmo?

Se a primeira questão é possível, isto é, se pode o doador agir injustamente, e não o recebedor de uma parte muito grande, então, quando uma pessoa conscientemente e voluntariamente atribui uma parte maior a outra do que a si mesma – como parecem fazer as pessoas modestas, pois uma pessoa virtuosa está apta a receber menos do que lhe é devido –, esse é um caso de agir injustamente consigo mesmo. Talvez isso também exija uma qualificação. A pessoa que deu a si mesma a parte menor pode, possivelmente, ter obtido uma parte maior de alguma outra coisa boa, por exemplo, honra ou nobreza moral intrínseca. Também, a questão pode ser respondida

---

51. Homero, *Ilíada*, Livro VI, v. 236.

referindo-se à nossa definição de agir injustamente; no caso suposto, o doador nada fez a ele contra seu desejo, portanto, ele não sofre injustiça apenas porque fica com a parte menor: no máximo, só sofre prejuízo.

É claro que tanto o doador quanto o recebedor de uma ação indevida podem estar agindo injustamente, e que o recebedor não o faz em todos os casos. A acusação de injustiça não se aplica a alguém a quem cabe o injusto, mas a alguém a quem cabe a prática voluntária da injustiça, ou seja, à pessoa na qual a ação se origina; e a origem da ação, nesse caso, está no doador, e não no recebedor. Por outro lado, "fazer" tem mais de um significado. Em certo sentido, um assassinato é feito por um instrumento inanimado, ou pela mão do assassino, ou por um escravo agindo sob ordens. Mas, embora estes "façam" o que é injusto, não se pode dizer que agem injustamente.

Novamente, se alguém julgou algo por ignorância, ele não é culpado de injustiça nem o julgamento é injusto, no sentido legal da justiça, embora, por um lado, o julgamento seja injusto (pois a justiça legal é diferente da justiça no sentido primário), mas, se ele julgar injustamente de maneira consciente, ele próprio está recebendo mais do que sua parte, seja por gratidão, seja por vingança. Portanto, alguém que profere um julgamento injusto por esses motivos leva mais do que o devido, tanto quanto se ele compartilhasse o produto da injustiça, pois também quando cede um pedaço de terra nessa condição não recebe terra, mas dinheiro.

As pessoas pensam que está em seu poder agir injustamente e, portanto, é fácil ser justo. Mas não é assim realmente. É fácil deitar-se com a esposa do vizinho, bater em alguém ou colocar algum dinheiro na mão de outro, e está em seu poder fazer essas coisas ou não; mas fazê-los como resultado de uma certa disposição de caráter não é fácil e não está em seu poder. Da mesma forma, as pessoas supõem que não requer uma sabedoria para saber o que é justo e o que é injusto, porque não é difícil entender os pronunciamentos da lei. Mas as ações prescritas pela lei são apenas ações acidentalmente justas. Saber como uma ação deve ser executada ou como uma distribuição deve ser feita para ser justa é uma tarefa mais difícil do que saber qual tratamento médico faz bem à saúde. Mesmo na medicina, embora seja fácil saber que o mel, o vinho e o heléboro, a cauterização e a cirurgia fazem bem, saber como, a quem e quando aplicá-los para efetuar uma cura não é menos difícil do que ser médico.

Por esse motivo, as pessoas pensam que o justo agirá injustamente não menos do que o injusto, porque a pessoa justa não seria menos, mas mais capaz do que outra de fazer qualquer coisa injusta; por exemplo, um homem justo pode se deitar com uma mulher, ou dar um golpe em outro, e um homem corajoso pode jogar fora seu escudo, e pode girar para a direita ou para a esquerda e fugir. Mas ser covarde ou agir injustamente não consiste em fazer essas coisas (exceto acidentalmente), mas em fazê-las com uma certa disposição de caráter, assim como ser médico e curar seus pacientes não é uma questão de empregar ou não a cirurgia ou remédios, mas de fazê-lo de uma certa maneira.

Atos justos existem entre pessoas que compartilham coisas boas no geral, e que podem ter uma parte muito grande ou muito pequena delas. Há pessoas que não podem ter uma parte muito grande desses bens (como os deuses, supostamente). E há aquelas que não podem obter nenhum benefício de qualquer parte: a saber, os incuravelmente viciosos, pois para eles todas as coisas geralmente boas são prejudiciais. Contudo, para outros, são benéficas dentro de certos limites; e este é o caso dos mortais comuns.

## 10

A seguir, deve-se falar sobre a equidade e do equitativo, e sua relação com a justiça e com o justo, respectivamente. Parece, pois, que justiça e equidade não são absolutamente idênticas nem genericamente diferentes. Às vezes, é verdade, louvamos a equidade e a pessoa equitativa, e até aplicamos a palavra "equitativo" (ἐπιεικές – *epieikés*) como um termo de aprovação para outras coisas boas, e "mais equitativo" (ἐπιεικέστερον – *epieikésteron*) para uma coisa que é melhor. No entanto, outras vezes, quando refletimos sobre o assunto, parece estranho que o equitativo seja louvável se for algo diferente do justo. Se forem diferentes, o justo ou o equitativo não é bom; e, se ambos são bons, são a mesma coisa.

Essas são, então, as considerações das quais surge a dificuldade quanto ao equitativo. No entanto, todas são corretas de certa forma e não se opõem, pois a equidade, embora superior a um tipo de justiça, é em si mesma justa; e não é superior à justiça por ser genericamente diferente dela. Justiça e equidade são, portanto, a mesma coisa, e ambas são boas, embora a equidade seja melhor.

A fonte da dificuldade é que a equidade, embora justa, não é legalmente justa, mas uma retificação da justiça legal. A razão para isso é que a lei é sempre universal, mas há casos nos quais não é possível cobrir em uma declaração universal. Nos casos, portanto, em que, embora seja necessário falar em termos gerais, não é possível fazê-lo corretamente, a lei leva em consideração o caso mais usual, mesmo que não ignore o possível erro que isso envolve. E isso não a torna uma lei errada, pois o erro não está na lei nem no legislador, mas na natureza do caso, já que o assunto é irregular por natureza.

Quando, portanto, a lei estabelece uma regra universal, e daí em diante surge um caso que é uma exceção à regra, então é correto, quando o pronunciamento do legislador por causa de seu caráter absoluto for defeituoso e falho, retificar o defeito decidindo o que o próprio legislador decidiria se estivesse presente na ocasião e teria promulgado se tivesse conhecimento do caso em questão.

À vista disso, enquanto o equitativo é justo e é superior a um tipo de justiça, não é superior à justiça absoluta, mas apenas ao erro devido à sua afirmação absoluta. Esta é a natureza do equitativo: é uma retificação da lei quando ela é defeituosa em razão de sua universalidade. De fato, esta é a razão pela qual as coisas não são todas determinadas pela lei: é porque há alguns casos para os quais é impossível estabelecer uma lei, de modo que um decreto se torne necessário. O que é em si indefinido só pode ser medido por um padrão indefinido, como a régua de chumbo usada pelas molduras lésbicas: essa régua não é rígida e pode adaptar-se à forma dobrada da pedra, assim como um decreto é feito para atender às circunstâncias do caso.

Assim, está claro o que é o equitativo, e que ele é justo e superior a um tipo de justiça. Também fica evidente o que é a pessoa equitativa: é aquela que, por escolha e hábito, faz o que é equitativo, e que não exerce indevidamente seus direitos, mas se contenta em receber uma parte menor, embora tenha a lei a seu favor. E a disposição de caráter descrita é a equidade, que é um tipo de justiça, e não uma disposição totalmente diferente.

## 11

A discussão anterior responde se é possível, ou não, que um homem cometa injustiça contra si mesmo. Uma classe de ações justas consiste naqueles atos, de acordo com qualquer virtude, que são ordenados por lei. Por exemplo: a lei não permite o suicídio, e o que ela não permite expressamente, ela proíbe. Além disso, quando uma pessoa, violando a lei, causa um dano a um outro voluntariamente (não em casos de retaliação), ela comete injustiça. E essa pessoa conhece a pessoa afetada e o instrumento empregado. Contudo aquela pessoa que se mata em um ataque passional, voluntariamente comete uma ofensa (contra o direito de vida) que a lei não permite. Logo, o suicida comete injustiça, mas contra quem? Parece ser contra a pólis, e não contra si mesmo, pois ele sofre voluntariamente, e ninguém sofre injustiça voluntariamente. É por isso que a pólis impõe uma penalidade: o suicídio é punido com certas marcas de desonra[52], como sendo uma ofensa contra a pólis.

Além disso, não é possível agir injustamente para consigo mesmo, no sentido de que é injusta, e não completamente má, a pessoa que age injustamente. Esse caso é distinto do anterior, porque a injustiça, em certo sentido, é uma forma especial de maldade, como a covardia, e não implica maldade completa; portanto, é necessário mostrar ainda que uma pessoa também não pode cometer injustiça contra si mesma nesse sentido. Se fosse, seria possível que uma mesma coisa fosse retirada de outra e adicionada a ela mesma simultaneamente, o que é impossível, pois a justiça e a injustiça sempre envolvem, necessariamente, mais de uma pessoa. Novamente, um ato de injustiça deve ser voluntário e feito por escolha, e também não provocado, porque não pensamos que alguém age

---

52. Na Grécia Antiga, o suicida não recebia o ritual fúnebre costumeiro aos cidadãos comuns. Em Atenas, por exemplo, a mão de um suicida era enterrada separada do corpo.

injustamente se, tendo sofrido, retribui o que recebeu. Mas quando uma pessoa causa danos a si mesma, ela faz e sofre a mesma coisa ao mesmo tempo. Além disso, se uma pessoa pudesse agir injustamente consigo mesma, seria possível sofrer injustiça voluntariamente. Por fim, ninguém é culpado de injustiça sem cometer algum ato injusto específico; ninguém pode cometer adultério com sua própria esposa, ou roubar a sua própria casa, ou furtar seus próprios bens.

De modo geral, a questão "pode uma pessoa agir injustamente consigo mesma?" é também respondida por nossa discussão sobre outra questão: "uma pessoa pode sofrer injustiça voluntariamente?"

É ainda manifesto que tanto sofrer quanto cometer injustiça sejam males, pois o primeiro é ter menos e o último ter mais do que o meio-termo, correspondendo ao que é saudável na medicina e à boa forma no treino físico. No entanto, cometer injustiça é o pior mal, pois é censurável e implica vício no agente. E tal vício é absoluto e irrestrito, ou quase isso, pois é verdade que nem todo ato injusto cometido voluntariamente implica vício, enquanto sofrer a injustiça não implica necessariamente vício ou injustiça na vítima. Assim, sofrer injustiça, em si, é o mal menor, embora acidentalmente possa ser o maior. Com isso, porém, a ciência não se preocupa; a ciência declara que a pleurisia é um mal mais grave do que uma entorse, apesar do fato de que, em certas circunstâncias, uma entorse pode ser acidentalmente pior do que a pleurisia, por exemplo, se, devido a uma entorse, você caiu e, em consequência da queda, foi capturado pelo inimigo e morto.

Em um sentido metafórico e analógico, entretanto, existe algo como justiça, não para si mesmo, mas entre diferentes partes de mesma natureza; não se trata, é verdade, de uma justiça no sentido pleno do termo, mas uma justiça que prevalece entre mestre e escravo, ou entre o chefe de família e sua esposa e filhos. Nos discursos sobre essa questão, uma distinção é estabelecida entre as partes racionais e irracionais da alma; e é isso que leva as pessoas a supor que existe algo como injustiça para consigo mesmo, porque essas partes do eu podem ser contrárias aos seus respectivos desejos, de modo que pode haver uma espécie de justiça entre elas, tal como existe entre o governante e governado.

Portanto, seja isso nossa investigação sobre a justiça e as outras virtudes, isto é, outras virtudes morais.

# Livro VI

*[Trata das virtudes da alma e da racionalidade]*

## 1

Como anteriormente dissemos[53], deve-se escolher o meio-termo e evitar excessos e faltas, e o meio-termo é prescrito pela reta razão. Vamos, agora, analisar a natureza desses princípios.

Em cada uma das disposições de caráter que foram discutidas, e também das outras virtudes, há uma certa meta a ser almejada, à qual uma pessoa que conhece o princípio envolvido visa, ora aumentando, ora relaxando sua atividade; há um certo padrão determinando os modos de observar os meios-termos que definimos estarem entre o excesso e a falta, e que estão em conformidade com a reta razão. Essa simples declaração, no entanto, embora verdadeira, não é de todo esclarecedora. Em todos os campos do esforço humano que foram reduzidos a uma ciência, é correto afirmar que o esforço deve ser exercido e relaxado nem muito, nem pouco, mas em grau mediano e conforme decidir a reta razão. No entanto, uma pessoa que conhece essa verdade não será mais sábia do que antes: por exemplo, ela não saberá

---

53. Livro II.

quais remédios tomar apenas por ser instruída a tomar tudo o que a ciência médica ou um possuidor da arte da medicina prescreveriam. Portanto, também no que diz respeito às disposições da alma, não basta apenas ter estabelecido a verdade da declaração acima, mas também temos que definir exatamente qual é a reta razão e qual é o padrão que a determina.

Dividimos as virtudes da alma em dois grupos: as virtudes do caráter e as virtudes do intelecto. As primeiras, as virtudes morais, já discutimos. Resta-nos discutir acerca das outras, começando por algumas observações sobre a alma.

Já foi dito[54] que a alma tem duas partes: a racional e a irracional. Dividamos, agora, de modo semelhante, a parte racional e admitamos que existem duas partes que concebem o princípio racional: uma pela qual contemplamos aquelas coisas cujos princípios são invariáveis, e outra pela qual contemplamos aquelas coisas que admitem variação; porque, na suposição que o conhecimento é baseado em uma semelhança ou afinidade de algum tipo entre dois objetos, as partes da alma correspondentes a cada um deles devem diferir em espécie se os objetos também diferem. Essas duas faculdades racionais podem ser designadas por faculdade científica e faculdade calculativa; já que o cálculo é o mesmo que a deliberação, e a deliberação nunca é exercida sobre coisas invariáveis, de modo que a faculdade calculativa é uma parte separada da metade racional da alma.

---

54. Livro I.

Temos, portanto, de verificar qual disposição de cada uma dessas faculdades é a melhor, pois essa será a virtude de cada uma. A virtude de uma faculdade está relacionada com a função apropriada que essa faculdade desempenha.

## 2

Existem três elementos na alma que controlam a ação e a obtenção da verdade: a sensação, a razão e o desejo. Desses elementos, a sensação não origina nenhuma ação, como mostra o fato de que os animais têm sensação, mas não são capazes de uma ação racional. Perseguir e fugir na esfera do desejo corresponde à afirmação e negação na esfera da razão. Portanto, visto que a virtude moral é uma disposição de caráter com relação à escolha, e a escolha é um desejo deliberado, segue-se que, se a escolha for boa, tanto o raciocínio será verdadeiro quanto o desejo correto, e esse desejo deve perseguir as mesmas coisas que o raciocínio afirma.

Estamos falando do intelecto prático e da obtenção da verdade com relação à ação; com o intelecto contemplativo, que não se preocupa com ação ou produção, o bem e o mal consistem na obtenção da verdade e da falsidade, respectivamente. A obtenção da verdade é, de fato, a função de toda parte racional, mas a do intelecto prático é a obtenção da verdade correspondente ao desejo correto.

A origem da ação (a causa eficiente, não a final) é a escolha, e a origem da escolha é o desejo e o raciocínio dirigidos a algum fim. Portanto, a escolha envolve, necessariamente, tanto o intelecto como a razão, assim como uma certa disposição de caráter, pois a boa ação, e o seu contrário, não pode existir sem intelecto e caráter.

O intelecto por si só não move nada, mas apenas o intelecto prático direcionado a um fim. Isso é válido também para o intelecto produtivo, já que quem produz alguma coisa sempre tem em vista um fim. O ato de fazer não é um fim absoluto em si mesmo, mas apenas um fim de uma operação particular. Ao passo que uma coisa feita é um fim absoluto, já que fazer o bem é o fim o qual o desejo visa.

Portanto, a escolha ou é um raciocínio relacionado ao desejo ou um desejo relacionado ao raciocínio; e o ser humano é a origem da ação dessa espécie. A escolha não diz respeito ao que já aconteceu: por exemplo, ninguém escolhe ter saqueado Troia, pois nem delibera sobre o que aconteceu no passado, mas sobre o que ainda está para acontecer, ou não, no futuro; o que é passado não pode deixar de ter acontecido. Por isso Agatão está certo ao dizer que: "Somente isso é negado até mesmo ao divino: o poder de desfazer o que foi uma vez feito".

A obtenção da verdade é, então, a função de ambas as partes intelectuais da alma. Portanto, suas respectivas virtudes são aquelas disposições que melhor as qualificarão para alcançar a verdade.

# 3

Vamos, então, discutir, novamente, essas disposições, aprofundando o assunto. Suponhamos que existam cinco virtudes por meio das quais a alma alcança a verdade, seja na afirmação, seja na negação, a saber: a arte, o conhecimento científico, a sabedoria prática, a sabedoria e a inteligência (não se incluem, aqui, o juízo e a opinião, pois são passíveis de erro).

A natureza do conhecimento científico, empregando o termo em seu sentido exato e desconsiderando seus usos análogos, pode ser esclarecida a seguir. Todos nós supomos que uma coisa que conhecemos não pode ser de outra forma; quando algo pode ser de outra forma, não sabemos, quando está além do alcance de nossa observação, se existe ou não. Um objeto de conhecimento científico, portanto, existe necessariamente. É, portanto, eterno, pois tudo o que existe por necessidade absoluta é eterno, e o que é eterno é inato e imperecível.

Por outro lado, sustenta-se que todo o conhecimento científico pode ser ensinado, e que o que é cientificamente conhecido deve ser aprendido. Todo ensino parte de fatos já conhecidos, como afirmamos nos *Analíticos*[55], pois procede ou por indução, ou então por dedução. A indução é o ponto de partida pressuposto do próprio conhecimento do universal, enquanto a dedução procede dos universais. Portanto, existem pontos de

---

55. *Segundos Analíticos*, 71a.

partida dos quais a dedução começa e que não podem ser provados por ela; logo, eles são alcançados por indução.

Conhecimento científico é, portanto, o estado pelo qual somos capazes de demonstrar, juntamente às qualificações adicionais incluídas em sua definição nos *Analíticos*[56], a saber, que uma pessoa conhece uma coisa cientificamente quando possui uma certa convicção alcançada, e quando os pontos de partida sobre os quais repousa essa convicção são conhecidos por ela. Pois, a menos que esteja mais certa de seus pontos de partida do que da conclusão, ela só possuirá conhecimento de maneira acidental.

Com isso, terminamos nossa definição de conhecimento científico.

## 4

A classe de coisas variáveis inclui tanto as coisas produzidas quanto as ações feitas. Mas produzir é diferente de agir (uma distinção que podemos aceitar até mesmo de discursos exteriores). Portanto, a disposição racional relacionada ao produzir é diferente da disposição racional relacionada ao agir; nem uma delas é parte da outra, pois produzir não é uma forma de agir, nem agir é uma forma de produzir.

A habilidade arquitetônica, por exemplo, é uma arte, e é também uma disposição racional

---

56. *Segundos Analíticos*, 71b.

relacionada com o produzir; não existe arte que não seja uma disposição racional preocupada com a produção, nem qualquer outra disposição que não seja uma arte. Segue-se, pois, que uma arte é idêntica a uma capacidade de produzir que envolve o verdadeiro raciocínio.

Toda arte trata de trazer alguma coisa à existência; e ocupar-se de uma arte significa estudar como trazer à existência uma coisa que pode existir ou não, e cuja origem está no que produz e não na coisa produzida, pois a arte não trata de coisas que existem ou passam a existir por necessidade ou de acordo com a natureza, uma vez que estas têm sua origem em si mesmas.

Todavia, como produzir e agir são distintos, segue-se que a arte está preocupada com o produzir, e não com o agir. E, em certo sentido, a arte lida com os mesmos objetos do acaso. Como diz Agatão: "A arte ama o acaso e o acaso ama a arte".

A arte, portanto, como já foi dito, é uma disposição racional, preocupada com o produzir e que envolve o verdadeiro raciocínio. Já seu oposto, a carência de arte, envolve o falso raciocínio. Ambas lidam com aquilo que admite variação.

## 5

Podemos chegar a uma definição de sabedoria prática considerando quem são as pessoas que chamamos de cautelosas. Ora, considera-se que a marca de uma pessoa cautelosa é ser capaz de deliberar bem sobre o que é bom e vantajoso para si mesma, não em algum aspecto particular, como deliberar sobre o que é bom para sua saúde ou força, mas o que é vantajoso para a vida boa em geral. Isso é provado pelo fato de que também chamamos de cautelosa a pessoa sábia em alguma coisa particular, quando elas calculam bem com vistas a atingir alguma finalidade particular de valor (além daqueles fins que são objeto de uma arte). De modo que a pessoa cautelosa, em geral, será a pessoa boa em deliberar.

Entretanto ninguém delibera sobre coisas que não podem variar, nem sobre coisas que não estão ao seu alcance. Portanto, como o conhecimento científico envolve demonstração – ao passo que as coisas cujos princípios fundamentais são variáveis e não são passíveis de demonstração (porque tudo nelas é variável) –, e visto que não se pode deliberar sobre coisas que são por necessidade, segue-se que sabedoria prática não é o mesmo que ciência. Também não pode ser o mesmo que arte. Não é ciência, porque questões de conduta admitem variação; e não é arte, porque produzir e agir são duas espécies diferentes, pois produzir visa um fim distinto ao ato de produzir, ao passo que ao agir o fim não pode ser outro senão o próprio ato: a boa ação é, em si mesma, o fim. Permanece, portanto, que a sabedoria prática é uma disposição racional que atinge a verdade, preocupada com a ação com relação às coisas que são boas e ruins para os seres humanos.

Por essa razão que a homens como Péricles é atribuída a sabedoria prática, porque possuem a faculdade de discernir o que é bom para eles e para as pessoas em geral e essa é a nossa concepção de um entendedor em administração doméstica e política.

Isso também se aplica ao que chamamos de "σωφροσύνη (*sōphrosýnē* – temperança)", pois ela "σώζειν (*sōzein* – preserva)" a φρόνησιν (phrónēsin – sabedoria)". E a temperança de fato preserva nosso juízo quanto ao nosso próprio bem, pois o prazer e a dor não destroem ou pervertem todos os juízos, por exemplo, o juízo de que os três ângulos de um triângulo são, ou não, juntos iguais a dois ângulos retos, mas apenas juízos relativos à ação. As causas das quais se originam as ações são o fim para o qual nossos atos são meios, mas uma pessoa corrompida pelo amor ao prazer ou pelo medo da dor falha inteiramente em discernir qualquer causa e não consegue escolher e faz tudo como um meio para esse fim e por causa dele, pois o vício tende a destruir a causa originadora da ação.

Segue-se, portanto, que a sabedoria prática é uma disposição racional que atinge a verdade, preocupada com a ação com relação às coisas que são boas para os seres humanos. Além disso, podemos falar de excelência na arte, mas não de excelência na sabedoria prática. Também na arte o erro voluntário não é tão ruim quanto o involuntário, ao passo que na esfera da sabedoria prática é pior, como na esfera das virtudes. Fica claro, portanto, que a sabedoria prática é uma excelência ou virtude, e não uma arte.

Das duas partes da alma possuidora de raciocínio, a sabedoria prática deve ser a virtude de uma, a saber, a parte que forma opiniões[57], pois a opinião lida com aquilo que pode variar, assim como a sabedoria prática. No entanto, a sabedoria prática é mais que uma disposição racional, como mostra o fato de que as disposições racionais podem ser esquecidas, pois uma falha na sabedoria prática não é uma mera perda de memória.

## 6

O conhecimento científico é um juízo que lida com coisas universais e necessárias; as verdades demonstradas e todo conhecimento científico (uma vez que envolve raciocínio) são derivados de primeiros princípios. Consequentemente, os primeiros princípios dos quais derivam as verdades científicas não podem ser alcançados pela ciência, nem pela arte, nem pela sabedoria prática. Para ser matéria de conhecimento científico, uma verdade deve ser demonstrada por dedução de outras verdades; enquanto a arte e a sabedoria prática estão preocupadas apenas com coisas que admitem variação. Tampouco a sabedoria é o conhecimento dos primeiros princípios, pois é característico do filósofo buscar a demonstração de algumas coisas.

Se, então, as disposições pelas quais alcançamos a verdade, e nunca somos levados à falsidade,

---

57. Calculativa.

seja sobre coisas invariáveis ou variáveis, são conhecimento científico, sabedoria prática, sabedoria e inteligência, e se a disposição que nos permite apreender os primeiros princípios não pode ser nenhuma das três primeiras (isto é, do conhecimento científico, da sabedoria prática e da sabedoria), significa que os primeiros princípios devem ser apreendidos pela inteligência.

## 7

O termo "sabedoria", nas artes, denota aquelas pessoas que são exímias expoentes de sua arte, como o escultor Fídias, por exemplo, e o escultor Policleto. Nesse caso, a sabedoria significa excelência artística. Mas também pensamos que algumas pessoas são sábias de modo geral, e não em um departamento específico ou sábias em outra coisa, como diz Homero, no *Margites*: "Nem escavador nem lavrador os deuses fizeram deste homem, nem mesmo sábio em outra coisa qualquer".

Portanto, é claro que a sabedoria deve ser a mais perfeita das formas de conhecimento. A pessoa sábia não conhece apenas as conclusões que se seguem de seus primeiros princípios, mas também tem uma concepção verdadeira desses próprios princípios. Logo, a sabedoria deve ser uma combinação de inteligência e conhecimento científico, ou seja, deve ser um conhecimento elevado acerca dos objetos que recebeu, pois é estranho pensar que a arte política ou a sabedoria prática é o tipo mais elevado de conhecimento, na medida em que o ser humano não é a coisa mais elevada do mundo. E como saudável e bom significam uma coisa para as pessoas e outra para os peixes, enquanto branco e reto significam sempre o mesmo, então todos designariam a mesma coisa por sábio, mas não por possuidor de sabedoria prática; pois terá sabedoria prática, em cada espécie de ser, aquele que pode discernir seu próprio bem-estar particular; portanto, até mesmo alguns dos animais inferiores são considerados possuidores de sabedoria prática, ou seja, eles exibem uma capacidade de previsão com relação às suas próprias vidas.

Também é evidente que a sabedoria não pode ser a mesma coisa que a arte política, pois se devemos chamar de sabedoria o conhecimento de nossos próprios interesses, haverá vários tipos diferentes de sabedoria. Não pode haver uma única sabedoria que lide com o bem de todas as coisas vivas (assim como não há uma arte da medicina para todas as coisas existentes), mas uma diferente para cada espécie.

Pode-se argumentar que o ser humano é superior aos outros animais, mas isso não faz diferença, pois existem outras coisas muito mais divinas em sua natureza do que o ser humano, como, para mencionar as mais visíveis, as coisas das quais os céus são compostos. Essas considerações mostram, portanto, que a sabedoria é tanto conhecimento científico quanto inteligência intuitiva no que diz respeito às coisas de natureza mais elevada. É por isso que as pessoas dizem que homens como Anaxágoras e Tales podem ser sábios, mas não possuem sabedoria prática, quando os veem demonstrar ignorância sobre o que lhes é vantajoso; e embora admitam possuir um conhecimento que é raro, admirável, difícil e até divino, eles ainda declaram que esse conhecimento é inútil, porque esses sábios não procuram as coisas que são boas para os seres humanos.

A sabedoria prática, por outro lado, está preocupada com os assuntos dos seres humanos e com as coisas que podem ser objeto de deliberação. Pois dizemos que deliberar bem é a função mais característica da pessoa cautelosa, mas ninguém delibera sobre coisas que não podem variar nem sobre coisas variáveis que não são um meio para algum fim, e esse fim é um bem alcançável pela ação. E quem delibera bem, no geral, é uma pessoa que pode melhor visar aos bens alcançáveis pela ação.

A sabedoria prática também não é apenas um conhecimento de princípios universais. Deve, pois, levar em conta fatos particulares, uma vez que diz respeito à ação, e a ação trata de coisas particulares. É por isso que as pessoas que ignoram os princípios universais às vezes são mais bem-sucedidas na ação do que outros que os conhecem; por exemplo, se uma pessoa sabe que a carne leve é facilmente digerida e, portanto, saudável, mas não sabe que tipos de carne são leves, ela provavelmente não restaurará sua saúde como uma pessoa que sabe que, nesse caso, apenas o frango é saudável.

Em outros assuntos, as pessoas de experiência são mais bem-sucedidas do que as teóricas. E a sabedoria prática está relacionada com a ação, de modo que se requer ambas as formas dela, ou mesmo o conhecimento de fatos particulares ainda mais do que o conhecimento de princípios gerais. Embora aqui também deva haver alguma faculdade superior que os controla.

## 8

A sabedoria prática é, de fato, a mesma disposição mental que a arte política, embora sua essência seja diferente. Da sabedoria prática, no que diz respeito à pólis, a que age como suprema e diretiva é chamada de ciência legislativa; a outra, por lidar com assuntos particulares, tem o nome de ciência política, e pertence a ambos os tipos. Essa última diz respeito à ação e à deliberação, pois um decreto é algo a ser executado, sendo o ato de um processo deliberativo individual, e é por isso que somente aquelas pessoas que lidam com fatos particulares são chamadas de "participantes da política", porque são apenas elas que realizam ações, como os trabalhadores manuais.

A sabedoria prática também é comumente entendida como significando especialmente aquele tipo de sabedoria que se preocupa consigo mesma, ou seja, com o indivíduo; esta recebe o nome geral de sabedoria prática – e realmente pertence a todas as espécies –, enquanto as outras espécies se distinguem em administração doméstica, ciência legislativa e ciência política, sendo essa última subdividida em ciência deliberativa e ciência judicial.

Saber o que é bom para si mesmo é certamente um tipo de sabedoria prática, embora seja muito diferente dos outros tipos. Às pessoas que conhecem e cuidam de seus próprios interesses atribui-se a sabedoria prática, ao passo que aos políticos atribui-se a intromissão. Daí o que Eurípides escreve:

> Para que eu seria sábio
> Se poderia ter vivido uma vida tranquila
> E compartilhado a mesma fortuna
> sendo parte de um numeroso exército?
> Pois os homens aspirantes e ocupados...[58]

As pessoas buscam seu próprio bem e supõem que é certo fazê-lo. Portanto, essa crença fez com que o termo "sabedoria prática" fosse atribuído àquelas pessoas que são sábias em seu próprio interesse. No entanto, uma pessoa não pode buscar seu próprio bem-estar sem a administração doméstica e sem ciência política. Além disso, mesmo a condução adequada dos próprios negócios não é clara e requer estudo.

Outra confirmação do que foi dito é que, embora os jovens possam ser especialistas em geometria, matemática e ramos de conhecimento semelhantes, não consideramos que um jovem possa

---

58. Eurípides, *Filoctetes*, fragmentos 787 e 782. O próximo verso continua com "nós honramos e estimamos como homens de destaque".

ser dotado de sabedoria prática. A razão é que a sabedoria prática inclui um conhecimento de fatos particulares, e isso é derivado da experiência, que um jovem não possui, pois a experiência é resultado do passar do tempo.

Pode-se, ainda, indagar o seguinte: por que um menino, embora possa tornar-se um matemático, não pode ser um físico ou um filósofo? É porque a matemática lida com abstrações, enquanto os primeiros princípios da física e da filosofia são derivados da experiência; os jovens só podem ter convicção de sua verdade, enquanto os conceitos formais da matemática são facilmente compreendidos.

Além disso, na deliberação há uma dupla possibilidade de erro, tanto em seu princípio universal quanto em seu particular: por exemplo, ao afirmar que toda água pesada é prejudicial à saúde ou que uma água em questão é pesada. E é claro que a sabedoria prática não é o mesmo que conhecimento científico pois, como já foi dito, ela apreende coisas particulares e imediatas, uma vez que a coisa a ser feita é uma coisa dessa natureza.

A sabedoria prática, então, se opõe à inteligência, pois a inteligência apreende definições, que não podem ser provadas pelo raciocínio, enquanto a sabedoria prática lida com a coisa particular imediata, que não pode ser apreendida pelo conhecimento científico, mas apenas pela percepção – não a percepção dos sentidos, mas o tipo de percepção pela qual nós percebemos que uma figura particular em matemática é um triângulo –, pois nisso também haverá um limite. O termo "percepção" se aplica em um sentido mais amplo à matemática do que à sabedoria prática; a percepção prática dessa última pertence a uma espécie diferente.

## 9

Devemos também investigar a natureza da deliberação e descobrir se é uma espécie de conhecimento científico, uma opinião, uma habilidade em fazer conjeturas, ou algo diferente desses.

Ora, não se trata de conhecimento científico, pois as pessoas não investigam assuntos que conhecem, enquanto a deliberação é uma forma de investigação, e deliberar implica investigar e calcular. Deliberação, porém, não é o mesmo que investigação: é a investigação de um assunto particular.

A deliberação também não é uma habilidade em fazer conjeturas, pois isso opera sem raciocínio e com rapidez, enquanto a deliberação leva muito tempo, e diz-se que a execução deve ser rápida, mas a deliberação, lenta. Novamente, a deliberação não é o mesmo que rapidez intelectual, que é uma forma de habilidade em conjeturar.

Tampouco a deliberação é uma forma de opinião. Mas na medida em que uma pessoa que delibera mal comete erros e a que bem delibera o faz corretamente, fica claro que a deliberação é alguma espécie de correção; embora não seja correção de conhecimento, nem de opinião. Conhecimento correto não existe, assim como conhecimento errado, já a opinião correta é a verdade.

Também, qualquer assunto sobre o qual alguém tenha uma opinião já foi determinado. Então, novamente, a deliberação envolve necessariamente raciocínio. Permanece, portanto, que a deliberação é a correção do raciocínio, quando o raciocínio não atingiu ainda o estágio de afirmação; nesse caso é uma opinião, tendo já ultrapassado a fase da investigação. A pessoa que delibera, bem ou mal, investiga e calcula.

A excelência deliberativa é uma forma de correção na deliberação, de modo que, primeiramente, temos que investigar o que é a deliberação e seu objeto. Uma vez que existe mais de uma espécie de correção, a excelência deliberativa não constitui uma espécie qualquer. Uma pessoa sem autocontrole ou uma pessoa má podem, como resultado do cálculo, chegar ao objetivo que propõem a si mesmas, de modo que terão deliberado corretamente, embora tenham alcançado algo extremamente ruim para elas. Ter deliberado bem é considerado uma coisa boa. Portanto, é esse tipo de correção na deliberação que é a excelência deliberativa, ou seja, ser correto no sentido de alcançar um bem.

Todavia é possível alcançar um bem por meio de um falso processo de raciocínio; pode-se chegar ao que é a coisa certa a fazer, mas não pelos fundamentos certos, mas por um meio-termo errado. Essa disposição, então, que leva a chegar à conclusão certa, mas não com fundamentos certos, não é a excelência deliberativa.

Novamente, uma pessoa pode alcançar um bem por deliberação prolongada, enquanto outra pode fazê-lo rapidamente. O primeiro caso também não equivale à excelência deliberativa; esta é a correção da deliberação com relação ao que é vantajoso, chegando à conclusão certa com base nos fundamentos certos no momento certo.

Além disso, pode-se dizer que uma pessoa tenha deliberado bem no sentido absoluto ou em referência a um fim particular. A excelência deliberativa no sentido absoluto é, portanto, aquela que leva a resultados corretos com referência ao fim absoluto, enquanto a correção da deliberação com vistas a algum fim particular é a excelência deliberativa de algum tipo especial.

Se, portanto, ter deliberado bem é uma característica das pessoas cautelosas, a excelência deliberativa deve ser a correção da deliberação quanto ao que é conveniente como meio para o fim, cuja verdadeira concepção constitui a sabedoria prática.

## 10

A inteligência e a perspicácia, as disposições em virtude das quais chamamos as pessoas de inteligentes ou perspicazes, não são o mesmo que conhecimento científico (nem é o mesmo que opinião, pois nesse caso todas as pessoas seriam inteligentes), nem são ciências particulares, como a medicina, que é a ciência do que diz respeito à saúde, e a geometria, que se preocupa com as grandezas. Com efeito, a inteligência não lida com as coisas eternas e imutáveis, nem com todas as coisas que vêm a existir, mas com aquelas sobre as quais alguém pode estar em dúvida e pode deliberar. Portanto, trata dos mesmos objetos que a sabedoria prática. Inteligência, porém, não é a mesma coisa que sabedoria prática, pois a sabedoria prática emite comandos, já que seu fim é uma declaração do que devemos ou não fazer, enquanto a inteligência apenas faz julgamentos. (Inteligência é o mesmo que perspicácia; uma pessoa inteligente significa uma pessoa perspicaz.)

Assim, inteligência não significa nem a posse nem a aquisição da sabedoria prática; mas quando empregamos a faculdade da opinião para julgar o que outra pessoa diz sobre assuntos que estão na esfera da sabedoria prática, diz-se que entendemos (isto é, julgamos corretamente, pois o julgamento correto é o mesmo que o bom entendimento), da mesma forma assim como aprender uma coisa é compreendê-la quando estamos empregando a faculdade do conhecimento científico.

De fato, o uso do termo "inteligência" para denotar a disposição que torna as pessoas perspicazes é derivado do entendimento mostrado no aprendizado; na verdade, muitas vezes usamos "inteligência" no sentido de "entendimento".

## 11

A disposição denominada *discernimento*, em virtude da qual se diz que as pessoas possuem discernimento, ou mostram discernimento pelos outros, é a faculdade de julgar corretamente o que é equitativo. Isso é indicado quando dizemos que a pessoa equitativa tem discernimento pelos outros, e que é equitativo mostrar discernimento pelos outros em certos casos; mas o discernimento pelos outros é aquele que julga com justiça o que é equitativo, julgar com retidão significa julgar o que é verdadeiramente equitativo.

Todas essas disposições, é razoável dizer, referem-se à mesma coisa; na verdade, atribuímos discernimento, sabedoria, sabedoria prática e inteligência às mesmas pessoas quando dizemos que elas possuem idade suficiente para mostrar discernimento e sabedoria e que são pessoas cautelosas e inteligentes. Todas essas faculdades lidam com coisas imediatas e particulares, e uma pessoa é sábia e possui discernimento, ou possui discernimento pelos outros, quando ela é capaz de julgar bem os assuntos com relação aos quais a sabedoria prática é demonstrada; porque as ações equitativas são comuns a todas as pessoas boas em seu comportamento para com os outros, enquanto, por outro lado, todas as questões de conduta pertencem à classe das coisas particulares e imediatas (uma vez que a pessoa cautelosa deve tomar conhecimento dessas coisas), e inteligência e discernimento lidam com questões de conduta, que são imediatas. A inteligência também apreende as coisas imediatas em ambos os aspectos, pois tanto os últimos termos como as definições primárias são apreendidos pela inteligência, e não alcançados pelo raciocínio: nas demonstrações, a inteligência apreende as definições imutáveis e primárias, nas inferências práticas, ela apreende o fato último e variável, isto é, a premissa menor, pois esses são os primeiros princípios a partir dos quais o fim é inferido; as regras gerais são baseadas em casos particulares, portanto, devemos ter percepção dos particulares, e essa percepção imediata é a inteligência.

É por isso que se pensa que essas disposições são um dom natural, e que uma pessoa possui discernimento e é sábia e inteligente por natureza, embora ninguém seja filósofo por natureza. Isso é indicado por nosso pensamento de que tais disposições vem com certas idades: dizemos que em tal idade uma pessoa deve ter inteligência e discernimento, o que implica que a causa é natural. (Portanto, a inteligência é tanto um começo quanto um fim, pois essas coisas são tanto o ponto de partida quanto o objeto da demonstração.)

Consequentemente, as afirmações e opiniões não comprovadas de pessoas experientes e mais velhas, ou de pessoas cautelosas, merecem tanta atenção quanto aquelas de pessoas que as sustentam por provas, pois a experiência lhes deu um "olho extra" para essas coisas, e assim elas veem corretamente.

Acabamos de mostrar, então, a natureza e as esferas respectivas da sabedoria prática e da sabedoria, e mostramos que cada uma é a virtude de uma parte diferente da alma.

## 12

Entretanto, alguém poderia levantar a seguinte questão: qual é a utilidade dessas virtudes da mente, já que a sabedoria não considera os meios que tornam o ser humano feliz (pois não diz respeito às coisas geradas)? A sabedoria prática, por sua vez, faz isso, mas para que precisamos dela? – visto que a sabedoria prática se ocupa do que é justo, nobre e bom para o ser humano, mas essas são as coisas que uma pessoa boa faz naturalmente. Conhecê-las não nos torna mais capazes de praticá-las, pois as virtudes são disposições de caráter, assim como é o caso do conhecimento das coisas que são saudáveis e vigorosas – não no sentido de produzirem saúde e vigor, mas no resultado delas –, não nos tornamos mais capazes de ação saudável e vigorosa conhecendo a ciência da medicina ou da ginástica.

Se, por outro lado, dissermos que a sabedoria prática é útil não para nos ajudar a agir virtuosamente, mas para ajudar a nos tornarmos virtuosos, então ela de nada serve para aqueles que já são virtuosos. Tampouco é útil para aqueles que não o são. Não faz diferença se eles próprios tenham sabedoria prática ou se seguem o conselho de outros que a têm. Podemos nos contentar em fazer o que fazemos com relação à nossa saúde; embora desejemos ser saudáveis, não queremos aprender medicina. Além disso, pareceria estranho se a sabedoria prática, que é inferior à sabedoria, tivesse, no entanto, maior autoridade sobre ela, como parece implicar que a arte que produz uma coisa governa e dá ordens a essa coisa.

Vamos, portanto, discutir essas dificuldades, que até agora foram apenas declaradas.

Primeiramente, então, vamos afirmar que a sabedoria e a sabedoria prática, sendo virtudes das duas partes do intelecto, respectivamente, são necessariamente desejáveis em si mesmas, mesmo que nenhuma produza qualquer efeito. Em segundo lugar, elas de fato produzem um efeito, não no sentido em que a medicina produz saúde, mas no sentido em que a salubridade é a causa da saúde. A sabedoria é uma parte da virtude como um todo e, portanto, por sua posse, ou melhor, por seu exercício, torna o ser humano feliz.

Também a sabedoria prática, assim como a virtude moral, determina o desempenho completo da função adequada do ser humano: a virtude garante a correção do fim que almejamos, a sabedoria prática garante a correção dos meios que adotamos para alcançar esse fim (a quarta parte da alma, por outro lado, a faculdade nutritiva, não tem nenhuma virtude que contribua para a função própria do ser humano, uma vez que não tem poder para agir ou não agir).

Devemos, no entanto, ir um pouco além na objeção de que a sabedoria prática não torna as pessoas mais capazes de realizar ações nobres e justas. Comecemos com a seguinte consideração: como algumas pessoas, afirmamos, realizam atos justos e, no entanto, não são pessoas justas (por exemplo, aquelas que fazem o que a lei ordena, mas o fazem de má vontade, ou por ignorância, ou por alguma outra razão, mas não no interesse dos próprios atos, embora estejam de fato fazendo o que devem fazer e tudo o que uma pessoa boa deve fazer), parece que há uma disposição na qual uma pessoa pode fazer esses vários atos e faz com que ela seja realmente uma boa pessoa; quer dizer, quando ela os faz por escolha e no interesse dos próprios atos.

A virtude torna correta a nossa escolha, mas fazer as ações que devem ser feitas por natureza a fim de atingir o fim que escolhemos não é uma questão de virtude, mas de uma faculdade diferente. Devemos insistir nesse ponto para torná-lo mais claro.

Existe uma certa faculdade chamada de habilidade, que é a capacidade de fazer as coisas acima mencionadas que conduzem ao objetivo que propomos e, assim, atingir esse objetivo. Se o objetivo é nobre, essa é uma faculdade louvável; se for vil, é mera desonestidade. É por esse motivo que chamamos de hábeis ou espertas as pessoas cautelosas. Essa faculdade não é idêntica à sabedoria prática, mas a sabedoria prática não existe sem ela. Aquele olho da alma, de que falamos há pouco, não pode adquirir a disposição de sabedoria prática sem possuir virtude. Isso já dissemos antes, e é manifestamente verdadeiro. As inferências dedutivas sobre questões de conduta sempre têm a premissa "visto que o fim, ou o bem supremo é assim e assim..." Seja o que for, no interesse do argumento, o bem supremo só parece ser bom para a pessoa que é boa. O vício perverte a mente e faz com que ela tenha visões falsas sobre os primeiros princípios da ação. Portanto, é claro que não podemos possuir sabedoria prática sem sermos bons.

## 13

Temos, por essa razão, que reconsiderar a natureza da virtude. O caso da virtude é bastante análogo ao da sabedoria prática com relação à habilidade (ambas não são a mesma coisa, mas são semelhantes); a virtude natural está relacionada da mesma forma com a virtude em seu verdadeiro sentido. Todos concordam que as várias disposições morais são, em certo sentido, concedidas pela natureza: somos justos, capazes de temperança, corajosos e possuidores de outras virtudes desde o momento de nosso nascimento. No entanto, ficamos buscando outro bem cuja bondade seja verdadeira e queremos que essas virtudes, no verdadeiro sentido, passem a nos pertencer de outra maneira. Tanto as crianças como os animais selvagens possuem as disposições naturais, mas sem a inteligência elas podem ser manifestamente prejudiciais.

Em todo caso, isso parece ser uma questão de observação: assim como uma pessoa forte privada de visão sofre pesadas quedas quando se move porque não pode ver, assim também acontece na esfera moral; ao passo que se uma pessoa de boa disposição natural adquire razão, ela se destaca em conduta, e a disposição que anteriormente apenas se assemelhava à virtude será, então, uma virtude no verdadeiro sentido.

Como na faculdade de formar opiniões há duas disposições, a habilidade e a sabedoria prática, assim também será na parte moral da alma, na qual há duas disposições, a virtude natural e a verdadeira virtude. Dessas, a verdadeira virtude não pode existir sem a sabedoria prática. Daí ao sustentarem que todas as virtudes são formas de sabedoria prática. Sócrates estava certo quanto a essa investigação, embora errado com relação à outra: errou ao pensar que todas as virtudes são formas da sabedoria prática, mas teve razão ao dizer que não podem existir sem a sabedoria prática. Uma prova disso é que todos, ainda hoje, ao definir a virtude, depois de dizer que disposição de caráter ela é e especificar as coisas de que ela se ocupa, acrescentam que é uma disposição determinada pelo princípio correto; e o princípio correto é o princípio determinado pela sabedoria prática.

Parece, portanto, que todos, em algum sentido, adivinham que a virtude é uma disposição dessa natureza, ou seja, regulada pela sabedoria prática. Essa fórmula, entretanto, requer uma pequena modificação. A virtude não é meramente uma disposição em conformidade com o princípio correto, mas uma que coopera com o princípio correto; e a sabedoria prática é o princípio correto em questões de conduta. Sócrates, então, pensava que as virtudes são princípios, pois dizia que todas elas são formas de conhecimento. Nós, por outro lado, dizemos que as virtudes cooperam com o princípio.

Essas considerações mostram, portanto, que não é possível ser bom no verdadeiro sentido sem a sabedoria prática, nem possuir tal sabedoria sem a virtude moral. Além disso, isso pode refutar o argumento dialético de que as virtudes podem existir isoladamente umas das outras, com base no fato de que a mesma pessoa não é perfeitamente possuidora de todas elas por natureza, de modo que poderá possuir uma delas sem ter alcançado outra. Com relação às virtudes naturais isso é possível, mas não é possível com relação àquelas virtudes que qualificam uma pessoa como sendo boa, pois se uma pessoa possui uma única virtude, a sabedoria prática, também terá todas as virtudes morais junto a ela.

É, portanto, evidente que, mesmo que a sabedoria prática não tivesse relação com a conduta, ela ainda seria necessária, porque é a virtude daquela parte do intelecto da qual falamos. E também que nossa escolha de ações não será correta sem a sabedoria prática, mais do que sem a virtude moral, pois, enquanto a virtude moral nos conduz ao fim, a sabedoria prática nos faz adotar os meios certos para o fim.

No entanto, não é realmente o caso que a sabedoria prática domine a sabedoria, ou seja, a parte superior do intelecto, assim como a arte da medicina não domina a saúde. A arte da medicina não controla a saúde, mas estuda como obtê-la, portanto, emite ordens no interesse da saúde, mas não para a saúde. Além disso, isso equivaleria a dizer que a arte política governa os deuses, porque ela dá ordens sobre tudo na pólis.

# Livro VII

*[Trata dos vícios e ações que o ser humano virtuoso deve evitar]*

**1**

Comecemos a investigar uma nova parte do assunto estabelecendo que as disposições morais a serem evitadas são de três tipos: o vício, a incontinência e a bestialidade. As disposições opostas de duas delas são óbvias: uma chamamos de virtude; a outra, continência. Quanto à bestialidade, seria mais adequado opô-la a uma virtude sobre-humana, ou a uma bondade em escala heroica ou divina; assim como, em Homero, Príamo disse de Heitor por conta de seu valor insuperável: "Ele nem parecia ser filho de um homem mortal, mas de um deus"[59].

Portanto, se, como dizem, o excesso da virtude transforma as pessoas em deuses, a disposição oposta à bestialidade será claramente uma qualidade dessa espécie, pois não existe virtude no caso de um deus, assim como não existe vício ou virtude no caso de um ser brutal. O estado divino é algo superior à virtude, e o brutal é diferente em espécie do vício. E como é raro encontrar um ser humano divino – no mesmo sentido usado pelos espartanos que chamam de divino aquele por

---

59. Homero, *Ilíada*, Canto XXIV, v. 258.

quem possuem extrema admiração –, então um o caráter brutal é raro entre os seres humanos; é encontrado, porém, com maior frequência entre os bárbaros, e, em alguns casos, também ocorre como resultado de doenças ou deformidade. Às vezes também atribuímos esse termo àqueles cujo vício é fora do comum.

A natureza da disposição brutal será abordada mais tarde; e a de vício já falamos[60]. Devemos, no entanto, discutir sobre a incontinência e a moleza (ou delicadeza), e seus contrários, a continência e a resistência. Nenhuma dessas duas classes de caráter deve ser concebida como idêntica à virtude e ao vício, nem tão diferente deles em espécie.

Nosso procedimento adequado com esse assunto, assim como fizemos com outros, será apresentar os vários pontos de vista sobre ele, e então, depois de primeiro rever as dificuldades que eles envolvem, finalmente estabelecer, se possível, todas as opiniões geralmente defendidas com respeito a esses estados da mente; ou, se não todas, a maior parte e a mais importante. Porque se as discrepâncias puderem ser resolvidas e a opinião comum for conservada, a tese terá sido suficientemente estabelecida.

Ora, tanto a continência quanto a resistência são disposições boas e louváveis, já a incontinência e a moleza são más e censuráveis; a pessoa continente é aquela disposta a sustentar os resultados de seus cálculos, e a incontinente é aquela que abandona prontamente a conclusão a que chegou.

60. Livros II a IV.

A pessoa incontinente faz coisas que sabe serem más, sob a influência de seus desejos, enquanto a pessoa continente, sabendo que seus desejos são maus, recusa-se a segui-los em virtude do próprio princípio. A pessoa a quem todos chamam de sábia é sempre continente e resistente, mas o inverso varia conforme o caso, alguns o negam, mas outros o afirmam: os últimos identificam, sem qualquer diferença, o incontinente com o dotado de sabedoria prática e o dotado de sabedoria prática com o incontinente, os primeiros distinguem entre eles. Às vezes, é dito que a pessoa que possui sabedoria prática não pode ser incontinente, e às vezes que algumas pessoas que possuem sabedoria prática e inteligente são incontinentes. Por fim, as pessoas são mencionadas como incontinentes na raiva e na busca por honra e lucro. Essas são, pois, as opiniões apresentadas.

## 2

As dificuldades que podem surgir são as seguintes: como é possível que alguém seja incontinente ao acreditar que o que faz é errado? Algumas pessoas dizem que ele não é capaz disso quando sabe que o ato é errado, visto que, como sustentava Sócrates, seria estranho se, quando uma pessoa possuísse o conhecimento, alguma outra coisa a dominasse e a arrastasse como um escravo[61]. Na verdade, Sócrates costumava ser totalmente

---

61. Platão, *Protágoras*, 352b.

contra essa visão e, segundo ele, não existe tal coisa como a incontinência, uma vez que ninguém, afirmava, age contrariamente ao que é melhor, pois só age assim quem está sob efeito da ignorância.

Essa teoria está manifestamente em desacordo com os fatos observados, e deveríamos investigar mais de perto o estado mental em questão. Se alguém age por ignorância, devemos examinar que tipo de ignorância é essa, pois é claro que a pessoa que age com incontinência não pensa que a ação é correta antes de chegar a esse estado.

Entretanto alguns pensadores aceitam esses pontos, outros não. Admitem que nada é mais forte que o conhecimento, mas que ninguém age contrariamente ao que considera ser o melhor, e, portanto, sustentam que a pessoa incontinente, quando sucumbe aos prazeres, não possui conhecimento, mas apenas opinião. Ainda assim, se for realmente opinião, e não conhecimento – se não é uma convicção forte, mas fraca, que oferece resistência (como a de pessoas com dúvidas sobre alguma coisa) –, poderíamos perdoar uma pessoa por não se manter firme em suas opiniões contra fortes desejos, mas não perdoamos o vício, nem qualquer outra qualidade censurável.

Será, então, quando o desejo é combatido pela sabedoria prática, que censuramos uma pessoa por ceder? A sabedoria prática é a mais forte das disposições. Mas isso é estranho, pois significa que a mesma pessoa pode, ao mesmo tempo, ser dotada de sabedoria prática e incontinente;

contudo ninguém poderia sustentar que a pessoa possuidora de sabedoria prática seja capaz de praticar voluntariamente as ações mais vis. E, além disso, já foi demonstrado que a sabedoria prática se manifesta em ação (pois se preocupa com fatos particulares), e implica também a posse das outras virtudes.

Se a continência implica ter desejos fortes e maus, a pessoa que possui sabedoria prática não será continente, nem a pessoa incontinente possuirá uma sabedoria prática, pois tal pessoa não tem desejos excessivos ou maus. Mas uma pessoa contida tem, necessariamente, desejos fortes e maus, visto que se os desejos de uma pessoa são bons, a disposição de caráter que a impede de obedecê-los será má e, portanto, a continência nem sempre será boa; ao passo que, se seus desejos são fracos sem serem maus, não há nada de admirável em resistir a eles, nem é notável se são maus e fracos.

Novamente, se a continência torna uma pessoa firme em todas as suas opiniões pode, então, ser uma coisa ruim, isto é, se faz sustentar até mesmo uma opinião falsa. E se a incontinência a torna sujeita a abandonar qualquer opinião, em alguns casos, será uma coisa boa. Como a exemplo de Neoptólemo, no *Filoctetes*[62], de Sófocles. Neoptólemo abandona uma resolução que Odisseu o persuadiu a adotar, pela dor que lhe causa ao mentir; nesse caso, a incontinência é louvável.

---

62. Sófocles, *Filoctetes*, vv. 895-916.

Por outro lado, existe uma dificuldade levantada pelo argumento dos sofistas. Os sofistas desejam mostrar a sua inteligência prendendo o seu adversário num paradoxo e, quando bem-sucedidos, a cadeia de raciocínio resultante termina num impasse: o raciocínio fica amarrado, sem disposição para ficar imóvel porque não se satisfaz com a conclusão alcançada, mas incapaz de avançar porque não consegue desatar o nó da discussão. Um de seus argumentos conclui que a loucura, combinada com a continência, é uma virtude, pois se uma pessoa é tola e também incontinente, devido à sua incontinência, ela faz o oposto do que acredita que deveria fazer; por outro lado, ela acredita que as coisas boas são más e que ele não deveria praticá-las, portanto, fará coisas boas, e não coisas ruins.

Além disso, aquele que faz, busca e escolhe o que é agradável por convicção pode ser considerado uma pessoa melhor do que a que age da mesma maneira por incontinência, e não por cálculo; porque o primeiro caso é mais fácil de curar, uma vez que tal pessoa pode ser persuadida a alterar a sua convicção, enquanto a pessoa incontinente se enquadra no provérbio "quando a água sufoca, o que bebemos para ela descer?" Se ela estivesse convencida de que o que faz é certo, uma mudança de convicção poderia tê-la feito desistir; mas assim, ela está convencida de que deveria fazer uma coisa e, no entanto, faz outra.

Finalmente, se continência e incontinência podem ser exibidas com referência a qualquer coisa, qual é o significado do termo "incontinente" em seu sentido absoluto? Ninguém possui todas as formas de incontinência, mas falamos de algumas pessoas simplesmente como "incontinentes".

## 3

Essas são as dificuldades que surgem. Parte dessas opiniões conflitantes deve ser eliminada, e outra parte deve ser deixada para trás, pois descobrir a resposta de um problema é a solução de uma dificuldade.

Temos, então, que considerar primeiramente se as pessoas incontinentes agem conscientemente, ou não; e, se conscientes, em que sentido; e com que espécie devem ser definidos os objetos com os quais as pessoas continentes e incontinentes estão relacionadas (quero dizer, se elas estão relacionadas com prazer e dor de todos os tipos, ou apenas com certos prazeres e dores); e se a incontinência é o mesmo que resistência ou se são coisas distintas; e do mesmo modo com as outras questões relacionadas a esse assunto.

Um ponto de partida para a nossa investigação é perguntar se a diferenciação entre o continente e o incontinente é constituída pelos seus objetos, ou pelas suas disposições, isto é, se uma pessoa é chamada de incontinente por não conseguir conter-se com referência a certas coisas, por apresentar uma certa disposição, ou por ambas as coisas. Uma segunda questão é se a continência e a incontinência podem ser exibidas com relação a tudo, ou não.

Quando se diz que uma pessoa é incontinente em seu sentido absoluto, isso não significa que ela o seja com relação a tudo, mas com relação àquelas coisas com as quais uma pessoa pode ser intemperante; e também não significa apenas que ela esteja relacionada a essas coisas (pois, nesse caso, incontinência seria a mesma coisa que intemperança), mas que está relacionada a elas de uma certa maneira. A pessoa intemperante cede aos seus desejos por escolha, considerando sempre correto buscar o prazer imediato, enquanto a pessoa incontinente busca o mesmo, não pensa assim.

Sugere-se que as pessoas incontinentes agem assim não contra o conhecimento, mas contra a verdadeira opinião, mas isso não tem importância para o nosso argumento. Algumas pessoas mantêm as suas opiniões com absoluta certeza e tomam-nas como conhecimento exato, de modo que se a fraqueza de convicção for o critério para decidir que as pessoas que agem contra a sua concepção do que é certo opinam, em vez de conhecerem o que é certo, não haverá realmente nenhuma diferença a esse respeito entre opinião e conhecimento, já que algumas pessoas estão tão firmemente convencidas do que opinam quanto outras estão convencidas do que sabem, como bem vê-se com Heráclito[63]. Mas a palavra "saber" é usada em dois sentidos (pois diz-se que uma pessoa que tem conhecimento, mas não o exerce, sabe, e o mesmo

---

63. Referente ao modo de ensino por parte de Heráclito.

ocorre com aquela que realmente exerce seu conhecimento). Fará diferença se alguém comete um erro tendo o conhecimento de que é errado, mas não o exerce, ou se o exerce. Esse último caso seria considerado estranho, mas não o primeiro caso.

Além disso, questões de conduta empregam premissas de duas formas. É perfeitamente possível que uma pessoa aja contra o seu próprio conhecimento quando conhece ambas as premissas, mas apenas exerce o seu conhecimento da premissa maior, e não da premissa menor, pois a ação tem a ver com coisas particulares. Há, também, duas espécies quanto ao termo "maior": uma premissa maior é predicada do próprio agente, a outra do objeto. Por exemplo: um homem pode saber e estar consciente do conhecimento de que comida seca é boa para todos os homens e que ele próprio é um homem, mas o incontinente não possui, ou não usa, o conhecimento de que tipo é uma comida específica diante dele. Claramente, a distinção entre essas duas formas de conhecimento fará toda a diferença. Não parecerá nada estranho saber um dos modos ao agir com incontinência, mas seria surpreendente se tal indivíduo soubesse de outro modo enquanto o faz.

Novamente, é possível que as pessoas tenham conhecimento de outra forma, além daquelas que acabamos de mencionar, pois mesmo no estado de possuir conhecimento sem exercê-lo podemos observar uma distinção: uma pessoa pode, num certo sentido, tê-lo e não o ter, por exemplo, quando está dormindo, ou quando é louca, ou quando está embriagada. As pessoas sob a influência das emoções estão justamente nessa mesma condição, pois é evidente que a raiva, o desejo sexual e outras emoções alteram verdadeiramente a condição do corpo e, em alguns casos, até causam loucura. É claro, portanto, que devemos declarar que os incontinentes possuem conhecimento da mesma forma que as pessoas adormecidas, loucas ou embriagadas. O uso próprio da linguagem do conhecimento não é prova de que a possuam. Pessoas nos estados mencionados articulam provas científicas e declamam versos de Empédocles; e apenas aqueles que começaram a aprender uma ciência podem desenvolver as suas fórmulas, embora ainda não a conheçam, pois o conhecimento tem de se tornar parte da mente, e isso leva tempo. Portanto, devemos conceber que as pessoas que falham na continência falam da mesma maneira que os atores em cena.

Também, pode-se estudar a causa da incontinência com referência à natureza humana. Num silogismo, a premissa maior é uma opinião, enquanto a premissa menor trata de coisas particulares, que são da competência da percepção. Quando as duas premissas são combinadas, tal como no raciocínio teórico, a mente é compelida a afirmar a conclusão resultante, enquanto que, no caso das premissas práticas, somos forçados a agir imediatamente. Por exemplo: se "todas as coisas doces devem ser provadas" e "tal coisa é doce" – um exemplo particular da classe geral de doces –, então a pessoa é obrigada, se puder e não for impedida, a provar imediatamente essa coisa. Quando, pois, está presente na nossa mente uma opinião universal que nos proíbe de provar, uma outra opinião universal que diz "todas as coisas doces são agradáveis", uma premissa menor de que "tal coisa é doce" (e é essa premissa menor que é a opinião ativa), e quando o desejo está em nós presente ao mesmo tempo, então, embora a antiga opinião universal diga "evite essa coisa", o desejo nos leva a ela (uma vez que o desejo pode colocar as várias partes do corpo em movimento).

Assim acontece quando as pessoas falham na continência, pois elas agem, em certo sentido, sob a influência de um princípio ou opinião, mas uma opinião não em si, mas apenas acidentalmente oposta ao princípio correto (pois é o desejo, e não a opinião, que realmente lhe é contrário). Consequentemente, os animais inferiores não podem ser chamados de incontinentes porque não têm poder de conceber opiniões universais, mas apenas imaginações e memórias de coisas particulares.

Se questionarmos como a ignorância da pessoa incontinente é dissipada e ela retorna a um estado de conhecimento, a explicação é a mesma que no caso da embriaguez e sonolência, e não é peculiar ao fracasso da incontinência. Nesse caso, devemos ir para a fisiologia. Na medida em que a última premissa, que origina a ação, é uma opinião sobre algum objeto dos sentidos, e é essa opinião que a pessoa incontinente, quando sob a influência da emoção, ou não possui, ou apenas possui de uma forma que, como vimos, não equivale a conhecê-lo, mas apenas o faz repeti-lo, assim como o embriagado repete os versos de

Empédocles. E como o último termo não é universal, nem é considerado um objeto do conhecimento científico da mesma forma que um universal é, parece resultar daí aquilo que Sócrates procurou estabelecer, pois o conhecimento que está presente quando ocorre a incontinência não é o que é considerado conhecimento propriamente dito (nem é verdade que seja arrastado pela emoção), mas conhecimento perceptual.

Que isso seja suficiente à questão de saber se a incontinência pode acompanhar, ou não, o conhecimento, e de como é possível agir de maneira incontinente com conhecimento de causa.

### 4

Em seguida, devemos examinar se qualquer pessoa pode ser chamada de incontinente no sentido absoluto, ou se isso deve ser sempre com relação a certas coisas particulares e, em caso afirmativo, a que tipo de coisas.

Está claro que tanto as pessoas que são continentes e resistentes como as que são incontinentes e delicadas se relacionam com prazeres e dores. Ora, as coisas que dão prazer são de dois tipos: algumas são necessárias e outras são desejáveis em si mesmas, mas admitem excesso. As fontes necessárias de prazer são aquelas ligadas ao corpo (referimo-nos às funções de alimentação e sexo, isto é, aquelas funções corporais que dissemos se relacionarem com a temperança e a intemperança), enquanto as outras fontes de prazer não são necessárias, mas são desejáveis em si mesmas (refiro-me, por exemplo, à vitória, à honra, à riqueza e às outras coisas boas e agradáveis do mesmo tipo).

Dessa maneira, aqueles que, contra o princípio correto, excedem com relação ao último tipo de coisas agradáveis, não chamamos simplesmente de incontinentes, mas de incontinentes com uma qualificação – incontinentes quanto ao dinheiro, ao ganho, à honra ou à raiva –, porque os consideramos distintos dos incontinentes e são assim chamados por analogia (como no exemplo de Ántrōpos[64], o vencedor olímpico, cuja definição que lhe é própria não é muito diferente da definição geral de "homem", embora ele seja bem distinto dos homens em geral). Que tais pessoas só são chamadas de incontinentes por analogia é provado por censurarmos a incontinência, seja em seu sentido absoluto, seja com referência a algum prazer corporal específico, como uma espécie de vício, e não apenas um erro, ao passo que não consideramos as pessoas incontinentes com relação aos aspectos ditos – dinheiro, ganho, honra, raiva – culpadas de vício.

Mas, das pessoas que excedem com relação aos prazeres corporais a respeito do qual falamos das pessoas temperantes ou intemperantes, aquela que busca o prazer excessivo – e evita os extremos

---

64. Ántrōpos (em grego: Ἄνθρωπος) foi o nome de um boxeador vencedor dos Jogos Olímpicos. Contudo o termo *ántrōpos* significa "homem, ser humano" em grego, por isso foi usado aqui como exemplo do uso analógico de palavras.

das dores corporais, como a fome, o calor, o frio e as diversas dores do tato e do paladar –, não por escolha, mas contra a sua própria escolha e razão, é descrita como incontinente, mas não com uma especificação "no que diz respeito a tais prazeres e dores", como à raiva, mas num sentido absoluto. Uma prova disso é que, com relação aos prazeres e dores corporais, chamamos as pessoas de "moles" e "delicadas" aquelas que se rendem a estes, mas não aquelas que se rendem à raiva ou algo semelhante.

Por essa razão, colocamos num mesmo grupo a pessoa incontinente com a intemperante (e a continente com a temperante), mas não aquelas que cedem à raiva ou algo semelhante, porque incontinência e intemperança estão relacionadas aos mesmos prazeres e dores. Mas, embora essas pessoas estejam relacionadas com as mesmas coisas, não estão relacionadas da mesma maneira; a pessoa intemperante age por escolha, a incontinente não. Portanto, deveríamos declarar que alguém que busca prazeres excessivos, e evita dores moderadas quando sente apenas desejos fracos ou nenhum, é mais intemperante do que alguém que o faz devido a desejos intensos, pois o que faria a primeira se possuísse desejos desse tipo e sentisse uma dor violenta quando privada dos prazeres "necessários"?

Alguns desejos e prazeres se relacionam com coisas que são nobres e boas em espécie (pois algumas coisas agradáveis são desejáveis por natureza, outras o contrário, e outras ocupam uma posição intermediária – conforme a classificação que demos anteriormente), por exemplo: o dinheiro, o ganho, a vitória, a honra. E com relação a todas essas coisas naturalmente desejáveis, bem como às intermediárias, as pessoas não são censuradas apenas por considerá-las, desejá-las ou gostar delas, mas por fazê-las de uma certa maneira, isto é, em excesso.

Por esse motivo, não são maus todos aqueles que cedem ou buscam, contrariamente aos princípios, qualquer coisa naturalmente nobre e boa, como aquelas pessoas que se preocupam demais com a honra, ou com seus filhos e seus pais – pois pais e filhos são coisas boas e são louvadas as pessoas que se importam com eles. Mas, ainda assim, é possível, mesmo nesse caso, haver excesso, como fez Níobe, que até com os deuses competiu[65], ou como Sátiro, apelidado de *philopátōr*[66], invocando seu pai como um deus, pois ele elevava sua devoção ao ponto de paixão[67].

Não pode haver, portanto, nenhuma maldade com relação a essas coisas, porque, como foi dito, cada uma delas é em si desejável por natureza, embora a devoção excessiva seja ruim e deva ser evitada. Assim como também não pode haver incontinência, uma vez que ela não deve apenas ser evitada, mas censurável; embora as pessoas

---

65. Níobe, rainha mitológica de Tebas, considerava seus filhos mais bonitos que os filhos da deusa Leto e vangloriava-se de ter mais filhos.

66. Em grego, φιλοπάτωρ, alguém que ama o pai.

67. Referente à história de um certo Sátiro que cometeu suicídio após seu pai ter falecido.

usem o termo "incontinência" relacionado a algo, por analogia à incontinência propriamente dita, assim como chamamos de mau médico ou mau ator a quem não chamaríamos simplesmente de "mau". Assim como não chamamos maus médicos e atores de maus homens, porque nenhum tipo de incapacidade é realmente um vício, mas apenas se assemelha ao vício por analogia, no primeiro caso é claro que apenas a incontinência e a falta de continência com relação às mesmas coisas, que são os objetos da temperança e da intemperança, devem ser consideradas continência e incontinência propriamente ditas, e que esses termos são aplicados à raiva apenas por analogia; e assim acrescentamos uma qualificação como "incontinente no que se refere à raiva", tal como dizemos "incontinente na busca da honra ou do ganho".

## 5

Além das coisas que são agradáveis por natureza, das quais algumas são agradáveis em sentido absoluto e outras agradáveis para determinadas raças de animais e de pessoas, há outras coisas, não agradáveis por natureza, que assim se tornam como resultado de um desenvolvimento interrompido, ou do hábito, ou, em alguns casos, devido à deformidade natural. Desse modo, podemos observar uma disposição de caráter relacionada a cada um desses tipos de prazeres não naturais. Referimo-nos a caráteres bestiais, como no caso da criatura fêmea que, dizem, rasga o ventre de mulheres grávidas e devora seus fetos[68], ou de certas tribos selvagens nas margens do Mar Negro, que supostamente se deleitam com carne crua e carne humana e que cada um, por sua vez, fornece seus filhos para um banquete, ou ainda da depravação relatada de Fálaris.

Esses são exemplos de bestialidade. Outras disposições não naturais são devidas a doenças, e às vezes à insanidade, como no caso do homem que ofereceu sua mãe aos deuses e a devorou, ou daquele que comeu o fígado de seu companheiro. Outras disposições são mórbidas e adquiridas pelo hábito, por exemplo, arrancar os cabelos, roer as unhas, comer carvão e terra, e também a perversão sexual. Essas práticas resultam, em alguns casos, de uma disposição natural e, em outros, de um hábito, como acontece com aqueles que foram abusados desde a infância. Quando a natureza é responsável de tal disposição, ninguém chamaria essas pessoas de incontinentes; assim como não se aplicaria esse termo às mulheres por elas obterem um papel passivo nas relações sexuais; nem deveríamos classificar como incontinente um estado mórbido provocado pelo efeito do hábito.

Essas várias disposições em si estão além dos limites do vício, assim como da bestialidade, e possuí-los ou ser dominado por eles não constitui incontinência em sentido estrito, mas trata-se de um estado assim chamado por analogia; assim como uma pessoa que não consegue controlar a

---

68. Possível referência à Lâmia, da mitologia grega, uma criatura inferior devoradora de crianças.

sua raiva deve ser descrita como incontinente nessa emoção, e não apenas incontinente no sentido absoluto.

Na verdade, a loucura, a covardia, a intemperança e o mau humor, sempre que se excedem, são condições bestiais ou mórbidas. Alguém tão constituído pela natureza que se assusta com tudo, até mesmo com o som de um rato, mostra a covardia de um animal inferior, enquanto a pessoa que tem medo de uma doninha é um caso de doença. O mesmo acontece com a loucura: pessoas irracionais por natureza e que vivem apenas pelas sensações, como certas tribos remotas de bárbaros, pertencem à classe bestial. Já aqueles que perdem a razão devido a alguma doença, como a epilepsia, ou por insanidade, são mórbidos.

Com essas disposições não naturais é possível, em alguns casos, apenas ter a disposição e não ceder a ela. Por exemplo, Fálaris pode ter tido o desejo de comer carne de criança, ou um apetite sexual contra a natureza, mas deles se abster; mas também é possível não apenas possuir, mas ceder à disposição. Assim como acontece com a maldade, aquilo que é natural ao ser humano é chamado simplesmente de maldade, enquanto o outro tipo é denominado não simplesmente maldade, mas maldade com o qualificativo "bestial" ou "mórbido"; da mesma forma com a incontinência, é claro que os tipos bestial e mórbido são distintos da incontinência propriamente dita, e que o nome sem qualificação pertence apenas àquele tipo de incontinência que corresponde à intemperança da espécie humana.

É evidente, então, que a continência e a incontinência se referem apenas aos objetos aos quais a temperança e a intemperança estão relacionadas, e que o incontinente, com relação a qualquer outra coisa, é de outro tipo, e que só é assim chamado por metáfora e não é chamado simplesmente de incontinente.

## 6

Consideremos agora o que a incontinência com relação à raiva é menos vergonhosa do que a relativa aos desejos. Ora, parece que a raiva, até certo ponto, ouve a razão, mas ouve-a mal, tal como os servos apressados que saem correndo da sala antes de terem ouvido tudo o que dissemos e cumprem erradamente a nossa ordem, ou como os cães de guarda que latem a uma simples batida na porta, sem esperar para ver se é uma pessoa amiga. Da mesma forma, a raiva, devido à sua natureza ardente e rápida, ouve, mas não ouve a ordem dada, e precipita-se para se vingar. Quando a razão ou a imaginação sugerem que um insulto ou desprezo foi recebido, a raiva, ao chegarmos à conclusão de que devemos reagir a qualquer um que nos insulte, surge imediatamente. O desejo, por sua vez, a um mero indício de que uma coisa é agradável, corre para desfrutá-la. Consequentemente, a raiva segue a razão corretamente, mas o desejo não. Portanto, ceder ao desejo é mais vergonhoso do que ceder à raiva, pois aquele que não consegue conter a sua raiva é, de certa forma, controlado pela razão, enquanto o outro é controlado não pela razão, mas pelo desejo.

Além disso, quando os desejos são naturais, é mais perdoável segui-los, pois é mais perdoável seguir desejos comuns a todas as pessoas, na medida em que são comuns. Mas a raiva e a irritabilidade são mais naturais do que o desejo de prazeres excessivos e desnecessários; que sirva como testemunho disso o homem que foi acusado de bater em seu pai e que disse em sua defesa: "Bem, meu pai costumava bater em seu pai, e seu pai costumava bater no dele, e (apontando para seu filho) meu filho aqui também irá bater em mim quando crescer; isso acontece na nossa família"; ou o homem que, quando o filho estava o expulsando de casa, implorava-lhe que parasse quando chegava à porta, porque ele mesmo só arrastava o seu pai até ali.

Novamente, quanto mais astutas as pessoas são, mais injustas são. A pessoa de temperamento explosivo não é astuta, nem é irada, mas aberta e franca; enquanto a natureza do desejo é astuta e, como dizem de Afrodite, "traiçoeira nascida no Chipre", e como Homero escreve sobre seu "cinto bordado": "exortação que engana a razão até dos mais prudentes sábios"[69].

Como, portanto, a incontinência com relação ao desejo é mais injusta e mais vergonhosa do que a incontinência no que diz respeito à raiva, a incontinência no desejo é incontinente no sentido absoluto, e é também, em certo sentido, vício.

---

69. Homero, *Ilíada*, Canto XIV, v. 217.

Mais uma vez, cometer um ato desmedido dá prazer ao agente, nunca dor, enquanto um ato praticado com raiva sempre lhe causa uma sensação de dor. Se, então, as coisas são injustas em proporção à raiva que despertam na vítima, a incontinência que surge do desejo é mais injusta do que aquela que surge da raiva, pois a raiva não contém nenhum elemento desmedido.

É claro, portanto, que a incontinência dos desejos é mais vergonhosa do que a incontinência da raiva, e que é com relação aos desejos e prazeres corporais que tanto a continência quanto a incontinência são realmente manifestadas. Devemos, contudo, distinguir entre os próprios desejos e prazeres corporais, pois, como foi dito anteriormente, uns são humanos e naturais, tanto em espécie como em grandeza, e outros são bestiais, e outros ainda se devem a atrasos no desenvolvimento ou a doenças. É apenas com a primeira classe que se preocupam a temperança e a intemperança; é por isso que não usamos os termos "temperantes" nem "intemperantes" com animais inferiores, exceto metaforicamente para certas espécies que se distinguem das demais por seus hábitos excepcionalmente libidinosos, travessos ou onívoros, pois estes não possuem a faculdade de escolher nem de calcular, mas são desvios da natureza, assim como as pessoas insanas.

A bestialidade é um mal menor que o vício, embora mais horrível, pois tanto na pessoa bestial como no animal a sua melhor parte, ou seja, a razão, não está corrompida – como acontece na pessoa que é humanamente má –, mas é inteiramente deficiente. É como comparar uma coisa inanimada com uma coisa animada e perguntar qual é a pior, pois a maldade de uma coisa que não tem princípio originador – e a razão é um desses princípios – é menos capaz de causar danos. É também o mesmo que comparar a injustiça com uma pessoa injusta: uma é pior que a outra em certo sentido, pois uma pessoa má pode causar mil vezes mais danos do que uma pessoa bestial.

## 7

Com relação aos prazeres, às dores, às aversões provenientes do tato e do paladar, e aos correspondentes desejos e atos que já foram definidos na esfera da temperança e intemperança, é possível ter tal disposição para sucumbir até mesmo às tentações às quais a maioria das pessoas domina, ou dominar até mesmo aquelas às quais a maioria das pessoas sucumbe. Essas duas disposições, quando manifestadas com relação ao prazer, constituem a incontinência e a continência, respectivamente, e quando manifestadas com relação à dor, moleza e resistência. A disposição da grande maioria das pessoas situa-se entre os dois casos, embora elas se inclinem mais para as piores disposições.

Na medida em que alguns prazeres são necessários e outros não, e os primeiros só são necessários dentro de certos limites, não sendo necessários os seus excessos e suas deficiências – e como isso se aplica também aos desejos e às dores –, quem busca prazeres excessivos, ou busca coisas em excesso, deliberadamente, por si mesmo e não por causa de algum outro fim, é um intemperante, pois uma pessoa com esse caráter certamente não sentirá mais arrependimento por seus excessos e, sendo assim, ela é incurável, pois não há cura para quem não se arrepende de seu erro. A pessoa que se mostra deficiente no gozo dos prazeres é o oposto da intemperante; e a pessoa que ocupa a posição mediana é a temperante. Da mesma forma, aquele que evita dores corporais, não porque sua vontade seja dominada, mas por escolha deliberada, também é intemperante. (Aqueles, por outro lado, que não cedem por escolha são motivados pelo prazer da escolha ou pelo impulso de evitar a dor do desejo, de modo que esses tipos sejam diferentes entre si. Todos pensariam o pior de uma pessoa que fizesse algo vergonhoso quando sentisse apenas um leve desejo, ou nenhum, do que se agisse por um forte desejo, ou se ferisse outra pessoa sem motivo, do que se o fizesse com raiva, pois o que essa pessoa teria feito se suas emoções tivessem sido despertadas? Consequentemente, o homem intemperante é pior do que o incontinente).

Das disposições descritas, evitar deliberadamente a dor é uma espécie de moleza; a busca deliberada do prazer é intemperança em sentido estrito. Ao passo que a continência é o oposto da incontinência, e a resistência da moleza, pois resistência significa apenas resistir, enquanto continência implica domínio, o que é uma questão diferente: a vitória é mais gloriosa do que evitar a derrota. Por esse motivo, a continência é uma qualidade mais valiosa do que a resistência.

Aquele que é deficiente na resistência às dores que a maioria das pessoas suporta com sucesso é mole ou delicado (pois a delicadeza é uma espécie de moleza); tal pessoa deixa seu manto arrastar-se pelo chão para evitar o esforço e o trabalho de levantá-lo, ou finge estar infeliz, sem perceber que fingir infelicidade é ser infeliz. O mesmo vale para a continência e a incontinência. Não é de surpreender que uma pessoa seja dominada por prazeres ou dores violentos e excessivos; na verdade, é perdoável se ela sucumbir após uma luta contra isso, como faz o *Filoctetes* de Teodectes quando picado pela víbora, ou como Cercíon de Cárcino na *Álope*, ou como os homens que tentam conter o riso e explodem numa grande gargalhada, como aconteceu com Xenofanto. Todavia ficamos surpresos quando uma pessoa é dominada por prazeres e dores que a maioria é capaz de suportar, exceto quando sua incapacidade de resistir se deve a algum motivo hereditário ou à doença, por exemplo, a efeminação hereditária da família real da Cítia e a resistência inferior do sexo feminino em comparação com o masculino. As pessoas que gostam muito de diversão são consideradas intemperantes, mas, na verdade, são moles, pois diversão é descanso da alma e, portanto, uma diminuição do esforço, e o vício em diversão é uma forma de negligência excessiva.

Existem, porém, duas formas de incontinência: a impetuosidade e a fraqueza. Os fracos deliberam, mas depois são impedidos pela emoção de manter a sua resolução; os impetuosos são levados pela emoção porque não param para deliberar. Há algumas pessoas que resistem aos impulsos emocionais – sejam eles agradáveis ou dolorosos –, sentindo-os ou vendo-os chegando, e despertando-se, ou seja, que fazem funcionar sua faculdade de raciocínio, antecipadamente, assim como alguém está à prova de cócegas se já tiver sentido cócegas. São os vivazes e os excitáveis que estão mais sujeitos à forma impetuosa de incontinência, porque os primeiros são muito precipitados, e os últimos muito intensos para esperar pela razão, sendo mais propensos a seguir sua imaginação.

## 8

A pessoa intemperante, como dissemos, não sente arrependimento, pois cumpre a sua escolha; a pessoa incontinente, por outro lado, arrepende-se depois de seus excessos. Daí a discordância que afirmamos anteriormente, pois é o intemperante que não pode ser curado, enquanto o incontinente pode. Porquanto o vício se assemelha a doenças como a hidropisia e a tísica, enquanto a incontinência é como a epilepsia; sendo, portanto, o vício um mal crônico, e a incontinência um mal intermitente. De modo geral, a incontinência e o vício são de naturezas inteiramente diferentes, pois o vício é inconsciente, enquanto a incontinência é consciente. Entre os incontinentes, os impulsivos são melhores do que aqueles que conhecem o princípio correto, mas não o cumprem, pois estes sucumbem a tentações menores e não cedem sem deliberação, como fazem os impulsivos; a pessoa incontinente é como quem se embriaga rapidamente e com pouco vinho, ou com menos que a maioria das pessoas.

Que a incontinência não é estritamente um vício (embora talvez seja um vício num sentido específico) é claro, pois a incontinência age contra a escolha deliberada, o vício age de acordo com ela. No entanto, nas ações que dela resultam, ela se assemelha ao vício. Assim como Demódoco escreveu sobre o povo de Mileto: "Os milésios não são tolos, é verdade, mas ainda assim agem como tais", da mesma forma, os incontinentes não são injustos, mas fazem coisas injustas.

A pessoa incontinente é constituída de modo a buscar prazeres corporais que são excessivos e contrários ao princípio correto, sem qualquer crença de que deva fazê-lo, enquanto o intemperante, por ser constituído de modo a persegui-los, está convencido de que deve fazê-lo. Portanto, o primeiro se deixa dissuadir facilmente, mas o segundo não. A virtude preserva o primeiro princípio, o vício o destrói, e o primeiro princípio, ou ponto de partida, na ação é o fim proposto, que corresponde às hipóteses da matemática. Nem na ética, nem na matemática os primeiros princípios são transmitidos pelo processo de raciocínio, o que ensina a correta opinião quanto ao primeiro princípio é a virtude, seja natural ou adquirida pelo hábito. A pessoa de princípios, portanto, é temperante; já a que perdeu todos os princípios, é intemperante.

Mas há um tipo de pessoa que abandona sua escolha, contra o princípio correto, sob a influência da emoção, sendo suficientemente por ela dominada para não agir de acordo com esse princípio, mas não tanto a ponto de acreditar que a busca imprudente do prazer é correta. Esta é a pessoa incontinente: ela é melhor que o intemperante, e não é absolutamente má, pois nela ainda está preservada a parte mais elevada de uma pessoa, o primeiro princípio. Oposto a essa pessoa está outra que se mantém firme em sua escolha e não a abandona pelo mero impulso da emoção.

Fica claro, então, a partir dessas considerações, que a segunda é uma boa disposição, e a primeira, má.

## 9

É, então, uma pessoa continente aquela que defende qualquer princípio ou escolha, ou deve ser a escolha certa? E uma pessoa é incontinente se não consegue defender uma escolha ou princípio de qualquer tipo ou apenas se deixa de defender o verdadeiro princípio e a escolha certa? Essa dificuldade já foi levantada antes. Talvez a resposta seja que, embora acidentalmente possa ser qualquer princípio ou escolha, essencialmente é o verdadeiro princípio e a escolha certa que um defende e o outro não; no sentido de que se uma pessoa escolhe algo no interesse de outra coisa, busca e escolhe essencialmente o segundo, mas acidentalmente o primeiro. E por "essencialmente" queremos dizer "absolutamente", portanto, embora, em certo sentido, seja qualquer tipo de opinião, falando de maneira absoluta, é a opinião verdadeira que um sustenta e o outro abandona.

Há, porém, algumas pessoas que sustentam a sua opinião e que são chamadas de possuidoras de caráter firme (obstinadas), o que significa que são difíceis de convencer e não são facilmente persuadidas a mudar as suas convicções. Estas têm alguma semelhança com a pessoa continente, assim como a pródiga com a liberal, e a imprudente com a corajosa, mas elas diferem em muitos aspectos. A pessoa continente permanece firme contra a emoção e o desejo, mas mostra-se fácil em ceder ocasionalmente à persuasão; já as obstinadas permanecem firmes contra a razão, não são imunes ao desejo e muitas vezes são guiadas pelo prazer.

Os tipos de obstinação são a teimosia, a ignorância e a grosseria. Os motivos das pessoas teimosas são o prazer e a dor: a agradável sensação de vitória por não serem persuadidas a mudar de ideia e o aborrecimento de verem anulados os decretos da sua vontade. Consequentemente, essas pessoas se parecem mais com os incontinentes do que com os continentes.

Há algumas que não conseguem cumprir as suas resoluções por alguma outra causa, e não por incontinência, como Neoptólemo, no *Filoctetes* de Sófocles. É verdade que o motivo de sua mudança foi o prazer, embora um prazer nobre, pois era agradável para ele dizer a verdade, e ele só mentiu por persuasão de Odisseu. Com efeito, nem todos cuja conduta é guiada pelo prazer são intemperantes, maus ou incontinentes, mas apenas aqueles que se rendem a prazeres vergonhosos.

Há também um tipo de pessoa que sente menos prazer do que o adequado nas coisas do corpo e que não segue os princípios nesse sentido. A pessoa incontinente, portanto, é o intermediário entre a continente e esse tipo. A incontinente afasta-se dos princípios porque desfruta demais dos prazeres corporais; a pessoa descrita o faz porque os desfruta muito pouco; enquanto o continente permanece por princípio e não muda por nenhuma das causas. E visto que a continência é boa, segue-se que ambas as disposições que se opõem a ele são más, como de fato parecem ser, mas como um dos dois é encontrado apenas em algumas pessoas e raramente é demonstrado, a incontinência é considerada o único oposto da continência, assim como a intemperança é considerada o único oposto da temperança.

Uma vez que muitos termos são usados num sentido analógico, também passamos a falar por analogia da "continência" da pessoa temperante, porque tanto a temperante quanto a continente são constituídas de tal forma que nunca serão levadas pelos prazeres do corpo a agir contra os princípios. Contudo enquanto a continente possui maus desejos, a temperante não possui nenhum, pois ela é de tal índole que não sente prazer em coisas que são contrárias aos princípios, ao passo que o continente sente prazer em tais coisas, mas não cede a elas. Há, por fim, também uma semelhança entre a pessoa incontinente e a intemperante, embora sejam realmente distintas: ambas buscam prazeres corporais, mas a intemperante acha certo proceder assim, e a incontinente não.

## 10

Mais uma vez, a mesma pessoa não pode, ao mesmo tempo, possuir sabedoria prática e ser incontinente, pois foi demonstrado que a sabedoria prática é inseparável da virtude moral. Além disso, a sabedoria prática não consiste apenas em saber o que é certo, mas também em agir de tal maneira; e a pessoa incontinente não age corretamente. Por outro lado, a esperteza não está em oposição à incontinência, razão pela qual pensa-se, às vezes, que algumas pessoas são dotadas de sabedoria prática e ainda assim incontinentes, porque a esperteza difere da sabedoria prática, como explicado em nossas primeiras discussões. Uma vez que raciocinam de modo parecido, elas são intimamente semelhantes, mas também distintas, porque a sabedoria prática envolve escolha deliberada.

Tampouco a pessoa incontinente se parece com alguém que exerce conscientemente seu conhecimento, mas apenas com uma pessoa dormindo ou embriagada. Além disso, embora erre voluntariamente (pois sabe, em certo sentido, tanto o que está fazendo quanto o fim que almeja), ainda assim não é má, pois sua escolha moral é correta, de modo que ela é apenas meio má. E ela não é injusta, pois não pretende deliberadamente causar danos, enquanto que uma pessoa do tipo incontinente não mantém a resolução que formou após a deliberação, e a do tipo excitável não delibera de todo. Desse modo, uma pessoa incontinente assemelha-se a uma pólis que aprova todos os decretos apropriados e tem boas leis, mas não as cumpre, como na sátira de Anaxândrides: "A pólis que não respeita as leis o queria"; ao passo que a pessoa má é como uma pólis que mantém as suas leis, mas elas são leis más.

Tanto a continência quanto a incontinência são uma questão de extremos em comparação à disposição característica da maior parte da humanidade; a pessoa continente mostra mais firmeza com relação a suas resoluções, e a incontinente, menos firmeza do que a maioria é capaz.

A cura é mais possível com aquele tipo de incontinência demonstrada por pessoas de temperamento excitável do que com aquelas que deliberam sobre o que devem fazer, mas não cumprem a resolução que tomam. E aquelas que se tornaram incontinentes pelo hábito são curadas mais facilmente do que aquelas que são incontinentes pela natureza, uma vez que o hábito é mais fácil de mudar do que a natureza. O hábito é difícil de mudar precisamente porque é uma espécie de natureza, como diz Eveno: "O hábito, meu amigo, é uma prática contínua. E a prática acaba tornando-se a natureza dos homens".

Finalizamos, portanto, a discussão acerca da natureza da continência e da incontinência, assim como da resistência e da moleza, e mostramos como essas disposições estão relacionadas entre si.

## 11

É também função do filósofo político examinar a natureza do prazer e da dor, pois ele é o arquiteto do fim pelo qual declaramos que as coisas são boas ou más no sentido absoluto. Além disso, essa investigação faz-se necessária para o nosso estudo, porque estabelecemos que a virtude moral e o vício dizem respeito a prazeres e dores, e a maioria das pessoas pensa que o prazer é um complemento necessário da felicidade, por isso a palavra que denota "bem favorecido" é derivada de uma expressão construída com o verbo "ter prazer"[70].

Ora, (1) uns pensam que nenhum prazer é uma coisa boa, seja essencialmente ou acidentalmente; argumentam que o bem e o prazer são duas coisas distintas. (2) Outros pensam que, embora alguns prazeres sejam bons, a maioria é ruim. (3) Há também uma terceira opinião: mesmo que todos os prazeres sejam bons, ainda assim o prazer não pode ser o bem supremo.

(1) Para provar que o prazer não é um bem, argumenta-se que: (a) todo prazer é um processo consciente em direção a um estado natural, mas um processo não pode em caso algum pertencer à

---

70. No grego, a palavra μακάριος (*makários* – abençoado, bem favorecido) tem origem na forma μάλα χαίρειν (*mála khaírein* – comprazer-se com muito, regozijar-se muito).

mesma ordem de coisas que o seu fim; por exemplo, o processo de construção não é da mesma espécie que a casa construída; (b) a pessoa temperante evita prazeres; (c) a pessoa dotada de sabedoria prática busca a libertação da dor, não do prazer; (d) os prazeres são um obstáculo à deliberação prudente, e quanto mais são, mais agradáveis se tornam, por exemplo, o prazer sexual, pois ninguém consegue pensar em nada enquanto se entrega a isso; (e) não existe arte do prazer, e para cada coisa boa existe uma arte que a produz; (f) crianças e animais buscam prazeres.

(2) Para provar que nem todos os prazeres são bons, argumenta-se que: (a) alguns prazeres são vergonhosos e depreciam quem os pratica; (b) alguns prazeres são prejudiciais, pois certas coisas agradáveis causam doenças.

(3) Para provar que o prazer não é o bem supremo, argumenta-se que não é um fim, mas um processo.

## 12

Essas são, então, mais ou menos, as opiniões atuais. Mas as considerações seguintes mostrarão que esses argumentos não são conclusivos para provar que o prazer não é um bem (1), nem que não é o bem supremo (3).

(1) (a) Primeiramente, (I) "bem" possui dois sentidos: significa tanto aquilo que é simplesmente bom quanto aquilo que é bom para determinada pessoa. Consequentemente, as naturezas e

as disposições do ser, com seus movimentos e processos, também serão assim divisíveis.

Além disso, os processos que são considerados maus, em alguns casos, embora sejam absolutamente maus, não serão maus, e sim desejáveis, para uma determinada pessoa. Noutros casos, embora nem sequer sejam desejáveis para uma pessoa em particular, serão, no entanto, desejáveis numa ocasião particular e por um certo período de tempo, ainda assim com restrições. E alguns desses processos não são realmente prazeres, mas apenas parecem tais. Refiro-me aos processos dolorosos cujo fim é o efeito curativo, como o processo de tratamento aplicado aos doentes.

Novamente (II), o bem é uma atividade ou um estado. Ora, os prazeres que nos restauram ao nosso estado natural são apenas acidentalmente agradáveis, enquanto a atividade do desejo é a atividade daquela parte de nós que permaneceu no estado natural. Aliás, existem alguns prazeres que não envolvem dor ou desejo de modo algum (como os prazeres da contemplação), sendo experimentados sem que tenha ocorrido qualquer mudança de natureza. Que os prazeres restauradores são apenas acidentalmente agradáveis é indicado pelo fato de não desfrutarmos, quando sua natureza se encontra num estado normal, das mesmas coisas no momento em que estão sendo restauradas; no estado normal, desfrutamos de coisas que são agradáveis em sentido absoluto, mas durante o processo de restauração desfrutamos até mesmo dos seus opostos, como coisas azedas e amargas, por exemplo, nenhuma das quais é natural ou absolutamente agradável, de modo que os prazeres que obtemos delas também não são naturais ou absolutamente agradáveis, uma vez que existe a mesma distinção entre os vários prazeres que existem entre as coisas agradáveis de que surgem.

Novamente (III), não é necessário que deva haver algo melhor do que o prazer, como alguns argumentam que o fim é melhor do que o processo em direção a ele, pois os prazeres não são realmente processos, nem são todos envolvidos num processo: são atividades e, portanto, fins; nem resultam do processo de aquisição das nossas faculdades, mas do seu exercício; tampouco possuem um fim diferente de si mesmos, isso só é verdade para os prazeres do progresso em direção à perfeição de nossa natureza. Portanto, não é correto definir o prazer como um "processo consciente", mas chamá-lo de atividade do estado natural, e o termo "consciente" devemos substituir por "desimpedido". Alguns consideram que o prazer é um processo com base no fato de que é bom no sentido mais amplo do termo, porque pensam, de modo equivocado, que a atividade é um processo, mas, na verdade, é diferente.

(2) (b) Argumentar que os prazeres são ruins porque algumas coisas agradáveis são prejudiciais à saúde é o mesmo que argumentar que a saúde é ruim porque algumas coisas saudáveis são ruins para ganhar dinheiro. Tanto as coisas agradáveis como as saudáveis podem ser más num sentido relativo, mas isso não as torna realmente

más; até mesmo a contemplação pode, ocasionalmente, ser prejudicial à saúde.

(1) (d) Nem a sabedoria prática nem qualquer outra qualidade do ser são prejudicadas pelo prazer que proporciona. Apenas os prazeres estranhos, visto que os prazeres da contemplação e do estudo nos permitirão contemplar e estudar melhor.

(1) (e) É apenas natural que não exista arte dedicada à produção de qualquer forma de prazer; uma arte nunca produz uma atividade, mas a capacidade para uma atividade. Embora, na verdade, as artes da perfumaria e da culinária sejam geralmente consideradas artes do prazer.

(1) (b) Os argumentos de que a pessoa temperante evita o prazer, e (1) (c) de que a pessoa dotada de sabedoria prática busca a libertação da dor, e (1) (f) de que os animais e as crianças buscam o prazer são todos refutados pela mesma resposta. Foi já demonstrado como alguns prazeres são absolutamente bons e como nem todos os prazeres são bons. Ora, são esses prazeres que não são absolutamente bons que tanto os animais como as crianças procuram, e é a libertação da dor que surge da falta desses prazeres que a pessoa dotada de sabedoria prática persegue; isto é, os prazeres que envolvem desejo e dor, nomeadamente os prazeres corporais (pois estes são dessa natureza), ou as suas formas excessivas, com relação às quais se diz que uma pessoa é intemperante. É por isso que a pessoa temperante evita prazeres corporais excessivos, pois ela mesma possui seus próprios prazeres.

## 13

Além disso, admite-se que a dor é um mal e deve ser evitada, já que toda dor é má em sentido absoluto ou má porque, de alguma forma, nos impede da atividade. Aquilo que é o oposto de algo a ser evitado, enquanto coisa má, é bom. Segue-se, portanto, que o prazer é necessariamente um bem. Espeusipo tentou refutar esse argumento dizendo que, assim como o maior se opõe ao igual e também ao menor, o prazer se opõe tanto ao bem como à dor, mas essa refutação não é válida, pois o próprio Espeusipo não diria que o prazer é, essencialmente, uma espécie de mal.

Admitindo, contudo, (2) que alguns prazeres são maus, não se segue, portanto, (3) que um certo prazer não possa ser o bem supremo; assim como uma certa forma de conhecimento pode ser extremamente boa, embora algumas formas de conhecimento sejam más. Pelo contrário (I), uma vez que cada faculdade tem a sua atividade desimpedida, a atividade de todas as faculdades, ou de uma delas (a que constitui a felicidade), quando desimpedida, deve provavelmente ser a coisa mais desejável que existe, mas uma atividade desimpedida é um prazer, de modo que, nesse caso, o bem supremo será um tipo particular de prazer, embora a maioria dos prazeres fosse má em sentido absoluto. É por isso que todos pensam que a vida feliz deve ser agradável e consideram o prazer algo necessário para a felicidade; e com razão, uma vez que nenhuma atividade impedida é perfeita, ao passo que a felicidade é essencialmente perfeita, por esse motivo, a pessoa feliz necessita ainda dos bens corporais, bens externos e das dádivas da fortuna, para que a sua atividade não seja impedida pela falta deles. Aqueles que dizem que se uma pessoa for boa, ela será feliz mesmo quando estiver sob tortura ou quando cair no mais terrível infortúnio estão falando bobagens, seja intencionalmente ou não.

Pelo fato de precisarmos das dádivas da fortuna além de outras coisas, algumas pessoas pensam que boa fortuna é a mesma coisa que felicidade, mas não é assim, pois mesmo a felicidade, quando excessiva, é um impedimento à atividade, e talvez não mereça mais ser chamada de felicidade, uma vez que a boa fortuna só pode ser definida com relação à felicidade.

(II) Além disso, o fato de todos os animais e todos os seres humanos buscarem o prazer é uma indicação de que ele é, em certo sentido, o bem supremo: "Nenhum boato espalhado por muitos povos dá totalmente em nada"[71]. Nem todos, todavia, perseguem o mesmo prazer, uma vez que o estado natural e o melhor estado não são, nem parecem ser, os mesmos para todos, ainda assim, todos eles buscam o prazer. Na verdade, é possível que, na realidade, não busquem o prazer que pensam e dizem que buscam, mas mesmo assim buscam o prazer, pois a natureza implantou em todas as coisas algo divino. Mas como os prazeres corporais são os que mais frequentemente

---

71. Hesíodo, *Trabalhos e dias*, 763.

encontramos, e como todos são capazes de obtê-los, usurparam essa alcunha; e assim as pessoas pensam que esses são os únicos prazeres que existem, porque são os únicos que conhecem.

(III) Por fim, é claro que se o prazer não é bom e a atividade não é prazer, a vida da pessoa feliz não será necessariamente agradável. Por que ela deveria precisar de prazer, se não é uma coisa boa? Além disso, a sua vida pode até ser dolorosa, pois se o prazer não é bom, nem mau, a dor também não o é, então por que deveria evitá-lo? E se as atividades da pessoa boa não forem mais agradáveis que as dos outros, sua vida também não será mais agradável.

## 14

No que diz respeito aos prazeres corporais, devemos examinar a opinião daqueles que dizem que alguns prazeres são altamente desejáveis, que eles chamam de prazeres nobres, mas não os prazeres corporais, ou seja, aqueles que são objetos dos intemperantes. Nesse caso, por que as dores que lhes são opostas são más, já que o oposto do mal é o bem? Talvez a verdadeira questão seria se os prazeres necessários são bons no sentido de que o que não é mau é bom, ou que são bons até certo ponto? E, embora não se possa sentir prazer excessivo com estados e processos que não admitem excesso, pode-se sentir prazer excessivo com aqueles que admitem excesso?

Ora, pode haver certamente um excesso de bens corporais, e é a busca por esse excesso que faz uma pessoa má, não a busca por prazeres necessários (pois todos desfrutam, de uma maneira ou outra, de comida saborosa, vinho e prazer sexual, embora nem todos o fazem na medida certa). Com a dor acontece o contrário: evita-se não apenas a dor excessiva, mas toda dor, pois o oposto do prazer excessivo não é dor alguma, exceto para quem busca o prazer em excesso.

Devemos, contudo, expor não apenas a visão verdadeira, mas também explicar a falsa, uma vez que fazê-lo ajuda a confirmar a verdadeira, pois quando encontramos uma explicação provável de por que algo parece ser verdade, embora não seja, isso aumenta a nossa crença na verdade. Temos, então, de explicar a razão de os prazeres corporais parecerem mais desejáveis do que outros.

(1) A primeira razão é que o prazer elimina a dor; e a dor excessiva leva as pessoas a buscar o prazer excessivo, e, em geral, o prazer corporal, como um restaurador. Esses prazeres restauradores são intensos e, portanto, procurados, porque são vistos em contraste com o seu oposto. (A opinião de que o prazer não é um bem se deve também a esses dois fatos, como foi dito, a saber: (a) que alguns prazeres são ações indicativas de uma natureza má, seja ela depravada desde o nascimento, como a natureza de um animal, ou corrompida pelo hábito, como é o caso das pessoas más; e (b) que outros são restauradores de um estado defeituoso, e estar no estado natural é melhor do que estar em processo de retorno a ele. Mas, na verdade, esse último tipo de prazer acompanha um processo em direção à perfeição, de modo que são bons apenas acidentalmente.)

(2) Outra razão é que os prazeres corporais são procurados devido à sua intensidade, por pessoas que são incapazes de desfrutar os outros (por exemplo, alguns tomam medidas deliberadamente para ficarem com sede); não que haja qualquer objeção a isso se os prazeres são inofensivos, mas é ruim se produzirem resultados prejudiciais. O fato é que algumas pessoas não possuem outras fontes de prazer, e também muitas são constituídas de tal forma que um estado de sentimento neutro é para elas positivamente doloroso. (Isso ocorre porque um estado de tensão é a condição normal de um organismo animal, como atesta a fisiologia ao dizer que a visão e a audição são de fato dolorosas, mas com o tempo nos acostumamos a elas.)

Da mesma forma, as pessoas jovens estão numa condição semelhante à dos embriagados, porque estão em processo de crescimento, e a juventude é agradável por si só; já as pessoas de natureza excitável necessitam perpetuamente de um restaurador, porque o seu temperamento mantém os seus corpos num constante estado de irritação e os seus desejos estão continuamente ativos; e qualquer prazer, se for forte, elimina a dor, não apenas o prazer oposto. É por isso que as pessoas excitáveis se tornam intemperantes e más.

Por outro lado, os prazeres não acompanhados de dor – aqueles derivados de coisas agradáveis naturalmente e não acidentalmente – não admitem excesso. Por coisas acidentalmente agradáveis queremos dizer coisas consideradas restauradoras; na verdade, seu efeito restaurador é produzido pela ação da parte do sistema que permaneceu saudável e, portanto, o próprio remédio é considerado agradável. E as coisas são naturalmente agradáveis quando estimulam a ação de uma determinada natureza.

Não há, porém, nada que sempre nos dê prazer, porque nossa natureza não é simples, mas contém um outro elemento (que é o que nos torna seres mortais) e, consequentemente, sempre que um desses dois elementos está ativo, sua ação vai contra a natureza do outro, enquanto que quando os dois estão equilibrados sua ação não parece nem dolorosa, nem agradável, pois se alguma pessoa tivesse uma natureza simples, a mesma ação lhe proporcionaria sempre o maior prazer. É por isso que o divino sempre desfruta de um prazer único e simples: não existe apenas uma ação de movimento, mas também uma ação de imobilidade, e há essencialmente um prazer mais verdadeiro no repouso do que no movimento. Mas "a mudança, em todas as coisas, é doce", como diz o poeta[72], devido a algum vício, pois, visto que, assim como uma pessoa mutável é viciosa, também o é uma natureza que precisa de mudança, por não ser simples nem boa.

Já discutimos, portanto, a natureza da continência e da incontinência, do prazer e da dor, e mostramos, em ambos os casos, em que sentido alguns são bons e outros maus. Resta-nos, agora, falar de amizade.

---

72. Eurípides, *Orestes*, v. 234.

# Livro VIII

*[Trata da amizade]*

## 1

Depois do que foi dito, nosso próximo assunto será discutir a amizade[73]. A amizade é uma virtude, ou envolve virtude, e também é uma das coisas mais indispensáveis da vida. Ninguém escolheria viver sem amigos, ainda que possuísse todas as outras coisas boas. Na verdade, pensa-se que os ricos, governantes e autoridades são os que mais necessitam de amigos, pois de que serve tanta prosperidade sem um motivo para fazer o bem, que é demonstrado na sua forma mais plena e louvável para com os amigos? E como poderia tal prosperidade ser salvaguardada e preservada sem amigos? Quanto maior for, mais perigos corre.

Por outro lado, na pobreza e nos demais infortúnios, as pessoas pensam que os amigos são o seu único recurso. Os amigos são uma ajuda para os jovens, para protegê-los do erro; para os idosos, para cuidar deles e complementar seus

---

73. No grego, o termo φιλία (*philía*) traduz-se como amizade em seu sentido geral, mas, às vezes, pode denotar um sentimento de afeto, amor ou outro sentimento gentil, existente entre familiares, cidadãos e parceiros de negócios. Assim, na tradução, palavras como "amor", "afeição", "amável" e semelhantes irão referir-se ao mesmo objeto discutido, a *philía*.

deficientes poderes de ação; para aqueles no auge da vida, para ajudá-los em ações nobres – "os dois vão juntos"[74] – pois são mais capazes de planejar e executar.

A afeição dos pais pelos filhos, e vice-versa, parece ser um instinto natural, não apenas no ser humano, mas também nos pássaros e na maioria dos animais, assim como entre membros da mesma raça, e isto é especialmente forte na raça humana; por essa razão, louvamos aqueles que amam os seus semelhantes. Mesmo quando viajamos para o estrangeiro, podemos observar que existe uma afinidade e uma amizade naturais entre cada pessoa e todas as outras. Além disso, a amizade parece manter unida a pólis, e os legisladores parecem dar mais importância a ela do que à justiça, pois visam, acima de tudo, promover a concórdia, que parece semelhante à amizade, enquanto a facção, que é a inimizade, é o que eles mais desejam banir. E se as pessoas são amigas, não há necessidade de justiça entre elas, ao passo que, aos justos, um sentimento de amizade também é necessário. Na verdade, a forma mais elevada de justiça parece ser uma espécie de amizade.

A amizade não é apenas indispensável como meio, mas também nobre em si mesma. Louvamos aqueles que amam seus amigos, e é considerado nobre ter muitos amigos; e algumas pessoas pensam que um verdadeiro amigo deve ser uma boa pessoa.

---

74. *Ilíada, Canto X*, v. 224.

Há, porém, muita diferença de debate quanto à natureza da amizade. Alguns a definem como uma questão de semelhança e dizem que amamos aqueles que são como nós, daí os provérbios "de igual a igual", "de gralha para gralha", e assim por diante. Outros, pelo contrário, dizem que "semelhantes são como oleiros uns para os outros"[75]. Alguns tentam encontrar uma explicação mais profunda e científica da natureza do afeto. Eurípides escreve que "a terra seca ama a chuva e o majestoso céu, quando cheio de chuva, ama cair sobre a terra"[76], e Heráclito: "O oposto une" e "a mais bela harmonia surge da diferença" e "todas as coisas são geradas pelo conflito". Outros mantêm a opinião oposta, como Empédocles, que declara que "semelhante busca semelhante".

Rejeitando, então, essas especulações científicas como não pertinentes à nossa presente investigação, examinemos o aspecto humano e as questões que se relacionam com o caráter e as emoções do ser humano, por exemplo: se entre todas as pessoas pode nascer uma amizade, ou se as pessoas más não podem ser amigas, ou se existe apenas um tipo de amizade ou vários. Aqueles que pensam que toda amizade é do mesmo tipo porque a amizade admite grau baseiam-se numa prova inadequada, pois coisas de tipos diferentes também podem diferir em grau. Mas isso já foi discutido anteriormente.

---

75. Alusão a "oleiro discute com oleiro, e marceneiro com marceneiro". Hesíodo, *Trabalhos e dias*, 25.

76. Fragmento 898.

## 2

Talvez a resposta a essas perguntas apareça se verificarmos que coisas despertam o amor. Parece que nem tudo é amado, mas apenas o que é amável, e este é bom, agradável ou útil. Mas útil pode ser entendido como aquilo que produz algum bem ou prazer, de modo que a classe de coisas amáveis como fins é reduzida ao que é bom ou útil. Então, as pessoas amam o que é realmente bom ou o que é bom para elas? Às vezes, os dois podem estar em conflito; e o mesmo pode ser dito sobre que é agradável. Ora, parece que cada pessoa ama o que é bom para si mesma e o que é realmente bom é amável em si mesmo, enquanto que aquilo que é bom para uma determinada pessoa é amável para essa pessoa. Todavia, cada pessoa não ama o que é realmente bom para ela, mas o que lhe parece ser bom. Isso, no entanto, não afetará o nosso argumento, pois "amável" significará "o que parece amável".

Havendo, portanto, três motivos para amar, o termo "amizade" não se aplica ao amor por objetos inanimados, pois aqui não há retribuição de afeto, e também não há desejo pelo bem do objeto (por exemplo, seria ridículo desejar o bem a uma garrafa de vinho; no máximo desejamos que ela se conserve bem para que possamos tê-la), ao passo que nos dizem que devemos desejar o melhor ao nosso amigo, para o bem dele mesmo. Mas os que desejam o bem ao outro dessa forma, se o sentimento não for correspondido, dizemos que são benevolentes; torna-se amizade somente quando essa benevolência é mútua. E talvez devêssemos acrescentar também a qualificação de que o sentimento de benevolência deve ser conhecido pelo seu objeto, porque uma pessoa, muitas vezes, sente benevolência para com pessoas que nunca viu, mas que acredita serem boas ou úteis, e uma dessas pessoas também pode nutrir o mesmo sentimento por ela. Temos aqui, então, o caso de duas pessoas mutuamente bem-intencionadas, às quais, no entanto, não podemos chamar de amigas, porque não possuem consciência do sentimento mútuo. Para serem amigas, portanto, as pessoas devem ser benevolentes uma para a outra, isto é, desejar o bem uma da outra, estar cientes da benevolência uma da outra, e a causa de sua benevolência deve ser uma das razões mencionadas acima.

### 3

Ora, essas razões diferem entre si em espécie; portanto, o amor ou a amizade que elas ocasionam também pode diferir em espécie. Existem, portanto, três tipos de amizade, correspondendo em número às coisas que são amáveis, pois há um amor recíproco e conhecido por ambas as partes em cada um dos três tipos, e quando as pessoas se amam, desejam o bem uma da outra no que diz respeito àquilo que é a base de sua amizade.

Assim, amigos cujo amor é baseado na utilidade não se amam por si mesmos, mas na medida em que algum benefício recebam um do outro. E o mesmo acontece com aqueles cuja amizade se baseia no prazer; por exemplo, amamos a companhia de pessoas espirituosas não pelo que elas são, mas porque são agradáveis para nós. Portanto, numa amizade baseada na utilidade ou no prazer, as pessoas amam alguém para seu próprio bem ou para seu próprio prazer, e não por ser uma pessoa amável, mas por ser útil ou agradável. Portanto, essas amizades são baseadas por acidente, pois a pessoa amiga não é amada por ser o que é, mas por proporcionar algum benefício ou prazer conforme o caso. Consequentemente, amizades desse tipo são facilmente rompidas, no caso de as próprias partes mudarem de qualidade, pois se não forem mais agradáveis ou úteis um para o outro, deixam de se amar. E a utilidade não é uma qualidade permanente, ela difere em momentos diferentes. Portanto, quando o motivo da amizade desaparece, a própria amizade se dissolve, tendo existido apenas como um meio para esse fim.

As amizades por utilidade parecem ocorrer com mais frequência entre os idosos, pois na velhice as pessoas não buscam o prazer, mas o lucro, e também entre as pessoas no auge da vida e jovens cujo objetivo na vida é o lucro. Na verdade, amigos desse tipo não buscam muito a companhia uns dos outros, pois, em alguns casos, nem sequer agradam um ao outro e, portanto, não têm utilidade para relações amistosas, a menos que sejam mutuamente proveitosas, já que o prazer que sentem um pelo outro não vai além de suas expectativas de vantagem. Entre essas amizades classificam-se, também, a que ocorre entre hospedeiros e hóspedes.

Com os jovens, por outro lado, o motivo da amizade parece ser o prazer, pois os jovens guiam a sua vida pela emoção e, na sua maioria, perseguem o que lhes é agradável e o objetivo do momento. As coisas que lhes agradam mudam à medida que a idade muda; portanto, formam amizades e as abandonam rapidamente, uma vez que seus afetos se alteram de acordo com o objeto que lhes dá prazer, e isso se altera rapidamente. Além disso, os jovens têm tendência a apaixonar-se, pois a amizade que existe por amor é, na maior parte, principalmente guiada pela emoção e baseada no prazer; portanto, eles formam apegos rapidamente e desistem deles rapidamente, muitas vezes mudando de ideia antes do final do dia. Mas é certo que os jovens desejam passar o tempo na companhia dos amigos, pois é assim que desfrutam da amizade.

A forma perfeita de amizade é aquela entre os bons e os semelhantes em virtude. Esses amigos desejam igualmente o bem um do outro enquanto são pessoas boas, e são boas por si mesmas; mas são os que desejam o bem dos amigos por eles mesmos que são amigos no sentido mais pleno, pois amam naturalmente, e não acidentalmente. Portanto, a amizade desses dura enquanto são bons; e a bondade é uma virtude permanente. E cada um é bom relativamente ao seu amigo e também absolutamente, uma vez que os bons são, ao mesmo tempo, bons em termos absolutos e úteis um ao outro. Da mesma forma, cada um é agradável também em ambos os lados, uma vez que as pessoas boas são agradáveis tanto em termos absolutos como umas às outras. Além disso, a cada um agradam suas próprias ações e ações que se assemelham às suas, e as ações de todas as pessoas boas são as mesmas ou semelhantes.

Essa amizade é naturalmente permanente, pois combina em si todos os atributos que os amigos devem possuir. Toda amizade é baseada no bem ou no prazer, seja em absoluto ou relativo à pessoa que o sente, e é motivado por algum tipo de semelhança, essa amizade, por seu lado, possui todos esses atributos nas próprias pessoas amigas, pois elas são naturalmente semelhantes. Além disso, o que é absolutamente bom também é absolutamente agradável, e esses são os principais objetos de afeição; portanto, é entre pessoas boas que o afeto e a amizade existem em sua melhor e mais plena forma.

É claro que essas amizades são raras, porque há poucas pessoas assim. Além disso, exigem tempo e intimidade; como diz o ditado, não se pode conhecer uma pessoa enquanto não tenham consumido juntas um "*medimno*[77] de sal"[78]; tampouco podem admitir uma à outra como realmente amigas antes que cada uma tenha mostrado à outra que é digna de amizade e confiança. As pessoas que estabelecem relações de amizade rapidamente desejam ser amigas, mas não podem

---

77. Unidade de volume utilizada para sólidos e grãos secos. Na Grécia Ática, com relação ao sal, um *medimno* seria aproximadamente 112kg (ou 521).

78. Aristóteles, *Ética a Eudemo*, 1238a.

ser realmente amigas sem serem estimáveis nem sem saberem que o são; porque o desejo de ser amigo cresce rapidamente, mas a amizade não.

## 4

Essa forma de amizade é perfeita tanto na duração como nos demais atributos da amizade; e em todos os aspectos, qualquer uma das partes recebe da outra os mesmos benefícios ou benefícios semelhantes, como é apropriado que os amigos recebam. A amizade baseada no prazer tem semelhança com a amizade baseada na virtude, pois os que são bons são agradáveis uns com os outros; e o mesmo se aplica à amizade baseada na utilidade, pois os que são bons são úteis uns aos outros. Nesses casos também a amizade é mais duradoura quando cada amigo obtém o mesmo benefício (o prazer, por exemplo) do outro, e não apenas isso, mas o obtém da mesma fonte, como numa amizade entre duas pessoas espirituosas, e não como uma entre um amante e sua amada. Com efeito, esses últimos não encontram prazer nas mesmas coisas: o prazer do amante está em olhar para o seu amado, o prazer da pessoa amada está em receber as atenções do amante; e quando a beleza da pessoa amada começa a desaparecer, essa amizade às vezes desaparece também, pois o amante não sente mais prazer em ver o outro, e a pessoa amada não recebe mais as atenções do amante; por outro lado, muitos continuam amigos se, como resultado de sua intimidade, passaram a amar o caráter um do outro, sendo ambos semelhantes em caráter. Mas quando um casal de amantes não troca prazer por prazer, mas prazer por utilidade, a amizade é menos intensa e menos duradoura. Uma amizade baseada na utilidade dissolve-se assim que cessa sua vantagem, pois os lados não se amavam, mas sim o que tiravam um do outro. Portanto, amizades baseadas no prazer e na utilidade podem existir entre duas pessoas más, entre uma pessoa má e uma boa, e entre uma pessoa nem boa, nem má e outra boa, má ou nenhum dos dois. Mas é evidente que apenas as pessoas boas podem ser amigas pelo que são por si mesmas, já que as pessoas más não sentem prazer umas com as outras, a não ser quando obtêm alguma vantagem.

Além disso, apenas a amizade entre pessoas boas é uma prova contra a calúnia, pois não acreditam facilmente na palavra de alguém sobre um amigo que ele próprio pôs à prova por muitos anos, e com essas pessoas há a confiança mútua, a incapacidade de sempre fazer mal uma à outra, e todas as outras características que são exigidas em amizade verdadeira. Ao passo que as outras formas de amizade podem ser dissolvidas por tais males.

Como as pessoas aplicam o termo "amigo" a alguém cujo motivo de amizade se baseia na utilidade – tal como as pólis podem ser "amigas", uma vez que o motivo das alianças visa geralmente à vantagem – ou no prazer (como no caso das crianças), talvez também devamos chamar essas relações de amizades e dizer que existem vários tipos de amizade: uma primária, e no sentido próprio do termo, entre homens bons enquanto bons; e uma secundária, na qual os outros tipos de amizade ocorrem num sentido análogo ao da verdadeira amizade, uma vez que tais amigos são amigos em virtude de uma espécie de bondade e de semelhança neles mesmos, pois o prazer é bom aos olhos dos que amam o prazer. Entretanto, não é com frequência que essas duas formas de amizade se juntam; as pessoas não fazem amizade entre si tanto por utilidade como por prazer ao mesmo tempo, uma vez que qualidades acidentais raramente são encontradas em combinação.

Sendo, então, a amizade dividida nessas espécies, as pessoas más farão amigos por prazer ou por utilidade, se forem semelhantes nesse aspecto, enquanto que as pessoas boas serão amigas pelo próprio bem umas das outras, uma vez que são semelhantes em serem boas. Os últimos são, portanto, amigos em sentido absoluto, e os primeiros por acidente e pela sua semelhança com os segundos.

5

Assim como nas virtudes, acontece o mesmo com a amizade; as pessoas são chamadas de boas em dois sentidos, seja por terem uma disposição virtuosa ou por realizarem a virtude em ação, e da mesma forma, os amigos, quando na companhia um do outro, obtêm prazer e conferem benefícios um ao outro, enquanto os amigos que estão dormindo ou separados não realizam atos de amizade, mas possuem a disposição para realizá-los, pois a separação não acaba com a amizade em absoluto, embora impeça a sua atividade. Se, no entanto, a ausência for prolongada, parece fazer com que o próprio sentimento de amizade seja esquecido; daí o dito popular "a falta de diálogo dissolve muitas amizades".

Os idosos e os rabugentos não parecem fazer amizade com facilidade, pois a sua capacidade de agradar é pequena, e ninguém consegue passar seus dias na companhia de alguém que lhe é desagradável, ou que não lhe agrada, pois a natureza parece evitar, acima de tudo, o que é doloroso e buscar o que é agradável. E quando as pessoas aprovam umas às outras, mas não convivem, parece que é mais boa vontade do que amizade. Nada é mais característico dos amigos do que procurarem a companhia uns dos outros; as pessoas pobres desejam a ajuda dos amigos, e as mais prósperas desejam a sua companhia (na verdade, são as últimas pessoas a adotar a vida solitária); mas é impossível que as pessoas passem tempo juntas, a menos que ofereçam prazer uma à outra, ou tenham gostos comuns, como fazem os membros das sociedades[79].

A amizade entre pessoas boas é, pois, a amizade mais verdadeira, como já foi dito várias vezes. Pois é consenso que o que é bom e agradável em absoluto é amável e estritamente desejável, enquanto o que é bom e agradável para uma determinada

---

79. As Ἑταιρείαι (*Hetaireíai* – Sociedades) eram sociedades cujos membros visavam ao mesmo objetivo, mas não se socializavam entre eles.

pessoa é amável e desejável com relação a essa mesma pessoa; mas a amizade dos homens bons entre si baseia-se em ambos os motivos. O amor parece ser uma emoção, a amizade, uma disposição de caráter, pois o amor pode ser sentido até por coisas inanimadas, mas o amor recíproco da amizade envolve escolha deliberada, e esta surge de uma disposição de caráter. Além disso, quando as pessoas desejam o bem daqueles que amam para o bem delas mesmas, a sua benevolência não depende da emoção, mas de uma disposição de caráter. E ao amar o amigo, elas amam o seu próprio bem, pois a pessoa boa, ao se tornar amada por outro, torna-se o bem desse outro. Cada parte, portanto, ao mesmo tempo que ama o seu próprio bem, também retribui benevolência e proporciona-lhe prazer de maneira equivalente; pois há um ditado que diz: "Amizade é igualdade", e isso é realizado mais plenamente nas amizades das pessoas boas.

**6**

Pessoas austeras e idosas raramente fazem amigos, pois tendem a ser mal-humoradas e não sentem muito prazer na companhia de outros; e o bom humor e a sociabilidade parecem ser os principais constituintes ou causas da amizade. Por isso os jovens fazem amizade rapidamente, mas os velhos não, pois não se tornam amigos daqueles cuja companhia não gostam. O mesmo se aplica a pessoas de temperamento austero. É verdade que os velhos ou austeros podem sentir benevolência uns pelos outros, desejar o bem uns aos outros e ajudar-se mutuamente em caso de necessidade, mas não se pode dizer que são propriamente amigos, porque não procuram a companhia um do outro nem desfrutam dela, e essas são consideradas as principais marcas da amizade.

Não é possível ter muitos amigos no sentido de ter com eles uma amizade perfeita, assim como não é possível amar muitas pessoas ao mesmo tempo (o amor, na verdade, parece ser um estado excessivo de emoção, e está em sua natureza voltar-se a apenas uma pessoa); e não é fácil que várias pessoas agradem muito um mesmo indivíduo ao mesmo tempo, e talvez que lhe pareçam boas pessoas. Para uma amizade perfeita, por outro lado, deve-se conhecer profundamente a outra pessoa e tornar-se íntimo dela, o que é uma coisa muito difícil de se fazer. Contudo é possível amar várias pessoas pela sua utilidade e por serem agradáveis, pois as pessoas úteis e agradáveis são abundantes e os benefícios que conferem podem ser desfrutados ao mesmo tempo.

Desses dois tipos de amizade, o que mais se assemelha à verdadeira amizade é aquele baseado no prazer, em que o mesmo benefício é conferido por ambas as partes, e elas gostam da companhia uma da outra, ou têm gostos comuns, como é o caso das amizades entre os jovens. Neles, há mais generosidade de sentimento, enquanto a amizade baseada na utilidade é coisa de almas sórdidas.

Além disso, as pessoas de grande prosperidade não precisam de amigos úteis, mas de amigos agradáveis, pois desejam companhia; e, embora essas pessoas possam suportar o que é desagradável por um curto período de tempo, ninguém suportaria isso continuamente, mesmo se fosse o bem absoluto, se isso as entediasse. Portanto, os ricos procuram amigos que sejam agradáveis. Sem dúvida, deveriam exigir que fossem bons e agradáveis, e também bons para eles, pois então possuiriam todas as qualificações adequadas para a amizade.

As autoridades e governantes parecem ter amigos de diferentes classes. Eles possuem alguns amigos que são úteis e outros que são agradáveis, mas raramente algum que seja as duas coisas ao mesmo tempo. Pois eles não procuram amigos que sejam agradáveis porque são bons, ou úteis para propósitos nobres, mas procuram pessoas espirituosas quando desejam prazer, e, quanto a outros amigos, procuram pessoas que sejam hábeis na execução de suas ordens; e essas duas qualidades raramente são encontradas na mesma pessoa. A pessoa boa, como dissemos, é útil e agradável, mas não se torna amiga de um superior, a menos que seu superior em posição social seja também seu superior em virtude; caso contrário, a pessoa boa, como parte inferior, não pode tornar as coisas proporcionalmente iguais. Mas possuidores de tal excelência superior não são fáceis de encontrar.

Em resumo, as formas de amizade de que falamos são amizades que envolvem igualdade, pois ambas as partes prestam o mesmo benefício e desejam o mesmo bem uma à outra, ou então trocam por benefícios diferentes, como prazer pela utilidade. Essas são amizades menos verdadeiras e menos permanentes, como dissemos; e as opiniões divergem sobre se são realmente amizades, devido ao fato de serem ao mesmo tempo semelhantes e diferentes com relação à mesma coisa. Em vista da sua semelhança com relação à amizade baseada na virtude, elas parecem ser amizades, pois uma contém prazer e a outra utilidade, e tais também são atributos dessa forma de amizade; mas no sentido de que a amizade baseada na virtude é resistente à calúnia e permanente, enquanto as outras mudam rapidamente, além de diferirem em muitos outros aspectos, elas parecem não ser amizades verdadeiras, devido à sua dessemelhança com ela.

## 7

Existe, porém, um outro tipo de amizade, que envolve a superioridade de uma parte sobre a outra, como a amizade entre pai e filho e, em geral, entre uma pessoa mais velha e uma mais jovem, entre marido e mulher, e entre qualquer governante e as pessoas que governa. Essas amizades também variam entre si. A amizade entre pais e filhos não é a mesma que entre governante e governado nem a amizade de pai para filho é a mesma que a de filho para pai, nem a de marido para esposa é a de esposa para marido, pois cada uma dessas pessoas tem uma excelência e função diferentes, e também motivos diferentes para serem considerados, logo, o amor e a amizade que sentem são diferentes.

Ora, nessas amizades desiguais, os benefícios que uma parte recebe e tem o direito de reivindicar da outra não são os mesmos para nenhum dos lados; mas a amizade entre pais e filhos será duradoura e equitativa quando os filhos prestarem aos pais os serviços devidos aos que os criaram, e vice-versa. O amor demonstrado nessas diversas amizades desiguais também deveria ser proporcional, isto é, a melhor das duas partes, por exemplo, ou a mais útil ou superior, conforme o caso, deveria receber mais amor do que aquela que concede; pois quando o amor prestado é proporcional ao mérito, isso produz igualdade em certo sentido entre as partes, e a igualdade é considerada um elemento essencial da amizade.

A igualdade com relação à amizade, contudo, não parece ser igual à igualdade em questões de justiça. Na esfera da justiça, "igual" é "proporcional ao mérito" como significado principal, e o termo "igual", no sentido de quantidade, é apenas secundário; enquanto na amizade "igual" em quantidade é o significado principal, e "proporcional ao mérito" apenas secundário. Isso é claramente visto quando surge uma grande disparidade entre dois amigos em termos de virtude, de vício, de riqueza, ou de qualquer outra coisa; eles não são amigos e nem esperam ser. Isso é ainda mais manifesto no caso dos deuses, cuja superioridade em todos os bons atributos é preeminente; mas isso também é visto com os reis, pois no caso deles, pessoas muito abaixo deles em posição não esperam ser suas amigas, nem pessoas sem nenhum mérito particular esperam ser amigas de indivíduos de excelência ou sabedoria distinta.

É verdade que não podemos definir até que ponto a amizade permanece em tais casos; a distância pode continuar aumentando e a amizade ainda permanecer; mas quando um se torna muito distante do outro, assim como o divino está distante do ser humano, a possibilidade de amizade acaba. Isso levanta a questão: não é, afinal, falso que desejamos aos nossos amigos o maior dos bens? Por exemplo, podemos desejar que eles se tornem deuses? Pois assim eles nos perderão como amigos e, portanto, perderão certos bens, pois amigos são bens. Se, então, foi dito corretamente acima que um verdadeiro amigo deseja o bem de seu amigo pelo bem desse próprio amigo, o amigo teria que permanecer o mesmo, seja o que for, para que ele realmente lhe deseje apenas os maiores bens compatíveis com a sua permanência como ser humano. Mas talvez não lhe deseje todos os maiores bens, pois todos desejam, acima de tudo, o bem para si mesmos.

## 8

A maioria das pessoas, entretanto, por uma questão de honra, parece que prefere ser amada do que dar amor. É por esse motivo que a maioria das pessoas gosta de bajulação, pois um bajulador é um amigo em posição inferior, ou finge ser, e que ama mais do que é amado; mas ser amado é considerado quase o mesmo que ser honrado, e isso é o que a maioria das pessoas deseja.

No entanto, tais pessoas não parecem valorizar a honra por si só, mas apenas acidentalmente. Pois a maioria das pessoas gosta de receber honras dos indivíduos de alta posição, porque espera algo deles (pensam que, se necessitarem de alguma coisa, essa pessoa será capaz de fornecê-la, por isso gostam de ser honradas, como se isso fosse um sinal dos benefícios futuros). Aquelas pessoas, por outro lado, que desejam ser honradas por pessoas boas e conhecidas o fazem pelo desejo de confirmar a opinião que têm de si mesmas; portanto, estas gostam da honra porque têm certeza de seu próprio valor mediante o julgamento de quem o afirma.

Ser amado, por outro lado, é aprazível por si só; daí inferimos que é mais valioso que a honra e que a amizade é desejável por si mesma. Mas, na sua essência, a amizade parece consistir mais em dar do que em receber amor, como é visto no prazer que as mães sentem em amar os filhos. Algumas mães entregam seus filhos para serem criados por outros e, apesar de conhecê-los e amá-los, não buscam ser amadas por eles em troca (isso se forem possíveis ambas as coisas), mas ficam contentes se os veem prosperando; elas mantêm seu próprio amor por elas, mesmo que os filhos, não as conhecendo, não possam retribuir-lhes nada do que se deve a uma mãe.

Como, então, a amizade consiste mais em conceder amor, e como louvamos as pessoas por amarem seus amigos, o amar parece ser a marca de um bom amigo. Portanto, são amigos que se amam, na justa medida, que continuam amigos e cuja amizade é duradoura.

Além disso, é prestando afeto proporcional ao merecimento que até os desiguais podem ser amigos, pois isso os tornará iguais. A amizade consiste na igualdade e na semelhança, especialmente na semelhança daqueles que são semelhantes em virtude; por serem fiéis a si mesmos, estes também permanecem fiéis uns aos outros, e não solicitam nem prestam serviços moralmente degradantes. Na verdade, pode-se dizer que eles realmente se previnem do mal, uma vez que pessoas boas não erram nem permitem que seus amigos errem. As pessoas más, por outro lado, não têm constância na amizade, pois nem sequer permanecem fiéis ao seu próprio caráter; mas podem ser amigas por pouco tempo, enquanto sentem prazer na maldade um do outro. As amizades de pessoas úteis e agradáveis duram mais, isto é, desde que proporcionem prazer ou vantagens umas às outras.

É a amizade baseada na utilidade que parece brotar mais frequentemente de opostos, como entre uma pessoa pobre e uma rica, entre um ignorante e um instruído; pois uma pessoa que deseja algo que lhe falta dará outra coisa em troca. Pode-se incluir nessa classe a amizade entre um amante e o(a) amado(a), ou entre uma pessoa linda e uma feia. É por isso que os amantes, às vezes, parecem ridículos quando afirmam que o seu amor deve ser igualmente retribuído; sem dúvida, se forem igualmente amáveis, essa é uma exigência razoável, mas será ridícula se não tiverem nada que desperte o amor.

Talvez não haja nenhuma atração real entre os opostos como tais, mas apenas acidentalmente, e o que eles realmente desejam é o meio-termo entre eles (já que este é o que é realmente bom); para o seco, por exemplo, ficar molhado não é bom, é bom atingir um estado intermediário, e o mesmo acontece com o quente, e todos os outros casos. Deixemos, no entanto, de lado essas questões, que são, em verdade, um tanto estranhas à nossa investigação.

**9**

Os objetos e as relações pessoais de que trata a amizade parecem, como foi dito no início, ser os mesmos que constituem a esfera da justiça. Pois em toda comunidade encontramos algum tipo de justiça, e também de amizade; nota-se que os companheiros de viagem e os companheiros soldados falam uns dos outros como "meus amigos", e o mesmo acontece com os parceiros em qualquer outra espécie de comunidade. Mas a sua amizade é limitada à extensão da sua associação, e o mesmo acontece com a justiça que existe entre eles. Mais uma vez, o provérbio "os bens dos amigos são propriedade comum" está correto, uma vez que a comunidade é a essência da amizade.

Os irmãos possuem tudo em comum, assim como os membros de uma sociedade; outros amigos possuem bens especiais em comum – alguns mais e outros menos dependendo do caso –, na medida em que as amizades variam em grau. As reivindicações de justiça também diferem em diferentes relacionamentos. Os deveres dos pais com relação aos filhos não são os mesmos que os dos irmãos entre si; as obrigações dos membros de uma sociedade não são as mesmas dos concidadãos; e da mesma maneira com as outras formas de amizade.

A injustiça também se constitui de modo diferente em cada uma dessas relações, pois o mal é cada vez mais grave na proporção em que é feito a um amigo mais próximo. Por exemplo, é mais chocante fraudar dinheiro a um membro da sociedade do que a um concidadão; ou recusar ajuda a um irmão do que fazê-lo a um estranho; ou bater no pai do que bater em qualquer outra pessoa. Da mesma forma, é natural que as reivindicações de justiça também aumentem com a proximidade da amizade, uma vez que amizade e justiça existem entre as mesmas pessoas e são coextensivas.

Todas as formas de comunidade são, por assim dizer, como parte da comunidade política. Os viajantes, por exemplo, viajam juntos para obter alguma vantagem, nomeadamente para adquirir alguns dos suprimentos necessários. Acredita-se que a comunidade política foi originalmente formada, e continua a ser mantida, para vantagem dos seus membros: o objetivo dos legisladores é o bem da comunidade, e a justiça é por vezes definida como aquilo que é vantajoso para o bem comum. Assim, as outras comunidades visam alguma vantagem particular; por exemplo, os marinheiros juntam-se para ganhar dinheiro de coisas relacionadas ao comércio marítimo ou algo semelhante; os soldados, para obter os ganhos da guerra, podendo ser riqueza, ou a vitória sobre o inimigo, ou [a captura de] uma pólis; e, da mesma forma, os membros de uma tribo ou um demo.

[Algumas comunidades parecem ser formadas por uma questão de prazer, por exemplo, organizações religiosas e clubes de jantar, que são uniões a fim de oferecer sacrifícios e proporcionar relações sociais. Mas todas essas comunidades parecem estar subordinadas à comunidade política da pólis, que visa não uma vantagem temporária, mas uma que abrange toda a vida][80], unem-se para realizar sacrifícios e realizar festivais, prestando assim honra aos deuses e proporcionando recreações agradáveis para si mesmos. Pode-se notar, de fato, que os sacrifícios e festivais de origem antiga aconteciam após a colheita, sendo na verdade festas de colheita, isso porque era nessa época do ano em que as pessoas tinham mais lazer.

Todas essas comunidades parecem, portanto, fazer parte da comunidade política; e as amizades específicas que analisamos corresponderão às comunidades específicas das quais elas surgem.

## 10

Existem três formas de constituição e um número igual de perversões ou corrupções dessas formas. As constituições são a monarquia, a aristocracia e, em terceiro lugar, a constituição baseada na posse de bens, que parece apropriado descrever como timocracia, embora a maioria das pessoas lhe chame de governo constitucional. A

---

80. Possível fragmento interpolado.

melhor dessas constituições é a monarquia, e a pior, a timocracia.

A perversão da monarquia é a tirania. Ambas são monarquias, mas há uma diferença muito grande entre elas: um tirano visa à sua própria vantagem, um rei, à vantagem de seus súditos. Pois um monarca não é um rei se não possuir recursos independentes e não estiver melhor abastecido de bens de todo tipo do que seus súditos; a um governante assim situado não falta nada e, portanto, não voltará para seus próprios interesses, mas sim os de seus súditos, pois o rei que não for assim terá apenas um título de rei. A tirania é exatamente o oposto nesse aspecto, pois o tirano busca seu próprio bem. A inferioridade da tirania entre as perversões é mais evidente do que a da timocracia entre as constituições, pois o oposto do melhor deve ser o pior.

Quando ocorre uma mudança na constituição, a monarquia passa a ser uma tirania, porque a tirania é a má forma de monarquia, de modo que um mau rei se torna um tirano. A aristocracia passa a ser uma oligarquia devido à maldade dos governantes, que não distribuem o que pertence à pólis, mas dão a si mesmos todos ou a maior parte de seus benefícios, e sempre atribuem os cargos às mesmas pessoas, porque prezam, acima de tudo, a riqueza; assim, o poder está nas mãos de poucos e maus governantes, em vez de estar nas mãos dos melhores.

A timocracia, por seu lado, passa a ser uma democracia, pois há uma afinidade entre elas, na medida em que o ideal da timocracia também é um governo da maioria, e dentro da qualificação de propriedade todos são iguais. A democracia é a menos má das perversões, pois representa um desvio muito pequeno da forma constitucional de governo. Essas são, portanto, as formas mais comuns pelas quais as mudanças ocorrem nas pólis, uma vez que são mudanças menores e que ocorrem mais facilmente.

Podem-se encontrar semelhanças e, por assim dizer, modelos dessas diversas formas de constituição até mesmo no contexto familiar. A relação do pai com os filhos é como uma monarquia, uma vez que o primeiro cuidado do pai é o bem-estar dos filhos. É por isso que Homero chama Zeus de "pai", pois o ideal de monarquia é ser uma espécie de governo paterno. Entre os persas, no entanto, esse governo paterno é tirânico, pois os persas usam seus filhos como escravos. A relação do senhor com seus escravos também é tirânica, pois nela se visa a vantagem do senhor. Esta parece estar certa, mas a do persa parece errada, pois relações diferentes deveriam estar sob diferentes formas de governo.

A relação entre marido e esposa parece ser da natureza aristocrática: o marido governa em virtude de seu valor e em assuntos que pertencem à esfera de um homem, mas deixa assuntos adequados a uma mulher à sua esposa. Quando o marido controla tudo, ele transforma a relação em uma oligarquia, pois governa violando seu valor masculino, nem governa em virtude da sua superioridade. E, às vezes, quando a esposa é herdeira, é ela quem governa. Nesses casos, a autoridade não depende da virtude, mas da riqueza e do poder, como numa oligarquia.

A relação entre irmãos constitui uma espécie de timocracia; são iguais, salvo na medida em que diferem em idade; portanto, se a divergência de idade for grande, a amizade entre eles não será do tipo fraternal.

A democracia aparece sobretudo nos lares sem senhor, pois neles todos os membros são iguais, mas também prevalece que o governante da casa é fraco e todos podem fazer o que quiserem.

## 11

Em cada uma dessas formas de governo encontramos a amizade existente entre governante e governado, na mesma medida que a justiça. A amizade de um rei para com seus súditos depende da superioridade em benefícios conferidos, pois um rei faz o bem aos seus súditos na medida em que, sendo bom, promove o bem-estar deles, como faz um pastor com suas ovelhas (por isso Homero chama Agamemnon de "pastor do povo"). A amizade de um pai por seu filho é desse mesmo tipo, mas, nesse caso, os benefícios concedidos são maiores, pois o pai é a fonte da existência do filho, o que parece ser o maior de todos os benefícios, assim como cuida de sua nutrição e educação. Também atribuímos os mesmos benefícios aos nossos antepassados. É natural que um pai governe seus filhos e que os antepassados governem seus descendentes tal qual um rei governa seus súditos. Essas amizades implicam, portanto, numa superioridade de uma parte sobre a outra, sendo a razão pela qual honras são prestadas aos antepassados. Por conseguinte, a justiça que existe nessas relações não é a mesma em ambos os lados, mas proporcional ao mérito, assim como a própria amizade.

A amizade entre marido e mulher é, novamente, a mesma que prevalece entre governantes e súditos numa aristocracia, pois é proporcional à virtude: a melhor parte recebe a maior parte do bem e cada parte recebe o que lhe é apropriado; e o mesmo se aplica à justiça em ambos os lados.

A amizade entre irmãos é como aquela entre membros de uma sociedade: as duas partes são iguais em posição e idade, e isso geralmente implica uma igualdade de sentimentos e de caráter. Essa amizade fraterna é semelhante à forma timocrática de constituição, uma vez que o ideal da timocracia é que todos os cidadãos sejam iguais e bons, de modo que todos governem por turnos e todos tenham uma parcela igual de poder; e, portanto, a amizade apropriada a essa constituição corresponde à descrita.

Nas formas de perversões da constituição, porém, tanto a amizade como a justiça possuem pouco espaço, e um espaço menor ainda na pior forma: a tirania, em que há pouca ou nenhuma amizade. Com efeito, onde não há nada em comum entre governante e governado também não pode haver amizade entre eles, assim como não pode haver justiça. É como a relação entre um artesão e sua ferramenta, ou entre a alma e o corpo, ou entre senhor e escravo; todos esses instrumentos, é verdade, são beneficiados pelas pessoas que os utilizam, mas não pode haver amizade, nem justiça, para com as coisas inanimadas; na verdade, nem mesmo para um cavalo, um boi ou ainda para um escravo enquanto escravo, pois senhor e escravo não têm nada em comum: um escravo é uma ferramenta viva, e uma ferramenta é um escravo inanimado. Não pode haver amizade com um escravo enquanto escravo, embora possa haver enquanto ser humano, pois parece haver uma certa justiça nas relações de cada ser humano com todos os outros que são capazes de participar da lei ou serem partes de um contrato; logo, a amizade também é possível com todos, desde que sejam seres humanos.

Por fim, enquanto nas tiranias há pouco espaço para amizade e justiça entre governantes e súditos, nas democracias há mais espaço para elas, nas quais os cidadãos, sendo iguais, possuem muitas coisas em comum.


## 12

Toda forma de amizade, como dissemos, envolve comunidade; mas, nesse sentido, a amizade entre familiares e entre membros de uma sociedade podem ser distinguidas das amizades entre concidadãos, companheiros de tribo, companheiros de bordo e semelhantes; uma vez que estes parecem estar fundados, por assim dizer, num pacto. Com esses últimos poderia ser incluída a amizade existente entre hóspede e hospedeiro.

A própria amizade entre familiares parece incluir uma variedade de espécies, mas todas parecem derivar da afeição dos pais pelos filhos, pois os pais amam os filhos como parte de si mesmos, enquanto os filhos amam os pais como a fonte do seu ser. Além disso, os pais conhecem seus filhos melhor do que os filhos conhecem sua ascendência; e o progenitor sente-se mais dono de seus filhos do que seus filhos com relação ao pai, porque um produto pertence ao produtor, como um dente ou cabelo ou o que quer que seja pertence ao seu dono, enquanto que o produtor não pertence ao produto, ou pertence apenas em menor grau. O amor dos pais também excede o do filho em duração; os pais amam os filhos assim que nascem, e os filhos amam os pais apenas quando o tempo passa e eles adquirem compreensão ou, pelo menos, percepção. Essas considerações também explicam por que o amor das mães é maior que o dos pais.

Pai e mãe, portanto, amam seus filhos como a si mesmos (pois o filho é como se fosse um outro "eu" que existe separadamente); os filhos amam os pais como a fonte do seu ser; os irmãos amam uns aos outros como sendo da mesma fonte, uma vez que a identidade das suas relações com essa fonte os identifica uns com os outros, e é por isso que falamos de "ser do mesmo sangue" ou "da mesma linhagem" ou algo semelhante. Os irmãos são, portanto, de certa forma, o mesmo ser, embora em corpos separados.

A amizade entre irmãos também é grandemente promovida pela educação comum e pela semelhança de idade; pois "dois da mesma idade se dão bem"[81], e a familiaridade gera companheirismo, e é por isso que a amizade entre irmãos se assemelha àquela entre membros de uma sociedade.

Primos e demais familiares derivam seu apego da relação fraterna, isto é, devido à descendência do mesmo ancestral. Seu sentimento é maior ou menor quanto mais próximo ou mais distante estiver o ancestral comum.

A amizade dos filhos pelos pais, como a dos seres humanos pelos deuses, é a amizade pelo que é bom e superior, pois seus pais lhes concederam os maiores benefícios já que são a causa de sua existência, criação e educação. Além disso, a amizade entre pais e filhos proporciona um maior grau de prazer e de utilidade do que aquela entre pessoas não relacionadas entre si, na medida em que têm mais coisas em comum nas suas vidas.

A amizade entre irmãos possui as mesmas características da amizade entre membros de uma sociedade, sobretudo quando são virtuosos, e entre pessoas que se parecem de alguma forma, pois irmãos vivem juntos e se amam desde o nascimento e, sendo filhos dos mesmos pais, foram criados juntos e educados da mesma forma, e por isso são mais semelhantes em caráter; também, com os irmãos, a prova do tempo foi aplicada de maneira mais longa e confiável.

Os graus de amizade entre outros familiares variam correspondentemente. A amizade entre marido e esposa parece existir por natureza, pois

---

81. Aristóteles, *Retórica*, 1371b.

o homem é, por natureza, mais uma criatura reprodutora do que uma criatura política, na medida em que a família é uma instituição anterior e mais fundamental que a pólis, e a procriação de descendentes é uma característica comum aos homens e animais. Assim, enquanto os outros animais unem-se sexualmente visando apenas à continuação da espécie, os seres humanos coabitam não apenas para gerar filhos, mas também para satisfazer as necessidades da vida; pois com a raça humana a divisão do trabalho começa desde o início, e o homem e a mulher têm funções diferentes. Desse modo, suprem as necessidades uns dos outros, tornando compartilhadas as suas capacidades individuais. Consequentemente, a amizade entre marido e esposa parece ser uma combinação de utilidade e prazer. Mas também pode basear-se na virtude, se os parceiros forem de caráter moral elevado; pois ambos os sexos têm sua virtude própria, e esta pode ser a base do prazer. Os filhos também parecem constituir um vínculo de união, é por esse motivo que os casamentos sem filhos se separam mais facilmente, pois os filhos são um bem comum a ambos os pais, e a propriedade comum mantém as pessoas unidas.

A questão de quais regras de conduta devem reger as relações entre marido e esposa, e, de modo geral, entre um amigo e outro amigo, parece ser uma questão de justiça. Existem diferentes condutas de justiça entre uma pessoa para com amigos, estranhos, membros de uma sociedade e condiscípulos.

## 13

Existem então, como dissemos no início, três tipos de amizade, e em cada tipo há amigos que estão em igualdade e amigos em superioridade; pois duas pessoas igualmente boas podem ser amigas, ou uma pessoa melhor pode ser amiga de uma pior; e da mesma forma com amigos agradáveis e com aqueles que são amigos por uma questão de utilidade, que podem ser iguais ou diferentes na quantidade dos benefícios que conferem. Aqueles que são iguais devem ser amigos numa base de igualdade, quanto ao amor e a todo o resto, mas aqueles que são desiguais devem beneficiar-se proporcionalmente à sua superioridade ou inferioridade.

Queixas e censuras ocorrem única ou principalmente em amizades baseadas na utilidade, como é de se esperar. Numa amizade baseada na virtude, cada parte deseja beneficiar a outra, pois isso é característico da virtude e da amizade; e como competem entre si para promover, e não para obter benefícios, não podem surgir queixas nem disputas, pois ninguém se ofende com quem o ama e o beneficia, mas se é uma pessoa de bons sentimentos lhe retribui fazendo o bem; e aquele que é superior ao outro em oferecer benefícios não terá nenhuma queixa contra seu amigo, uma vez que ele consegue o que deseja, e o que toda pessoa deseja é o bem. Tampouco é provável que ocorram queixas entre amizades baseadas no prazer, porque ambos gostam da companhia um do outro e ambos conseguem o que desejam; e, de fato, pareceria ridículo alguém se queixar de uma pessoa por ela não ser agradável, uma vez que não é necessário ser amigo dela se assim quiser.

Mas uma amizade baseada na utilidade pode dar origem a queixas. Com efeito, nesse caso, as pessoas tornam-se amigas para obter lucro, e assim cada parte sempre quer mais e pensa que está recebendo menos do que lhe é devido; e se queixam de não receberem tanto quanto desejam e merecem; e quem faz bem a outros nunca poderá fornecer-lhes tudo o que eles desejam.

Parece que, como a justiça é de dois tipos, uma não escrita e outra definida pela lei, a amizade baseada na utilidade pode ser moral ou legal. Assim, as queixas ocorrem principalmente quando o tipo de amizade em vista não é o mesmo de quando o relacionamento foi formado.

A relação de amizade feita em termos definidos é do tipo legal. Seu lado puramente comercial é baseado no pagamento imediato, já seu lado liberal baseia-se numa margem de tempo futura, embora ainda com um acordo de pagamento; e nesse último caso a obrigação é clara, e não ambígua, embora haja um elemento de amizade no atraso permitido; razão pela qual em algumas pólis não há ação legal nesses casos, sendo considerado que, em tais contratos envolvendo crédito, o contratante deve arcar com as consequências.

A amizade do tipo moral, por outro lado, não se baseia em termos definidos. Nesse caso, uma pessoa presenteia ou fornece um serviço a outro, mas espera receber um retorno equivalente ou maior, como se não tivesse sido um presente gratuito, mas um empréstimo; e, se ao terminar essa relação numa situação pior do que a de quando iniciou, essa pessoa se queixará. A razão disso é que todas as pessoas, ou a maioria delas, desejam o que é nobre, mas escolhem o que é vantajoso; e, embora seja nobre prestar um serviço sem o objetivo de recebê-lo em troca, é vantajoso receber um.

Deve-se, portanto, retribuir, se possível, com o equivalente aos serviços recebidos, e fazê-lo de boa vontade; pois não se deve tornar-se amigo de alguém se não estiver disposto a retribuir seus favores. É preciso reconhecer, portanto, que nos enganamos desde o início e aceitamos um serviço de uma pessoa errada, isto é, uma pessoa que não era nossa amiga e não estava agindo simplesmente por agir; devemos, nessa situação, reembolsar os valores da relação como se tivesse aceitado um serviço em termos definidos. Além disso, teríamos concordado em reembolsar um serviço se pudéssemos fazê-lo (e se não fôssemos capazes, o benfeitor, por seu lado, também não esperaria o reembolso); portanto, se possível, deve-se fazer um reembolso. Mas deve-se considerar, desde o início, de quem se está recebendo um serviço, e em que termos o recebe, para que se possa aceitá-lo nesses termos ou então recusá-lo.

No entanto, pode surgir discussão quanto ao valor do serviço prestado. Deve ser medido pelo beneficiado e pelo retorno obtido, ou pelo custo para quem o faz? Ora, o destinatário dirá que, para seu benfeitor, foi uma coisa insignificante que recebeu, ou que poderia ter recebido de outra pessoa, e assim diminuir o valor. O outro, pelo contrário, protestará que era a coisa mais valiosa que tinha para dar, ou que não poderia ter sido obtida de mais ninguém, ou que foi concedida num momento de perigo ou em alguma emergência.

Talvez possamos dizer, então, que, quando a amizade é baseada na utilidade, o valor do serviço deva ser medido pelo destinatário, pois é ele quem o deseja, e o outro vem em seu auxílio na expectativa de um retorno equivalente; portanto, o montante de ajuda prestada deve ser o montante que o beneficiário recebe, e, portanto, ele deve reembolsar tanto quanto recebeu; ou até mais, pois isso será mais nobre.

Nas amizades baseadas na virtude, não surgem queixas, mas a medida do benefício parece ser a própria escolha de quem fornece; pois escolha é um fator predominante na virtude e no caráter.

## 14

As diferenças também surgem nas amizades onde há disparidade entre as partes. Cada lado afirma obter mais do que o outro, e isso inevitavelmente leva a uma ruptura. Se um é melhor que o outro, pensa que tem direito a mais, pois a bondade merece a maior parte. Da mesma forma quando um lado é mais útil que o outro. Com efeito, se uma pessoa não tem utilidade, dizem que ela não deveria receber uma parte igual, pois isso se torna uma caridade, e não uma amizade, se o que se ganha com isso não é suficiente para retribuir o problema. Afinal, as pessoas pensam que, numa amizade, deveria ser assim como numa parceria comercial, onde aqueles que contribuem com mais capital recebem mais lucros. Por outro lado, o necessitado ou inferior tem a opinião oposta: pensa que cabe ao bom amigo ajudar os necessitados. De que adianta (argumentaria ele) ser amigo dos bons e dos grandes se não quisermos tirar proveito disso?

Seja como for, parece que cada uma dessas afirmações está certa. Ambas as partes deveriam tirar a maior vantagem na amizade do que o outro, e não a maior parte da mesma coisa: o superior deveria receber a maior parte de honra, o inferior, a maior parte do lucro; pois a honra é a devida recompensa da virtude e da beneficência, enquanto o lucro é a ajuda que a inferioridade requer.

O mesmo princípio é observado nas disposições constitucionais. Um cidadão que não contribui com nada de valor para o patrimônio comum não é tido com honra, pois a honra é dada àqueles que beneficiam a comunidade, e a honra faz parte do patrimônio comum. Além disso, uma pessoa não pode esperar ganhar dinheiro com a comunidade, nem receber honras, pois ninguém se contenta em ter a menor parte em todas as coisas, e por isso prestamos honra a quem perde riqueza ao ocupar um cargo público e damos dinheiro àquele que aceita subornos; uma vez que a retribuição de acordo com o mérito restaura a igualdade e preserva a amizade, como foi dito acima.

Este princípio, portanto, também deveria regular o relacionamento entre amigos desiguais: aquele que é beneficiado em dinheiro ou em caráter deve retribuir com o que puder, ou seja, com honra. Afinal, a amizade exige o que é possível, não o que é devido; a retribuição de acordo com o mérito é, às vezes, impossível, por exemplo, ao honrar os deuses ou os pais; ninguém jamais poderia prestar-lhes a honra que merecem, e uma pessoa é considerada virtuosa se lhes prestar toda a honra que puder.

É por essa razão que um filho nunca deveria renegar o seu pai (embora um pai possa renegar o seu filho); pois um devedor deve pagar, mas nada que um filho possa fazer se compara aos benefícios que recebeu, de modo que o filho estará sempre em dívida com o pai. Mas um credor pode perdoar a dívida de seu devedor e, portanto, um pai pode renegar o seu filho. Ao mesmo tempo, é improvável que um pai abandone um filho, a menos que este seja excessivamente cruel, pois, além do afeto existente naturalmente, não é da natureza humana rejeitar ajuda a um filho. Mas, se o filho for de fato mau, evitará ajudar o pai ou não fará questão disso; pois a maioria das pessoas deseja receber benefícios, mas evita concedê-los por não serem lucrativos.

Que isso seja, então, o suficiente sobre esses assuntos.

# Livro IX

*[Trata da amizade política]*

### 1

Em todas as amizades entre dessemelhantes é a proporção, como já foi dito, que estabelece a igualdade e preserva a amizade; assim, por exemplo, nas relações entre concidadãos, o sapateiro recebe o pagamento pelos seus sapatos, e o tecelão e os demais artesãos, pelos seus produtos, em proporção ao valor prestado. Nessas relações comerciais foi, então, concebida uma medida comum, nomeadamente o dinheiro, e esse é um padrão ao qual todas as coisas se referem e pelo qual são medidas. Mas nas amizades entre amantes, o amante às vezes se queixa de que seu afeto é mais caloroso, mas não encontra nenhuma afeição em troca (talvez porque não haja nada nele que desperte afeto), enquanto a pessoa amada frequentemente se queixa de que o amante, que antes prometia tudo, agora não cumpre nenhuma de suas promessas. Tais desavenças ocorrem quando o prazer é o motivo da amizade por parte do amante e o ganho por parte do amado, e também quando cada uma das partes não possui mais o atributo desejado. Numa amizade baseada nesses motivos, ocorre uma ruptura assim que as partes deixam de obter as coisas pelas quais eram amigas; visto que nenhuma das duas amava a outra por si mesma, mas possuía algum atributo que não era permanente. Por isso essas amizades não são permanentes. Mas a amizade baseada no caráter é duradoura, como foi dito.

Os desentendimentos surgem quando os amigos conseguem uma coisa diferente do que desejam; pois não conseguir o que deseja é quase o mesmo que não conseguir nada. Por exemplo, há a história do homem que contratou um harpista e prometeu que quanto melhor tocasse, mais lhe pagaria; mas, na manhã seguinte, quando o harpista lhe pediu que cumprisse sua promessa, o homem disse que já havia pago pelo prazer recebido com o prazer dado. Estaria tudo bem se ambos quisessem o prazer, mas quando um quer prazer e o outro ganho, e quando um consegue o que quer e o outro não, não seria uma troca justa. Uma pessoa dedica-se àquilo de que precisa, e é em troca disso que ela está pronta para dar o que tem.

A quem compete decidir o valor devido? Deve ser avaliado por quem presta o serviço inicial? Ou por quem o recebe, já que o outro, ao oferecê-lo, parece deixar-lhe a decisão? Dizem que assim era a prática de Protágoras[82]: quando ensinava qualquer matéria, pedia ao aluno que estimasse o valor que atribuía ao seu conhecimento e aceitava a quantia fixada. Em tais assuntos, no entanto, algumas pessoas preferem o princípio de

---

82. Platão, *Protágoras*, 328b.

que "o salário declarado deve permanecer válido"[83]. Contudo as pessoas que recebem o dinheiro antecipadamente e, depois, tendo feito promessas extravagantes, deixam de cumprir o que se comprometeram naturalmente enfrentam queixas por não cumprirem o acordo. Por esse motivo, talvez, os sofistas são obrigados a exigir seus pagamentos antecipadamente, uma vez que ninguém pagaria dinheiro pelo conhecimento que possuem. As pessoas pagas antecipadamente enfrentam naturalmente reclamações se não prestarem o serviço para o qual aceitaram o pagamento.

Nos casos, porém, em que não se chega a um acordo quanto ao valor do serviço, se este for prestado em benefício próprio do destinatário, como foi dito acima, não há queixa, pois uma amizade baseada na virtude não dá origem a brigas; e a retribuição feita deve ser proporcional à intenção do benfeitor, pois a intenção é a medida do amigo e da virtude. Esse é o princípio, segundo parece, pelo qual o pagamento deveria ser feito àqueles que estudam filosofia, pois o valor de seu serviço não é mensurável em dinheiro, e nenhuma honra prestada a eles poderia ser equivalente; mas talvez seja suficiente para eles, assim como para os deuses e para nossos pais, dar aquilo que está em nosso poder.

Quando, por outro lado, a dádiva não é dessa espécie, mas feita visando uma recompensa, é, sem dúvida, melhor que se faça uma retribuição,

---

83. Hesíodo, *Trabalhos e dias*, 370.

na medida em que pareça justa para ambas as partes. Na falta de tal concordância, pareceria não só inevitável, mas também justo, que o montante da retribuição fosse fixado pela parte que recebeu o serviço inicial, uma vez que aquele que forneceu o serviço terá recuperado o que o beneficiário realmente deve quando lhe tiver sido pago o valor do serviço prestado, ou a soma que ele estaria disposto a pagar pelo prazer.

No contexto de compra e venda, essa parece ser a prática vista; e em alguns lugares a lei não permite ações para a aplicação de acordos voluntários, com o fundamento de que, quando se dá crédito a alguém, deve-se concluir a transação tal como a iniciou. Afinal, é considerado mais justo que o preço seja fixado por quem recebeu o crédito do que por quem o concedeu. No geral, aqueles que possuem uma coisa valorizam-na de modo diferente daqueles que desejam obtê-la, pois os próprios bens sempre parecem valer muito; no entanto, a retribuição é determinada pela avaliação de quem recebe. Mas tal pessoa deve, sem dúvida, avaliar não pelo que lhe parece valer quando recebeu, mas pelo valor que foi atribuído antes de receber.

## 2

Outras questões que podem ser levantadas são as seguintes: devemos, aos nossos pais, dar preferência e obedecer-lhes, ou deveríamos, quando doentes, seguir o conselho de um médico e votar no melhor soldado ao eleger um general? Da mesma forma, deveríamos prestar um serviço a um amigo em vez de a uma pessoa virtuosa, e recompensar um benfeitor em vez de favorecer um amigo, quando não estamos em condições de fazer as duas coisas?

Será que estabelecer uma regra precisa a todos esses assuntos não é uma tarefa fácil? Porque os casos variam indefinidamente, tanto com relação à sua importância quanto à sua nobreza ou necessidade. Mas é bastante claro que não devemos dar preferência à mesma pessoa em todas as coisas. Como regra geral, deveríamos retribuir os serviços prestados, em vez de fazer favores aos nossos amigos, assim como deveríamos, antes de emprestar dinheiro a um amigo, pagar um empréstimo a um credor.

No entanto, talvez mesmo essa regra não seja isenta de exceções. Por exemplo, deve alguém que tenha sido resgatado de bandidos resgatar o seu resgatador em troca, seja ele quem for (ou mesmo reembolsá-lo, se ele próprio não foi capturado, mas exigiu pagamento) ou deve alguém resgatar o próprio pai? Pode-se pensar que é dever de alguém resgatar seu pai antes mesmo de si mesmo.

Como regra geral, então, como foi dito, deve-se pagar uma dívida, mas se uma dádiva é deveras nobre ou necessária, então deve-se atender a essas considerações. Há ocasiões em que seria realmente injusto retribuir com o equivalente um serviço original, como quando uma pessoa presta um serviço a outra sabendo que é uma pessoa boa, e a outra deve devolver o serviço a quem acredita ser uma pessoa má. Pois, mesmo que a primeira pessoa tenha emprestado à segunda, esta nem sempre é obrigada a emprestar em troca: uma parte poderia dar um empréstimo à outra, que é uma pessoa boa, esperando receber seu dinheiro de volta, enquanto a outra não teria esperança de reaver seu empréstimo a essa mesma parte, pois é má. Se a primeira for realmente uma pessoa má, o retorno que ela pede não é justo; e mesmo que ela não seja má, mas as pessoas pensam que é, não seria considerado estranha uma recusa. Assim, como já foi muitas vezes observado, as discussões sobre as nossas emoções e ações só admitem o grau de definição que pertence aos assuntos de que tratam.

É bastante claro, portanto, que nem todas as pessoas têm o mesmo direito de retribuição sobre nós, e que mesmo o direito de um pai não é ilimitado, assim como Zeus não recebe todos os sacrifícios. Como as reivindicações dos pais e dos irmãos, dos camaradas e dos benfeitores são diferentes, devemos dar a cada um o que é próprio e adequado a cada um. Esse é de fato o princípio segundo o qual as pessoas agem. Convidam os familiares para um casamento porque são membros da família e, portanto, preocupados com os assuntos da família; também se considera que cabe especialmente aos parentes comparecer a funerais, pelo mesmo motivo.

Sobre o sustento, pensa-se que devemos ajudar nossos pais antes de qualquer outra pessoa, uma vez que devemos isso a eles como uma dívida, e apoiar os autores de nosso ser é preferível à autopreservação da nobreza moral. A honra também é devida aos pais, como é aos deuses, embora não seja uma honra indiscriminada: não se deve ao pai a mesma honra que se deve à mãe, ou a um grande filósofo ou a um general, mas se deve ao pai a honra apropriada a um pai, e à mãe a honra apropriada a ela.

Mais uma vez, devemos prestar a todos os nossos idosos a honra devida à sua idade, levantando-nos quando entram, oferecendo-lhes um assento, e assim por diante. Com relação aos camaradas e irmãos, por outro lado, devemos usar a liberdade de discurso e partilhar com eles todas as coisas em comum.

Também aos parentes, aos companheiros de tribo, aos concidadãos e a todo o restante, devemos sempre nos esforçar para prestar o que lhes é devido, comparando suas diversas reivindicações a respeito de relacionamento e de virtude ou utilidade. A comparação entre pessoas da mesma espécie é mais fácil, mas é uma questão mais difícil quando estão relacionadas conosco de maneira diferente. No entanto, não devemos fugir à tarefa por esse motivo, mas devemos decidir as suas reivindicações o melhor que pudermos.

### 3

Outra questão é se uma amizade deve ou não deve ser interrompida quando os amigos não permanecem os mesmos. Pode-se dizer que, quando o motivo da amizade é a utilidade ou o prazer, não é incomum que ela seja interrompida quando nossos amigos não possuem mais o atributo de serem úteis ou agradáveis. Foram esses atributos que amamos, e quando eles falham, é razoável que o amor cesse. Mas uma pessoa poderia muito bem queixar-se de outra se, embora realmente gostássemos dela pela utilidade ou prazer que ela proporcionava, tivéssemos fingido amá-la por seu caráter. Como foi dito, as diferenças entre amigos surgem mais frequentemente quando a natureza da sua amizade não é a que eles pensam que é. Portanto, quando uma pessoa comete um erro e imagina que era amada por seu caráter, sem que houvesse nada no comportamento de seu amigo que justificasse essa suposição, ela é a única culpada. Mas quando enganada pela pretensão do seu amigo, há motivos para queixa contra o enganador – na verdade, essa pessoa é pior do que aqueles que falsificam moedas, pois o mal que causa atinge algo mais precioso do que o dinheiro.

Mais uma vez, suponhamos que admitimos uma pessoa na nossa amizade como uma pessoa boa, e ela se torna, ou pensamos que se tornou, uma pessoa má: ainda devemos amá-la? Certamente, isso é impossível, pois só o que é bom é amável; e também não devemos amar o que é mau, nem nos tornarmos semelhante a ele; e, como foi dito, semelhante é amigo de semelhante.

Devemos, portanto, romper a amizade imediatamente? Ou não em todos os casos, mas apenas quando nossos amigos se tornam incuravelmente doentes? Enquanto eles forem passíveis de reforma, deveríamos antes ajudá-los moralmente do que financeiramente, uma vez que o caráter é algo mais valioso do que a riqueza e tem mais a ver com amizade. No entanto, ninguém acharia estranho que alguém rompesse a amizade com uma pessoa desse tipo: ela se alterou, e se não se pode restaurá-la, desiste-se dela.

Por outro lado, suponhamos que um amigo tenha permanecido o mesmo enquanto o outro melhorou e se tornou muito superior em virtude: deveria esse último manter a amizade? Certamente, isso também está fora de questão; e isso fica especialmente claro quando a distância é grande, como pode acontecer com duas pessoas que foram amigas na infância. Uma pode ter permanecido em mente uma criança, enquanto a outra é uma pessoa da mais alta habilidade; como podem ser amigas se não aprovam as mesmas coisas e possuem gostos e desgostos diferentes? Elas nem sequer desfrutarão da companhia uma da outra, e sem isso, a convivência e, portanto, a amizade são, como vimos, impossíveis. Mas isso já foi discutido.

Devemos, então, nos comportar como se essa pessoa nunca tivesse sido nossa amiga? Seguramente nos lembraremos de nossa antiga intimidade, e assim como achamos certo mostrar mais bondade aos amigos do que aos estranhos, também deveríamos prestar alguma atenção, pelo bem dos velhos tempos, àqueles que foram nossos amigos no passado, isto é, se a ruptura não foi causada por um excesso de maldade da parte deles.

**4**

As relações amigáveis com seu semelhante e as marcas pelas quais as diferentes formas de amizade são definidas parecem derivar dos sentimentos que temos por nós mesmos. Um amigo é definido como (1) alguém que deseja e promove por meio da ação, ou parece desejar e promover, o bem do outro; ou (2) aquela pessoa que deseja a existência e preservação de seu amigo pelo bem do próprio amigo; esse é o sentimento das mães com relação aos filhos e de antigos amigos que brigaram. Outros dizem que amigo é (3) aquele que vive na companhia de outra pessoa e (4) que deseja as mesmas coisas que ela, ou (5) aquele que compartilha as alegrias e tristezas de seu amigo; e isso também é muito característico das mães. É por uma ou outra dessas marcas que a amizade é definida.

Cada uma delas, porém, também é encontrada nos sentimentos de uma pessoa boa consigo mesma (e também nos de todas as outras pessoas, na medida em que se consideram boas; mas, como foi dito, a virtude e a pessoa virtuosa parecem ser a medida de todas as coisas). A pessoa boa possui a mesma opinião sobre si mesma e deseja naturalmente as mesmas coisas (4). Além disso, a pessoa boa deseja seu próprio bem, tanto real quanto aparente (1), e o busca pela ação (pois é uma marca da pessoa boa colocar o bem em prática); e ela faz isso por seu próprio interesse (ou seja, interesse de sua própria parte intelectual, considerada como a própria pessoa). Além disso, ela deseja sua própria vida e segurança, especialmente a de sua parte racional (2). A existência é boa para a pessoa virtuosa, e cada uma deseja o seu próprio bem: ninguém escolheria possuir todos os bens do mundo sob a condição de se tornar outra pessoa (pois somente uma divindade possui o bem tal como ele é), mas apenas permanecendo ela mesma, seja quem for; e pareceria que a parte pensante é o verdadeiro eu, ou o é mais do que qualquer outra coisa. E a pessoa boa deseja sua própria companhia (3); gosta de estar sozinha, pois tem lembranças agradáveis do passado e boas esperanças para o futuro, que também são agradáveis; sua mente também está repleta de assuntos para contemplação. E ela está profundamente consciente de suas próprias alegrias e tristezas (5); pois as mesmas coisas lhe dão prazer ou dor em todos os momentos, e não coisas diferentes em momentos diferentes, uma vez que ela não possui nada que a faça se arrepender.

É, portanto, porque a pessoa boa possui essas várias características com relação a si mesma, e porque se relaciona com seu amigo da mesma forma que consigo mesma (pois um amigo é outro "eu"), que se pensa que a amizade também consiste em uma ou outra dessas características, e quem as possui é considerado um amigo.

Se há ou não amizade entre uma pessoa e ela mesma, é uma questão que pode ser descartada por enquanto; embora possa ser sustentado que isso é possível na medida em que uma pessoa é um ser dual ou composto, e porque o extremo da amizade se assemelha à autoestima.

Entretanto os sentimentos de autoestima mencionados parecem ser encontrados na maioria das pessoas, embora tenham um valor moral inferior. Devemos, então, afirmar que as pessoas compartilham dessas características na medida em que elas estão satisfeitas consigo mesmas e acreditam na sua própria virtude? Certamente, as pessoas totalmente más e ímpias nunca as possuem, nem mesmo parecem possuí-las. Na verdade, não se pode dizer que nenhuma pessoa moralmente inferior as possui, pois (4) tais pessoas estão em desacordo consigo mesmas, desejando certas coisas e desejando racionalmente outras. Essa é a marca dos incontinentes, que escolhem o que é agradável, mas prejudicial, em vez do que eles próprios pensam ser bom. Outros ainda (1), por covardia e indolência, negligenciam fazer o que acham melhor em seus próprios interesses. E pessoas que cometeram vários atos criminosos e são odiadas por sua maldade, na verdade, fogem da vida e acabam consigo mesmas (2). Ademais, as pessoas más procuram constantemente a companhia de outros e evitam a sua própria companhia (3), porque quando estão sozinhas lembram-se de muitas coisas desagradáveis do passado e antecipam as mesmas coisas quanto ao futuro, enquanto que na companhia de outras pessoas conseguem esquecê-las. Além disso, não sentem afeição por si mesmas, porque não possuem qualidades amáveis. Consequentemente, tais pessoas não se alegram nem se entristecem consigo mesmas, pois há uma guerra em suas almas entre as partes contrárias; uma parte de sua natureza, devido à sua maldade, sofre com a abstinência de certos atos, enquanto a outra parte fica satisfeita; uma parte as puxa para um lado e outra para o outro, como se quisessem separá-las. Se for impossível sentir dor e prazer ao mesmo tempo, em todo caso, depois de se entregarem ao prazer, essas pessoas se arrependem um pouco mais tarde e desejam nunca ter adquirido o gosto por tais indulgências; já que os maus estão sempre se arrependendo.

Assim, uma pessoa má parece ser desprovida até mesmo de amor por si mesma, porque não há nada de amável em sua natureza. Se tal estado de espírito for totalmente miserável, devemos fazer o máximo para evitar a maldade e tentar ser virtuosos. Essa é a maneira de sermos amigos de nós mesmos e de conquistarmos a amizade dos outros.

5

A benevolência parece ser uma espécie da relação amigável, mas não é a mesma coisa que amizade; pois pode ser sentida por estranhos e pode ser desconhecida do seu objeto, ao passo que a amizade não. Mas isso já foi discutido. A benevolência também não é o mesmo que um sentimento da amizade, pois não envolve intensidade, nem inclui desejo, enquanto essas coisas estão necessariamente envolvidas na amizade. A amizade, além disso, requer intimidade, mas a benevolência pode surgir de repente, como acontece, por exemplo, com relação aos concorrentes numa competição; os espectadores concebem benevolência e simpatia por eles, embora não os ajudem ativamente, pois, como dissemos, a sua benevolência é um sentimento repentino e é apenas superficial.

A benevolência parece, portanto, ser o início da amizade, assim como o prazer dos olhos é o início do amor. Ninguém ama sem antes encantar-se pela beleza, mas é possível deleitar-se com a beleza do outro sem necessariamente amá-lo: só amamos quando sentimos falta do ser amado e quando ele está ausente e desejamos ansiosamente sua presença. Da mesma forma, as pessoas não podem ser amigas sem terem concebido a benevolência mútua, mas também não são necessariamente amigas se sentem benevolência uma para com outra, nesse caso apenas desejam o bem de modo recíproco, e não se ajudariam ativamente a alcançá-lo nem se dariam ao trabalho de ajudar.

Ampliando, assim, o significado do termo "amizade", podemos dizer que a benevolência é uma amizade inativa e, quando se prolonga e atinge o ponto de intimidade, pode tornar-se a amizade propriamente dita. Todavia não se trata do tipo de amizade cujo motivo é a utilidade ou o prazer, pois estes não despertam benevolência.

A benevolência é de fato prestada em troca de favores recebidos, mas isto é apenas o justo pagamento de uma dívida; e o desejo pelo bem-estar do outro que surge da antecipação de favores futuros não parece realmente mostrar benevolência para com o benfeitor, mas sim para consigo mesmo; assim como não é amizade cortejar uma pessoa por algum proveito que possa ser dela tirado. Falando de modo geral, a verdadeira benevolência é despertada por algum tipo de excelência ou bondade moral; surge quando uma pessoa considera outra bonita, corajosa ou algo semelhante, como no caso que mencionamos dos concorrentes em uma competição.

## 6

A unanimidade também parece ser uma espécie da relação amigável. Por esse motivo, não se trata apenas de um acordo de opinião, pois isso pode existir até mesmo entre estranhos. Tampouco é denominado unanimidade o acordo de opiniões sobre todo e qualquer assunto, por exemplo, sobre astronomia (concordar sobre os fatos da astronomia não é uma relação de amizade). Diz-se que a unanimidade prevalece numa pólis, quando os cidadãos concordam quanto aos seus interesses, adotam a mesma política e executam as suas resoluções comuns.

A unanimidade refere-se, então, a fins práticos, e fins práticos importantes, capazes de serem realizados por ambas ou por todas as partes; por exemplo, há unanimidade na pólis quando todos os cidadãos decretam que os cargos públicos devem ser eletivos, ou que uma aliança deve ser feita com Esparta, ou que Pítaco deve governar (isso se o próprio Pítaco quiser governar)[84]. Contudo quando cada uma de duas pessoas deseja para si uma mesma coisa, como os rivais nas *Fenícias*[85], há discórdia; logo, não há unanimidade quando cada pessoa pensa a mesma coisa, seja o que for, mas quando pensa a mesma coisa com relação aos mesmos aspectos; por exemplo: quando tanto o povo quanto a classe superior desejam que as melhores pessoas governem, pois só assim todas as partes poderão obter o que desejam.

A unanimidade parece, portanto, ser uma amizade política, que, na verdade, é o uso comum do termo, pois se refere aos interesses e preocupações da vida.

Nesse sentido, existe unanimidade entre pessoas boas, uma vez que estas têm a mesma opinião tanto consigo mesmas quanto entre si, visto que possuem sempre, por assim dizer, um só pensamento (pois os desejos das pessoas boas são constantes e não fluem e refluem como a maré); e elas desejam fins justos e convenientes, que se esforçam para alcançar em comum. As pessoas más,

---

84. Pítaco governou a capital da ilha de Lesbos, Mitilene, durante quatorze anos. Todos os cidadãos desejavam que ele continuasse, mas não foi uma unanimidade, já que o próprio Pítaco não desejava mais governar.

85. Referente a Etéocles e Polinices. Eurípides, *As Fenícias*, v. 588.

por outro lado, são incapazes de serem unânimes, exceto em um pequeno grau, tampouco amigas, uma vez que tentam obter mais vantagens do que o justo e recebem menos do que vale seus trabalhos e serviços públicos. E, embora cada pessoa deseje isso para si mesma, ela observa o próximo para impedi-lo de fazer o mesmo; pois, a menos que cuidem uns dos outros, os interesses comuns irão à ruína. O resultado é a discórdia, na qual todos tentam fazer com que os outros cumpram o seu dever, mas recusando-se a fazê-lo eles próprios.

## 7

Os benfeitores parecem amar aqueles a quem beneficiam mais do que os beneficiados amam aqueles que os beneficiaram; e discute-se por que isso acontece, pois parece irracional. A opinião mais geralmente aceita é que isso acontece porque uma parte está na posição de devedor, e a outra de credor; assim como no caso de um empréstimo, pois o devedor ficaria feliz em ter o seu credor fora do caminho, enquanto o credor na verdade zela pela segurança do seu devedor. Também se pensa que o benfeitor deseja que o beneficiado tenha uma vida longa, para que possa receber a devolução, mas este não fica muito ansioso para pagar a devolução.

Epicarmo diria, sem dúvida, que as pessoas assim falam porque "olham para o lado sórdido" da vida; mas, mesmo assim, isso parece ser próprio da natureza humana, pois a maioria das pessoas possui memória curta e deseja mais receber benefícios do que concedê-los. Pode-se, porém, afirmar que a verdadeira razão é ainda mais profunda e que o caso do credor não é uma boa analogia. Com um credor não se trata de afeto, mas apenas de desejar a segurança do devedor para recuperar o seu dinheiro; ao passo que um benfeitor sente amizade e afeição pelo destinatário de seu serviço, mesmo que não esteja recebendo nada dele nem que jamais receba. A mesma coisa acontece com os artífices: todo artista ama sua própria obra mais do que essa obra o amaria caso ganhasse vida. Isso talvez seja especialmente verdadeiro no caso dos poetas, que sentem um amor excessivo pelos seus próprios poemas e os amam como os pais amam os seus filhos.

A posição do benfeitor assemelha-se à do artista: o destinatário de sua generosidade é como se fosse sua obra e, portanto, ele o ama mais do que sua obra ama seu criador. A razão disso é que todas as coisas desejam e amam a existência; mas existimos em virtude da atividade (pois agir é viver), e, num certo sentido, quem produz algo existe ativamente e, por isso, ama o seu trabalho porque ama a existência. Esse é, de fato, um princípio fundamental da natureza, pois o que uma coisa [ou pessoa] é em potencial, sua obra o manifesta em ato.

Além disso, para o benfeitor há um elemento de nobreza no ato, e por isso ele se sente satisfeito com a pessoa que é objeto de sua ação; no entanto, não há nada de nobre para o beneficiário na sua relação com o seu benfeitor, mas, no máximo, é vantajoso; e o que é vantajoso não é tão agradável ou amável quanto o que é nobre. A obra de quem faz uma atividade, portanto, permanece (pois o nobre é duradouro), mas sua utilidade para quem a recebe desaparece. Embora a atividade do presente, a esperança do futuro e a memória do passado sejam todas agradáveis, a atividade é a mais agradável das três e a mais amada. Além disso, enquanto a memória das coisas nobres é agradável, a memória das coisas úteis dificilmente o é, ou o é menos. Mas com a expectação o inverso disso parece ser verdadeiro.

Novamente, amar parece ser como a atividade, e ser amado assemelha-se à passividade; portanto, o amor e as diversas formas de sentimento amigável são naturalmente encontrados na parte mais ativa do relacionamento.

Por fim, todos sentem mais amor por uma coisa que foi obtida como resultado de seus esforços. Por exemplo, aqueles que fizeram fortuna amam-na mais do que aqueles que a herdaram. Ora, receber um benefício parece não envolver esforço, mas conferi-lo sim. É por essa razão que as mães sentem mais amor pelos filhos do que os pais, porque dar à luz lhes custou mais esforços e, por isso, as mães sentem mais profundamente que seus filhos a elas pertencem. Isso também parece ser uma característica dos benfeitores.

# 8

Também se levanta a questão de saber se alguém deve amar mais a si mesmo ou a outra pessoa. Censuramos aqueles que se colocam em primeiro lugar e os chamamos de "ególatras", termo, aliás, usado com sentido pejorativo. E pensa-se que uma pessoa má faz tudo em seu próprio interesse, e quanto mais agir assim, pior essa pessoa é – por isso há a queixa contra essa pessoa, por exemplo, de que ela "nunca faz nada a menos que seja obrigada" –, enquanto uma pessoa boa age com base no senso do que é nobre, e quanto melhor ela for, mais agirá assim, além de considerar o interesse do amigo, desconsiderando o seu próprio.

Os fatos, contudo, não estão de acordo com esses argumentos; e isso não é surpreendente. Admitimos que se deve amar o melhor amigo acima de tudo, e o melhor amigo é aquele que, quando deseja o bem de uma pessoa, o deseja para o bem da própria pessoa, mesmo que ninguém jamais tenha conhecimento disso. Ora, essa condição é mais plenamente realizada no respeito que uma pessoa tem por si mesma, assim como todos os outros atributos que constituem a definição de amigo; pois já foi dito que todos os sentimentos, que constituem a amizade para com os outros, são uma extensão do respeito por si mesmo. Além disso, todos os provérbios confirmam isso, como "de uma só alma"[86], "as coisas dos amigos

---

86. Eurípides, *Orestes*, v. 1046.

são bens comuns", "amizade é igualdade" e "o joelho está mais próximo que a canela"[87]. Todos esses ditos aplicam-se principalmente na relação de uma pessoa para consigo mesma, pois ela própria é sua melhor amiga, e, por esse motivo deveria amar mais a si mesma do que todo o resto. Desse modo, é debatido, com razão, qual dessas duas opiniões devemos seguir, uma vez que ambas são plausíveis.

Onde há um conflito de opiniões, o procedimento adequado é, sem dúvida, distinguir claramente as duas opiniões e definir até que ponto, e de que forma, cada uma delas é verdadeira. Portanto, provavelmente a questão ficará clara se verificarmos que significado cada lado atribui ao termo "autofilia" (ou "amizade por si próprio").

Aqueles que o usam como um termo de censura atribuem a autofilia às pessoas que pegam para si mesmas a maior parte de uma riqueza, das honras ou dos prazeres corporais, visto que essas são as coisas que a maioria deseja e pelas quais se esforça como se fossem os maiores bens de todos; e, por isso, tornam-se objetos de competição. E aqueles que recebem mais do que a sua parte nessas coisas são pessoas que satisfazem os seus apetites, e, geralmente, suas paixões e a parte irracional de suas almas. A maioria das pessoas é desse tipo. Consequentemente, o uso do termo "ególatra" como uma censura surgiu do fato de que o tipo predominante de autofilia é mau. Com

---

87. Provérbio grego utilizado no sentido de que é preciso, em caso de urgência, apoiar-se no que é mais próximo.

efeito, esse amor próprio é corretamente censurado em quem ama a si mesmo desse modo.

É bem claro que são aqueles que dão preferência a coisas desse tipo a quem a maioria das pessoas se refere quando falam de amigos de si mesmos. Pois se uma pessoa estivesse sempre empenhada em ser superior a todas as outras, agindo com justiça e temperança ou exibindo qualquer outra virtude, e, em geral, estivesse sempre tentando assegurar para si a nobreza moral, ninguém a acusaria de autofilia, nem a censuraria.

No entanto, tal pessoa pode ser considerada amiga de si mesma em um grau elevado. Em todo caso, ela toma para si as coisas que são mais nobres e verdadeiramente boas. Também é à parte mais dominante de si mesma que ela se entrega e obedece em todas as coisas. Assim como uma pólis, ou qualquer outro sistema, é identificada especialmente por sua parte dominante, o mesmo acontece com o ser humano. Portanto, aquele que ama e satisfaz a parte dominante de si mesmo é amigo de si mesmo em grau máximo. Novamente, diz-se que uma pessoa possui domínio próprio se sua razão domine ou não, o que implica que a razão é o próprio ser humano. Além disso, são os nossos atos fundamentados no princípio racional que são considerados, no sentido mais amplo, nossos próprios atos, e atos voluntários.

É, logo, evidente que uma pessoa é, ou é mais que qualquer outra coisa, a parte dominante de si mesma, e que uma pessoa boa valoriza essa parte de si mesma acima de todas as outras.

Consequentemente, a pessoa boa será amiga de si mesma no melhor sentido, ou seja, em outro sentido que não o que é alvo de censura, assim como o viver de acordo com um princípio racional difere do viver de acordo com as emoções, e o desejar o que é nobre do desejar o que parece vantajoso.

Portanto, as pessoas que se ocupam excepcionalmente com ações nobres são aprovadas e louvadas por todos; e se todas as pessoas ambicionassem a nobreza moral e se esforçassem para realizar os atos mais nobres, o bem-estar comum seria plenamente realizado e cada indivíduo poderia desfrutar do maior dos bens, na medida em que a virtude é o maior bem.

Sendo assim, a pessoa boa deve ser amiga de si mesma (pois ela se beneficiará agindo nobremente e ajudará seus semelhantes), mas a pessoa má não, porque seguirá suas más emoções e, assim, prejudicará tanto a si mesma como ao próximo. Para a pessoa má, o que ela faz não está de acordo com o que deveria fazer, mas a pessoa boa faz o que deve, pois a razão sempre escolhe para si o que é melhor, e a pessoa boa obedece à própria razão.

Também é verdade que a conduta da pessoa boa é, muitas vezes, guiada pelos interesses de seus amigos e de sua pátria, e que ela, caso seja necessário, dará a sua vida em favor deles. Com efeito, ela abrirá mão da riqueza, do poder e de todos os bens que as pessoas lutam para conquistar se puder garantir a nobreza para si, visto que ela prefere um breve período de prazer

extremo a um longo período de prazer moderado, um ano de vida nobre a muitos anos de existência comum, uma grande e gloriosa façanha a
muitos pequenos sucessos. E esse é, sem dúvida, o
caso daqueles que dão a vida pelos outros; desse
modo, escolhem para si uma grande nobreza.

Além disso, a pessoa boa também está disposta a renunciar suas riquezas se, dessa forma, seus
amigos puderem ganhar mais; pois assim, enquanto seu amigo adquire riqueza, ela própria alcança
a nobreza e, portanto, atribui o bem maior a ela
mesma. Terá o mesmo comportamento com relação às honras e aos cargos públicos: renunciará todas essas coisas ao seu amigo, porque isso é nobre
e louvável para ele.

Tal pessoa é considerada boa com razão, pois
escolhe a nobreza moral em detrimento de todas
as outras coisas. Pode até acontecer que ela deixe
seu amigo realizar alguma conquista, quando lhe
é mais nobre ser a causa da ação de um amigo do
que realizá-la ela mesma.

Por fim, em todos os atos de conduta louvável, é manifesto que a pessoa boa assume para
si a maior parte da nobreza moral. Nesse sentido, então, como dissemos, é certo ser amiga de
si mesma, embora não no sentido errado que é
maioria é.

### 9

Outra questão debatida é se a pessoa feliz
necessita ou não de amigos. Diz-se que os

extremamente felizes são autossuficientes e, portanto, não precisam de amigos, pois já possuem as coisas boas da vida e, uma vez sendo completos em si mesmos, não precisam de mais nada; ao passo que a função de um amigo, que é um outro eu, é fornecer coisas que não podemos adquirir por nós mesmos. Daí as palavras: "quando o destino nos favorece, para que precisamos de amigos?"[88]

Mas parece estranho que, se atribuímos todas as coisas boas à pessoa feliz, não lhe atribuíssemos amigos, que consideramos o maior dos bens externos. Além disso, se é mais característico de um amigo dar do que receber benefícios, e se a beneficência é uma função da pessoa boa e da virtude, e é mais nobre beneficiar amigos do que estranhos, a pessoa boa precisará de amigos como objetos de sua beneficência. Daí a pergunta adicional: os amigos são mais necessários na prosperidade ou na adversidade? Argumenta-se que os desafortunados precisam que as pessoas lhes façam o bem, mas também que os prósperos precisam ter a quem fazer o bem.

Talvez também fosse estranho chamar a pessoa extremamente feliz de solitária. Ninguém escolheria ter todas as coisas boas possíveis com a condição de desfrutá-las sozinho, pois o ser humano é um ser social e é de sua natureza viver com outros. Consequentemente, a pessoa feliz deve viver em sociedade, pois tem tudo que é

---

88. Eurípedes, *Orestes*, v. 665.

bom por natureza. E é obviamente preferível associar-se com amigos e boas pessoas do que com estranhos e aleatórios. Portanto, a pessoa feliz necessita de amigos.

O que, então, querem dizer os defensores da primeira visão, e em que sentido ela é verdadeira? Talvez seja porque a maioria das pessoas pensa nos amigos como pessoas úteis? Ora, é verdade que a pessoa extremamente feliz não terá necessidade de amigos desse tipo, visto que já está suprida de coisas boas. Ela também não desejará amigos agradáveis, ou apenas em grau muito pequeno (pois sua vida é intrinsecamente agradável e não necessita de prazeres acidentais); e, como ela não precisa de amigos úteis ou agradáveis, presume-se que não precisa de amigos de maneira alguma.

Essa inferência, porém, é seguramente falsa. Como dissemos no início, a felicidade é uma forma de atividade, e uma atividade é claramente algo que surge, e não algo que possuímos o tempo todo, como uma propriedade. Mas (1) se a felicidade consiste na vida e na atividade, e a atividade de uma pessoa boa, como foi dito, é boa e agradável em si mesma, e (2) se a sensação de que uma coisa é nossa também é agradável, e (3) se contemplamos nossos próximos melhor do que nós mesmos e suas ações melhor do que as nossas, e (4) se as pessoas boas encontram prazer nas ações de outras pessoas também boas e que são suas amigas (uma vez que essas ações possuem ambas as qualidades naturalmente agradáveis), segue-se, portanto, que a pessoa extremamente feliz necessitará de bons amigos, na medida em que deseja contemplar as ações que são boas e que são suas, e as ações de uma pessoa boa que é sua amiga possuem tais qualidades.

Além disso, pensa-se que a vida da pessoa feliz deve ser agradável. Ora, uma pessoa solitária tem uma vida difícil, pois não é fácil para quem está sozinho manter uma atividade contínua; é mais fácil fazê-la com outras pessoas e com relação a elas. A atividade da pessoa boa, portanto, que em si é agradável, será mais contínua se praticada com amigos; e a vida do ser extremamente feliz deve ser continuamente agradável (pois uma pessoa boa, em virtude de sua bondade, desfruta de ações que se conformam com a virtude e não gosta daquelas que surgem da maldade, assim como um amante da música sente prazer nas belas melodias e se aborrece com as ruins). Ademais, a companhia de pessoas boas nos fornece uma espécie de treinamento na virtude, como observou Teógnis[89].

Se examinarmos o assunto mais profundamente, parece que um amigo virtuoso é essencialmente desejável para uma pessoa virtuosa. Afinal, como foi dito acima, aquilo que é essencialmente bom é bom e agradável em si mesmo ao ser virtuoso. E a vida é definida, no caso dos animais, pela capacidade de percepção, e, no caso do ser humano, pela capacidade de percepção e

---

89. Teógnis de Mégara, v. 35: "Dos nobres, você aprenderá coisas nobres" (ἐσθλῶν μὲν γὰρ ἄπ' ἐσθλὰ μαθήσεαι – *esthlôn mèn gàr ápesthlà mathéseai*).

pensamento. Mas uma capacidade refere-se à sua atividade e nisso consiste toda a sua realidade. Parece, portanto, que a vida no sentido pleno é o ato de perceber ou de pensar. Ora, a vida é uma coisa boa e agradável em si mesma, pois é determinada, e o que é determinado é da natureza do bom, e o que é naturalmente bom é bom para a pessoa boa (por isso a vida parece ser agradável a todas as pessoas). Não devemos, todavia, argumentar isso sobre uma vida viciosa e corrupta, nem dolorosa, pois tal vida é indeterminada, assim como seus atributos. A questão da dor ficará mais clara na sequência[90].

Mas se a vida em si é boa e agradável (como parece ser, porque todos a desejam, particularmente aqueles que são bons e extremante felizes, uma vez que o seu modo de vida é o mais desejável e a sua existência a mais feliz); e se quem vê tem consciência de que vê, e quem ouve percebe que ouve, e quem anda percebe que anda, e em todas as outras atividades humanas existe uma faculdade que está consciente do seu exercício, de modo que sempre que percebemos, estamos conscientes de que percebemos, e se sempre que pensamos, estamos conscientes de que pensamos, e estar consciente de que estamos percebendo ou pensando é estar consciente de que existimos (pois a existência, como vimos, é percepção ou pensamento), e se estar consciente de que alguém está vivo é uma coisa agradável em si (pois a vida

90. Livro X.

é uma coisa boa por natureza, e estar consciente de que alguém possui uma coisa boa é agradável), e se a vida é desejável, especialmente para as pessoas boas, porque a existência é boa para elas, e muito agradável (porque ficam satisfeitas com a percepção do que é bom em si mesmo), e se a pessoa boa sente por seu amigo o mesmo que sente por si mesma (pois seu amigo é um segundo eu), então, assim como a própria existência de uma pessoa é desejável para ela (ou quase isso), a existência de seu amigo também é desejável.

Como já vimos, é a consciência de si mesmo como bom que torna a existência desejável, e tal consciência é agradável em si mesma. Portanto, uma pessoa também deve compartilhar a consciência de sua existência por parte de seu amigo, e isso é alcançado pela convivência, pela conversa e pela comunicação mútua de seus pensamentos; pois esse é o significado de convívio aplicado aos seres humanos, e não significa apenas alimentar-se no mesmo lugar, como acontece quando aplicado ao gado.

Se, em vista disso, para a pessoa extremamente feliz a existência é desejável em si mesma, sendo essencialmente boa e agradável, e se a existência do seu amigo é quase igualmente desejável para ela, segue-se que um amigo é uma das coisas a desejar. Aquilo que lhe é desejável, ela está fadada a ter, caso contrário sua condição será incompleta a esse respeito. Portanto, para ser feliz, uma pessoa precisa de amigos virtuosos.

# 10

Devemos, então, fazer o máximo de amigos possível? Ou, assim como o sábio ditado sobre hospitalidade de que alguém deve "não ser de muitos convidados, nem de nenhum"[91], talvez seja adequado não ficar sem amigos nem fazer amigos em número excessivo?

Essa máxima certamente parece aplicável aos amigos que escolhemos pela sua utilidade, pois é trabalhoso ter de retribuir os serviços de um grande número de pessoas, e a vida não é longa o suficiente para isso. Portanto, qualquer coisa além do que for suficiente para as necessidades da própria vida será supérflua e um obstáculo à vida nobre, portanto, é melhor sem elas. Dos amigos feitos com relação ao prazer também bastam alguns, assim como basta uma pequena quantidade de doces na alimentação.

Deveríamos, porém, ter o máximo possível de amigos bons? Ou existe uma quantidade limite desses amigos assim como existe com relação à população de uma pólis? Porque dez pessoas não formam uma pólis, muito menos cem mil; embora talvez o tamanho adequado não seja um número específico, mas qualquer número entre certos limites. Assim também o número de amigos deve ser limitado, e talvez deva ser o maior número com quem se possa conviver (pois, como vimos, a convivência é a principal marca da amizade); mas é bastante claro que não é possível conviver

---

91. Hesíodo, *Trabalhos e dias*, 715.

e dividir-se entre um grande número de pessoas. Outro ponto essencial é que os amigos também devem ser amigos uns dos outros, se quiserem passar o tempo na companhia uns dos outros; mas para um grande número de pessoas, ser todos amigos entre si é uma questão difícil. Tampouco é fácil compartilhar intimamente as alegrias e tristezas de muitas pessoas, pois isso implicaria em sentir-se alegre com uma e triste com outra ao mesmo tempo.

Talvez, por esse motivo, seja ideal não procurar ter amigos em excesso, mas apenas o suficiente para fins de convívio. Na verdade, parece impossível ser um grande amigo de muitas pessoas, pela mesma razão de que é impossível amar várias pessoas. Amor significa amizade em grau superlativo, e isso deve ser com uma só pessoa; assim também uma grande amizade só é possível com alguns.

Essa conclusão parece ser apoiada pela experiência. As amizades entre companheiros incluem apenas algumas pessoas, e os exemplos de companheiros famosos na poesia são pares de amigos[92]. Pessoas que possuem muitas amizades, que são boas companheiras e bem-conhecidas por todos, não são consideradas verdadeiras amigas de ninguém (a não ser como concidadãos), e as chamamos de obsequiosas. É verdade que alguém pode ser amigo de muitos concidadãos e não ser obsequioso, mas somente aquele que é modelo de excelência. Não é possível, contudo, ter muitos

---

92. Aquiles e Pátroclo, Teseu e Pirítoo, Pílades e Orestes.

amigos baseados em suas virtudes e por si mesmos e devemos ficar felizes em encontrar pelo menos alguns amigos desse tipo.

## 11

Necessitamos mais de amigos na prosperidade ou na adversidade? Na verdade, em ambas as situações eles são procurados. Na adversidade, necessitamos de ajuda; na prosperidade, necessitamos de pessoas com quem conviver e para serem destinatárias de nossa generosidade, pois desejamos fazer o bem. Portanto, a amizade é mais necessária na adversidade, e por isso são os amigos úteis que são desejados, mas é mais nobre na prosperidade, e por isso os prósperos procuram pessoas boas para serem suas amigas, uma vez que estas são preferíveis tanto como objetos de beneficência quanto de fácil convívio.

Além disso, a mera presença de amigos é agradável tanto na prosperidade quanto na adversidade. A tristeza é aliviada pela presença dos amigos. Portanto, pode-se levantar a questão de saber se os amigos partilham realmente o fardo da dor, ou se a dor é diminuída pelo prazer da sua companhia e pela consciência da sua empatia. Não é preciso considerar se uma dessas razões dá a verdadeira explicação do poder consolador da amizade, mas em qualquer caso parece ter o efeito descrito.

No entanto, o prazer proporcionado pela companhia de amigos parece ser de natureza mista. É verdade que somente o fato de vê-los é agradável, especialmente em tempos de infortúnio, e é uma ajuda considerável para amenizar a tristeza (pois um amigo, se tiver jeito para isso, pode nos confortar com olhares e palavras, pois conhece nosso caráter e quais coisas nos causam prazer e dor). Por outro lado, ver outra pessoa sofrendo por nossos próprios infortúnios é doloroso, pois todos relutam em ser causa de dor para seus amigos. Por essa razão, pessoas de natureza viril evitam fazer com que seus amigos compartilhem sua dor e, a menos que seja alguém excessivamente insensível, não suportam a dor que sua dor lhes causa; também não permitirão que outros se lamentem com elas, porque elas próprias não são de se lamentar. Mas as mulheres e os homens sensíveis gostam dos que choram com eles e os amam como verdadeiros amigos e companheiros. Entretanto é claro que em tudo devemos imitar o exemplo do ser de natureza mais nobre.

Na prosperidade, a companhia de amigos adoça nossas horas de lazer e também proporciona o prazer de estarmos conscientes de seu prazer em nosso bem-estar. Portanto, pode-se pensar que deveríamos convidar sem demora nossos amigos para compartilharem nossa boa sorte (já que é nobre desejar conceder benefícios), mas deveríamos ser relutantes em pedir-lhes que venham até nós no infortúnio (já que deveríamos transmitir a outros o mínimo possível do que é mau; daí a frase "já basta o meu próprio infortúnio"[93]). Devemos convocar

---

93. *Fragmentos Anônimos*, 76.

nossos amigos em nosso auxílio, principalmente quando eles podem nos prestar um grande serviço, sem que isso lhes cause grandes problemas.

Assim, inversamente, é apropriado que nos dirijamos prontamente, e sem sermos convidados, aos que estão acometidos pela adversidade (pois cabe a um amigo prestar serviços, especialmente aos que deles necessitam, e sem ser solicitado, uma vez que a assistência assim prestada é mais nobre e mais agradável para ambas as partes); mas para os prósperos, embora devamos ir prontamente ajudá-los (pois até a prosperidade precisa da cooperação de amigos), deveríamos ser lentos quando se trata de receber seus benefícios (pois não é nobre ser ansioso para receber benefícios). Sem dúvida, devemos ter cuidado e evitar parecermos grosseiros ao repelir tais regalias, algo que às vezes ocorre.

Parece, portanto, que a companhia de amigos é desejável em todas as circunstâncias.

## 12

Será então que, assim como os amantes encontram seu maior prazer em ver aqueles que amam, e preferem a gratificação do sentido da visão à de todos os outros sentidos, sendo esse sentido o principal assento e fonte do amor, o mesmo acontece com a amizade, na qual o convívio é a coisa mais desejável que existe? Porque a amizade é essencialmente uma parceria e uma pessoa é a mesma tanto para seu amigo quanto para si própria. Ora, a consciência de sua existência é um bem, assim também é a consciência da existência de seu amigo; mas essa consciência torna-se ativa no convívio. Por esse motivo, é natural que os amigos desejem a companhia uns dos outros.

Qualquer que seja a busca que constitui a existência de uma pessoa ou que faz sua vida valer a pena, ela deseja compartilhar com seus amigos. Com efeito, alguns amigos bebem ou jogam dados juntos, outros praticam esportes atléticos e caçam, ou estudam filosofia na companhia uns dos outros; cada tipo de pessoa passa junto a outras na ocupação que mais gosta na vida. E, por desejarem viver na companhia de seus amigos, essas pessoas buscam essas ocupações e participam delas da melhor maneira que podem.

Assim, a amizade entre pessoas más mostra-se ser algo ruim (pois elas participam juntas de atividades inferiores e, ao se tornarem semelhantes umas às outras, tornam-se piores). Por outro lado, a amizade entre pessoas boas é algo bom e cresce com o relacionamento delas. E parecem, na verdade, tornar-se melhores quando colocam em prática sua amizade, e porque corrigem os defeitos um do outro, pois cada um recebe do outro a impressão das características que aprova; daí o dito: "Dos nobres, você aprenderá coisas nobres"[94].

Que seja isso o suficiente quanto à amizade. Nosso próximo assunto será uma discussão sobre o prazer.

---

94. Teógnis de Mégara, v. 35.

# Livro X

*[Trata dos prazeres, das virtudes e do papel da política]*

### 1

Após esses assuntos, devemos talvez discutir sobre o prazer. O prazer está relacionado especialmente à humanidade; e é por isso que o prazer e a dor são empregados na educação dos jovens, como meios para orientar o seu curso. Além disso, gostar e não gostar das coisas apropriadas é considerado um elemento muito importante na formação de um caráter virtuoso. O prazer e a dor nos acompanham por toda a vida e são de grande importância e influência para a virtude e a felicidade, já que as pessoas escolhem o que é agradável e evitam o que é doloroso. Portanto, não pareceria de maneira alguma apropriado omitir um assunto tão importante, especialmente porque há muitas diferenças de opinião sobre ele.

Algumas pessoas afirmam que o prazer é o bem. Outras, pelo contrário, dizem que é absolutamente um mal – algumas dessas, talvez, pela convicção de que é realmente assim, mas outras porque pensam que é do interesse da moralidade afirmar que o prazer é um mal, mesmo que não seja. Portanto, a maioria das pessoas (pensam elas) possuem uma inclinação relacionada ao prazer e são suas escravas, de modo que devem ser conduzidas na direção oposta para chegar ao meio-termo devido.

Possivelmente, no entanto, essa visão está errada. Em questões de sentimento e de ação, as palavras são menos convincentes que os atos; quando, portanto, nossas teorias estão em desacordo com fatos palpáveis, elas provocam desprezo e envolvem a verdade em seu próprio descrédito. Se alguém que censura o prazer às vezes o deseja, seu desvio é considerado uma demonstração de que todo prazer é realmente desejável, pois a maioria da humanidade não é capaz de distinguir.

Portanto, parece que as teorias verdadeiras são as mais valiosas para a conduta e também para a ciência; harmonizando-se com os fatos, elas carregam convicção e, consequentemente, encorajam aqueles que as compreendem a guiar suas vidas por eles.

Que isso seja o suficiente quanto a essas questões. Vamos agora revisar as teorias sobre o prazer que foram apresentadas.

## 2

Eudoxo defendia que o prazer é o bem, porque via que todas as criaturas, racionais e irracionais, procuram obtê-lo, e porque em todos os casos (ele argumentou) aquilo que é desejável é bom e aquilo que é mais desejável é o maior dos bens; portanto, o fato de todos se moverem na direção da mesma coisa indica que essa coisa é, para todos, o bem supremo (uma vez que cada coisa encontra seu próprio bem particular, assim como encontra seu próprio alimento adequado). E aquilo que é bom para todos, e que todos procuram obter, é o bem.

Seus argumentos foram aceitos, porém, mais por conta da excelência de seu caráter do que por si mesmos. Eudoxo obtinha a reputação de ser um homem de excepcional temperança e, portanto, não era suspeito de defender essa opinião porque era um amante do prazer, mas porque devia ser realmente verdade. Ele também sustentou que a bondade do prazer era igualmente manifesta a partir do inverso: a dor é intrinsecamente um objeto de aversão para todos, portanto, seu oposto deve ser intrinsecamente um objeto de desejo para todos. Mais uma vez, ele argumentou que é mais desejável aquilo que escolhemos por si mesmo e não como um meio ou por causa de outra coisa. É certo que tal é o prazer, pois nunca perguntamos a uma pessoa com que propósito ela se entrega ao prazer, apenas assumimos que ele é desejável em si mesmo. Também disse Eudoxo que acrescentar o prazer a qualquer bem – por exemplo, uma conduta justa ou temperante – torna esse bem mais desejável; mas somente o bem pode realçar o bem.

Esse último argumento parece apenas provar que o prazer é um dos bens, e não que é melhor do que qualquer outro bem, pois todo bem é mais desejável quando combinado com algum outro bem do que isoladamente. Na verdade, um argumento semelhante é utilizado por Platão[95] para refutar a visão de que o prazer é o bem: a vida de

330    95. Platão, *Filebo*, 60d.

prazer, diz ele, é mais desejável em combinação com a sabedoria do que sem ela; mas se o prazer combinado com outra coisa é melhor do que o prazer sozinho, não é o bem, pois o bem não se torna mais desejável pela adição de outra coisa a ele. E é claro que nada mais será o bem se se tornar mais desejável quando combinado com algo bom em si. O que existe, então, dessa natureza que pode ser alcançado por nós? Pois é algo dessa natureza que estamos procurando.

Aqueles, por outro lado, que negam que aquilo que todas as criaturas procuram obter é necessariamente algo bom certamente estão falando bobagens. Pois o que todos pensam ser bom, isso, afirmamos, é bom; e aquele que subverte a nossa crença na opinião de toda a humanidade dificilmente nos persuadirá a acreditar na sua própria opinião. Se, ao menos, as criaturas irracionais se esforçassem para obter o que é agradável, teria havido algum sentido nessa afirmação; mas na medida em que os seres dotados de inteligência também o fazem, como pode isso estar certo? E talvez até os animais inferiores possuam um instinto superior à sua própria natureza, que procura obter o bem apropriado à sua espécie.

Mais uma vez, a refutação do argumento do inverso por parte desses pensadores parece igualmente incorreta. Eles dizem que, se a dor é um mal, não se segue, portanto, que o prazer seja um bem: pois um mal também pode ser oposto a um mal e a uma coisa que não é nem boa, nem má. Uma afirmação que é de fato bastante sólida, mas que não se aplica às coisas em questão. Se tanto o prazer como a dor estivessem na classe dos males, ambos seriam também, necessariamente, coisas a serem evitadas, e se estivessem na classe das coisas neutras, nenhum deveria ser evitado, ou deveriam ser evitados igualmente; mas a verdade é que vemos as pessoas evitarem a dor como um mal e escolherem o prazer como um bem. Essa é, portanto, a natureza da oposição entre ambos.

### 3

Tampouco se segue que, se o prazer não é uma qualidade, portanto não é um bem. As atividades virtuosas também não são qualidades, nem a felicidade o é. Novamente, argumentam que o bem é definido, mas que o prazer é indefinido, porque admite graus. Ora, se eles basearem esse julgamento no fato de que alguém pode estar mais ou menos satisfeito, o mesmo argumento se aplicará à justiça e às outras virtudes, cujos possuidores são claramente considerados mais ou menos virtuosos; por exemplo, uma pessoa pode ser mais ou menos justa ou corajosa, e pode agir de modo mais ou menos justo ou corajoso. Se, por outro lado, eles julgam pela natureza dos próprios prazeres, seguramente não indicam a causa correta para sua conclusão, se de fato for verdade que existem dois tipos de prazeres: os puros e os mistos. Além disso, por que o prazer não deveria ser como a saúde, que é definida, mas admite graus? A saúde não é constituída pela mesma proporção de elementos em todas as pessoas; nem sempre por uma proporção particular na mesma pessoa, mas quando está em processo de dissolução ainda dura um certo tempo e, portanto, varia em grau. É possível, portanto, que o mesmo aconteça com o prazer.

Outrossim, eles[96] alegam que o bem é perfeito, enquanto o movimento ou o processo de geração é imperfeito, e então tentam provar que o prazer é um movimento ou processo. Isso não parece ser verdade. Com efeito, o prazer não é um movimento, pois consideramos que todo movimento possui a característica de ser rápido ou lento – se um movimento, como o dos céus, não possui rapidez nem lentidão de maneira absoluta, então possuirá com relação a algum outro corpo em movimento. Mas o prazer não possui velocidade absoluta nem relativa; podemos ficar satisfeitos rapidamente, assim como podemos ficar com raiva rapidamente, mas não podemos sentir prazer rapidamente, nem mais rapidamente do que outra pessoa, embora se possa andar, crescer etc. mais rapidamente do que outra pessoa. Em outras palavras, é possível passar para um estado de prazer rápida ou lentamente, mas não é possível mostrar esse estado de prazer – ou seja, sentir prazer – rapidamente.

Em que sentido o prazer pode ser um processo de geração? Não se acredita que uma coisa qualquer possa ser gerada a partir de qualquer outra coisa, mas que uma coisa, na sua dissolução, se encontra naquilo a partir da qual foi gerada; e se o prazer é a geração de algo, a dor é a sua destruição.

---

96. Platão, *Filebo*, 53c-54d.

Também dizem[97] que a dor é a ausência do estado conforme à natureza e o prazer é a sua reposição. Mas essas são sensações corporais. Ora, se o prazer é uma reposição do estado natural, o prazer será sentido pela coisa em que ocorre a reposição, logo, é o corpo que sente prazer. Mas esse não parece ser o caso. Portanto, o prazer não é um processo de reposição, embora, enquanto a reposição ocorre, uma sensação de prazer possa acompanhá-lo, assim como uma sensação de dor pode acompanhar uma operação médica.

A crença de que o prazer é uma reposição parece ter surgido das dores e prazeres ligados à alimentação: o prazer surge de uma reposição e é precedido pela dor de uma necessidade. Porém, esse não é o caso de todos os prazeres. Os prazeres do conhecimento, por exemplo, não possuem dor antecedente; nem alguns dos prazeres dos sentidos, como o olfato e aqueles responsáveis pela percepção de sons e imagens; assim como as memórias e esperanças não pressupõem dor. Se esses são processos de geração, se gerariam do quê? Não ocorreu falta de nada que possa ser reabastecido.

Em resposta àqueles que apresentam os prazeres vergonhosos, pode-se negar que estes sejam realmente agradáveis. Dado que são agradáveis para pessoas de constituição viciosa, não se pode, portanto, presumir que sejam realmente agradáveis, assim como as coisas saudáveis, doces ou amargas com relação aos doentes, e as coisas

---

97. Platão, *Filebo*, 31e-32b e 42c.

brancas com relação às pessoas com doenças oculares. Ou, então, pode-se responder que, embora os prazeres em si sejam desejáveis, eles não são desejáveis quando derivados dessas fontes; assim como a riqueza e a saúde são desejáveis, mas não se conquistadas pela traição ou à custa de comer tudo e qualquer coisa, respectivamente. Ou, ainda, pode-se dizer que os prazeres diferem em qualidade específica; visto que aqueles derivados de fontes nobres não são os mesmos que aqueles derivados de fontes vis, e é impossível sentir os prazeres de alguém justo sem ser justo, ou os prazeres de um músico sem ser músico, e assim por diante.

Também, a distinção entre um amigo e um bajulador parece mostrar que o prazer não é um bem, ou então que os prazeres são especificamente diferentes; visto que se pensa que o amigo visa fazer o bem ao amigo, e o bajulador visa dar prazer; ser um bajulador é censurável, enquanto ser um amigo é louvável, porque em suas relações visa outras coisas. Além disso, ninguém escolheria manter a mente de uma criança ao longo de sua vida, mesmo que ela continuasse a desfrutar dos prazeres da infância, nem escolheria encontrar prazer em praticar algum ato extremamente vergonhoso, embora isso não acarretasse consequências dolorosas.

Com efeito, há muitas coisas que deveríamos estar ansiosos por possuir, mesmo que não nos trouxessem prazer, por exemplo, a visão, a memória, o conhecimento, a virtude. Pode ser que essas coisas sejam necessariamente acompanhadas de prazer, mas isso não faz diferença, pois deveríamos desejá-las mesmo que nenhum prazer delas resultasse.

Parece claro, portanto, que o prazer não é o bem, e que nem todo prazer é desejável, mas também que existem certos prazeres, superiores no que diz respeito à sua qualidade específica ou à sua fonte, que são desejáveis em si mesmos. Que isso seja suficiente para uma discussão das opiniões atuais sobre o prazer e a dor.

### 4

Poderemos determinar a natureza e a qualidade do prazer com mais clareza se começarmos novamente desde o início.

Ora, o ato de ver parece perfeito em qualquer momento de sua duração; não necessita que nada sobrevenha posteriormente para aperfeiçoar sua qualidade específica. O prazer também parece ser algo dessa natureza, pois é um todo, e não se pode, em nenhum momento, encontrar um prazer que só exibirá perfeitamente a sua qualidade específica se a sua duração for prolongada.

Segue-se, além disso, que o prazer não é uma forma de movimento, pois todo movimento ou processo de mudança envolve duração e é um meio para um fim, como o processo de construção de uma casa; e é perfeito quando atinge seu fim. Consequentemente, um movimento é perfeito quando observado durante todo o tempo de sua duração ou no momento em que seu fim foi alcançado. Os vários movimentos que ocupam porções do tempo do todo são imperfeitos e de natureza diferente do todo e uns dos outros. Por exemplo: na construção de um templo, o ajuste das pedras é um processo diferente do canelado de uma coluna, e ambos são diferentes da construção do templo como um todo; e considerando que a construção do templo é um processo perfeito (pois nada mais é necessário para atingir o fim proposto), lançar os alicerces e construir os tríglifos são processos imperfeitos, uma vez que cada um produz apenas uma parte da produção; eles são, portanto, especificamente diferentes da construção do todo, e não é possível apontar um movimento especificamente perfeito em qualquer momento do processo de construção, mas apenas, se é que é possível, em toda a sua duração.

O mesmo se aplica à caminhada e às outras formas de locomoção. Se a locomoção é o movimento de um ponto a outro no espaço, então nela existem diferentes tipos – voar, caminhar, saltar e assim por diante; e não apenas isso, também há diferentes espécies no próprio caminhar (os pontos de partida e chegada em uma corrida não são iguais aos de uma parte do percurso, nem os de uma parte são iguais aos de outra parte; nem atravessar esta ou aquela linha é o mesmo, pois o que se percorre não é apenas uma linha, mas uma linha que está em um determinado lugar, e que está em um lugar diferente da outra). No entanto, para um tratamento completo do tema do movimento, discutido em outra obra[98], mas parece que um movimento não é perfeito a cada momento, e os muitos movimentos que compõem o todo são imperfeitos; e diferentes uns dos outros em espécie, na medida em que os

---

98. *Física*, Livros VI a VIII.

pontos terminais de um movimento constituem uma qualidade específica. A qualidade específica do prazer, pelo contrário, é perfeita a qualquer momento. É claro, portanto, que prazer não é o mesmo que movimento, e que é um todo e algo perfeito. Isso também pode ser inferido do fato de um movimento ocupar necessariamente um espaço de tempo, ao passo que uma sensação de prazer não, pois cada momento de consciência prazerosa é um todo perfeito.

Essas considerações mostram também que é um erro falar do prazer como resultado de um movimento ou de um processo de geração. Não podemos descrever tudo dessa forma, mas apenas as coisas que estão divididas em partes e não são todas. Assim, um ato de visão, um ponto geométrico, uma unidade aritmética não são o resultado de um processo de geração (nem nenhum deles é um movimento ou processo). O prazer, portanto, também não é o resultado de um movimento ou processo, pois o prazer é um todo.

Novamente, na medida em que cada um dos sentidos atua com relação ao seu objeto, e atua perfeitamente quando está em boas condições e direcionado para os mais belos objetos que lhe pertencem (pois essa parece ser a melhor descrição da atividade perfeita, presumindo-se que não faz diferença se é o próprio sentido que atua ou o órgão no qual o sentido reside), segue-se que a atividade de qualquer um dos sentidos está no seu melhor quando o órgão dos sentidos está nas melhores condições com relação aos mais belos de seus objetivos. E essa atividade será a mais perfeita e a mais agradável, porque cada sentido tem um prazer correspondente, assim como o pensamento e a contemplação, e sua atividade é mais agradável quando é mais perfeita, e mais perfeita quando o órgão está em boas condições e quando é direcionado para o mais excelente de seus objetos; e o prazer aperfeiçoa a atividade.

O prazer, entretanto, não aperfeiçoa a atividade da mesma forma que o objeto percebido e a faculdade sensorial, se ambos bons; assim como a saúde e o médico não são da mesma forma as causas de uma pessoa ser sadia. (É claro que cada um dos sentidos é acompanhado de prazer, pois aplicamos o termo agradável às imagens e aos sons; e também é claro que o prazer é maior quando a faculdade sensorial está nas melhores condições e agindo com relação ao melhor objeto; e dada a excelência no objeto percebido e no órgão perceptivo, sempre haverá prazer quando um objeto que o causa e um sujeito que o sente estão ambos presentes.)

Mas o prazer aperfeiçoa a atividade, não como o faz o estado permanente, por já estar presente no agente, mas como uma perfeição que sobrevém, como o florescimento da juventude para quem é jovem e vigoroso. Portanto, enquanto tanto o objeto inteligível ou sensível quanto o sujeito que discerne ou contempla forem tais como deveriam ser, a atividade será acompanhada de prazer; uma vez que, embora tanto as partes passivas como as partes ativas de uma relação permaneçam as mesmas em si mesmas e inalteradas na sua relação uma com a outra, o mesmo resultado é produzido naturalmente.

Como é, então, que ninguém consegue sentir prazer continuamente? Talvez seja devido ao cansaço, pois nenhuma faculdade humana é capaz de atividade ininterrupta e, portanto, o prazer também não é contínuo, porque acompanha a atividade das faculdades. É pela mesma razão que algumas coisas nos agradam quando novas, mas deixam de nos dar tanto prazer depois; isso ocorre porque, a princípio, a mente é estimulada e age vigorosamente com relação ao objeto, como no caso da visão quando olhamos atentamente para algo; mas depois a atividade é menos vigorosa e a nossa atenção relaxa e, consequentemente, o prazer também desaparece.

Pode-se afirmar que todas as pessoas procuram obter prazer, porque todas desejam a vida. A vida é uma forma de atividade, e cada pessoa exerce sua atividade sobre os objetos e com as faculdades que mais gosta; por exemplo, o músico exerce seu sentido de audição com relação às melodias, o estudioso exerce seu intelecto em questões teóricas, e da mesma forma em outros casos. E o prazer aperfeiçoa as atividades e, portanto, aperfeiçoa a vida que todos buscam. As pessoas têm, portanto, boas razões para buscar o prazer, visto que ele aperfeiçoa a vida de cada uma, o que é algo desejável. A questão de saber se desejamos a vida com vistas no prazer ou o prazer com vistas na vida não precisa ser levantada no momento. De qualquer forma, parecem estar intimamente ligados; pois não há prazer sem atividade, e também não há atividade perfeita sem o seu prazer.

## 5

Além disso, essa é a base para acreditar que os prazeres variam em espécie, pois pensamos que diferentes tipos de coisas devem ter um tipo diferente de espécie (vemos que isso acontece com os objetos naturais e as produções artísticas, como animais, árvores, uma pintura, uma estátua, uma casa, uma peça de mobiliário). Da mesma forma, pensamos que aquilo que aperfeiçoa um tipo de atividade deve diferir em espécie daquilo que aperfeiçoa outro tipo. Ora, as atividades da razão diferem das dos sentidos, e dentro de cada uma delas existem também diferenças específicas; o mesmo ocorre com os prazeres que as aperfeiçoam.

Isso também pode ser percebido pela afinidade que existe entre os vários prazeres e as atividades que eles aperfeiçoam. Uma atividade é intensificada pelo prazer que lhe pertence; uma vez que aqueles que trabalham com prazer trabalham sempre com mais discernimento e com maior precisão – por exemplo, os estudiosos que gostam de geometria tornam-se proficientes nela e compreendem melhor os seus vários problemas, assim como os amantes da música, da arquitetura ou de outras artes progridem em sua atividade favorita porque se comprazem nelas. Uma atividade é, então, intensificada pelo seu prazer; e aquilo que intensifica uma coisa deve ser semelhante a ela. Mas as coisas que são semelhantes a coisas de espécies diferentes devem, elas próprias, diferir em espécie.

Uma prova ainda mais clara pode ser extraída do obstáculo que as atividades recebem do prazer derivado de outras fontes. Por exemplo, pessoas que gostam de flauta não conseguem acompanhar um argumento quando ouvem alguém tocando flauta, porque gostam mais do som desse instrumento do que da atividade em que estão envolvidas; assim, o prazer proporcionado pelo som da flauta prejudica a atividade de raciocínio. O mesmo ocorre em todos os outros casos, quando uma pessoa tenta fazer duas coisas ao mesmo tempo, a atividade mais prazerosa inibe a outra, ainda mais se for muito mais prazerosa, até que a outra atividade cesse completamente. Consequentemente, quando desfrutamos muito de algo, dificilmente podemos fazer outra coisa; e quando encontramos algo apenas ligeiramente prazeroso, voltamo-nos para alguma outra ocupação; por exemplo, as pessoas que comem doces no teatro o fazem especialmente quando a atuação é ruim. E, uma vez que as nossas atividades são aguçadas, prolongadas e melhoradas pelo seu próprio prazer, e prejudicadas pelos prazeres de outras atividades, é claro que os prazeres diferem amplamente uns dos outros. Porquanto, os prazeres estranhos têm quase o mesmo efeito nas atividades que as suas próprias dores, pois, quando uma atividade causa dor, essa dor a destrói. Por exemplo: se uma pessoa acha desagradável e cansativo escrever ou fazer contas; ela para de escrever ou de fazer contas, porque a atividade lhe é dolorosa.

As atividades são, por conseguinte, afetadas de maneiras opostas pelos prazeres e pelas dores que lhes pertencem, ou seja, aqueles que são intrinsecamente devidos ao seu exercício. Os prazeres estranhos, como já foi dito, têm praticamente o mesmo efeito que a dor, pois destroem uma atividade, só que não na mesma medida.

Uma vez que as atividades diferem com respeito à bondade ou maldade, e uma vez que algumas atividades devem ser escolhidas, outras evitadas, e ainda outras são neutras, o mesmo se aplica aos seus prazeres, pois cada atividade tem um prazer próprio. Assim, o prazer de uma atividade boa é moralmente bom, e o de uma atividade má, moralmente ruim; até mesmo os desejos por coisas nobres são louvados e os desejos por coisas vis são censurados. Mas os prazeres contidos em nossas atividades estão mais intimamente ligados a elas do que os desejos que as motivam, porque o desejo é, ao mesmo tempo, separado no tempo e distinto em sua natureza, enquanto o prazer está intimamente ligado à atividade, na verdade, tão inseparável dela a ponto de ser difícil distingui-los e levantar a dúvida se a atividade não é a mesma coisa que o prazer. (No entanto, não devemos considerar o prazer como sendo um pensamento ou uma sensação. Isso seria estranho; embora, por serem inseparáveis, pareçam para algumas pessoas a mesma coisa.)

Assim como as atividades são diversas, também o são os seus prazeres. A visão supera o tato em pureza, e a audição e o olfato superam o paladar; e da mesma forma os prazeres da razão superam em pureza os prazeres da sensação, enquanto os prazeres de qualquer classe diferem entre si em pureza.

Pensa-se que cada animal tem o seu prazer próprio, tal como tem a sua função própria, a saber, o prazer de exercer essa função. Isso também se torna evidente se considerarmos os diferentes animais um por um: o cavalo, o cão e o ser humano possuem diferentes prazeres; como diz Heráclito: "os asnos prefeririam o joio ao ouro"[99], pois aos asnos a comida dá mais prazer que o ouro.

Diferentes espécies, portanto, têm diferentes tipos de prazeres. Por outro lado, seria possível supor que não existe variedade entre os prazeres da mesma espécie. Mas, na verdade, na espécie humana, em qualquer caso, existe uma grande diversidade de prazeres. As mesmas coisas encantam alguns e incomodam outros, e coisas dolorosas e repugnantes são agradáveis para alguns e atraentes para outros. Isso também vale para as coisas doces ao paladar: as mesmas coisas não têm sabor doce para uma pessoa com febre e para alguém com boa saúde; nem a mesma temperatura é agradável para o doente e para uma pessoa de constituição robusta. O mesmo vale para outras coisas também. Contudo sustentamos que em todos esses casos a coisa é realmente o que parece ser à pessoa boa. E se isso for correto, como geralmente considera-se, e se a medida de tudo for a virtude e a

---

99. Fragmento 9.

pessoa boa, enquanto boa, então as coisas que lhe parecem prazeres são prazeres, e as coisas de que ela gosta são agradáveis. Não é de surpreender que coisas desagradáveis à pessoa boa pareçam agradáveis somente para algumas, pois a humanidade está sujeita a muitas corrupções e doenças, e tais coisas não são realmente agradáveis, são apenas agradáveis para pessoas específicas, que estão em condições de pensar assim.

É, portanto, claro que devemos declarar que os prazeres reconhecidamente vergonhosos não são prazeres, exceto para os depravados. Mas entre os prazeres considerados respeitáveis, que tipo de prazeres ou que prazer específico deve ser considerado o prazer próprio do ser humano? Será que isso fica claro se considerarmos as atividades humanas? Afinal, os prazeres correspondem às atividades a que pertencem. São, portanto, esses prazeres pelos quais as atividades da pessoa perfeita e supremamente feliz são aperfeiçoadas que devem ser declaradas humanas no sentido mais pleno. Os outros prazeres o são apenas num grau secundário ou inferior, tal como as atividades a que pertencem.

## 6

Tendo agora discutido as várias virtudes, as formas de amizade e os tipos de prazer, resta-nos tratar, em linhas gerais, da felicidade, na medida em que consideramos esta como o fim da natureza humana. Essa discussão será mais breve se recapitularmos o que já foi dito.

Ora, afirmamos que a felicidade não é uma disposição de caráter; pois, se assim fosse, poderia ser possuída por uma pessoa que passasse toda a sua vida dormindo, vivendo a vida de um vegetal, ou por alguém que sofresse os maiores infortúnios. Se rejeitarmos essas consequências e classificarmos a felicidade como alguma forma de atividade, como foi dito anteriormente, e se as atividades forem de dois tipos, sendo algumas necessárias e desejáveis apenas por causa de outra coisa, e outras desejáveis em si mesmas, é claro que a felicidade deve ser classificada entre as atividades desejáveis em si mesmas, e não entre aquelas desejáveis como meio para alguma outra coisa; já que a felicidade não necessita de nada e é autossuficiente.

São desejáveis em si mesmas aquelas atividades que não visam nenhum resultado além do mero exercício da atividade. Ora, essa é considerada a natureza das ações em conformidade com a virtude, pois praticar ações nobres e virtuosas é algo desejável por si só. Também, as recreações agradáveis são desejáveis por si mesmas, pois não as escolhemos como um meio para outra coisa, porém são mais frequentemente prejudiciais do que benéficas, e fazem com que as pessoas negligenciem a sua saúde e o seu patrimônio. No entanto, as pessoas consideradas felizes geralmente recorrem a tais passatempos; e é por isso que os habilidosos em tais passatempos são muito apreciados pelos tiranos, porque eles se tornam agradáveis em fornecer o que os tiranos desejam: diversão. Portanto, supõe-se que as diversões sejam parte integrante da felicidade, porque tal tipo de pessoa dedica a elas seu lazer.

Mas talvez esses poderosos não sejam uma boa evidência. A virtude e a inteligência, que são as fontes das atividades superiores do ser humano, não dependem da posse de poder; e se essas pessoas, não tendo gosto pelo prazer puro e liberal, recorrem aos prazeres do corpo, não devemos, por esse motivo, supor que os prazeres corporais sejam os mais desejáveis. As crianças imaginam que as coisas que elas próprias valorizam são na verdade as melhores; não é de surpreender, portanto, que, assim como as crianças e as pessoas adultas têm padrões de valores diferentes, o mesmo deve acontecer com as pessoas más e boas. Por conseguinte, como muitas vezes foi dito, são realmente valiosas e agradáveis aquelas coisas que assim parecem à pessoa boa; mas cada um considera mais desejável aquela atividade que se adapta à sua disposição particular e, logo, o bem que uma pessoa considera mais desejável é a atividade virtuosa.

Segue-se, portanto, que a felicidade não se encontra nas diversões. Na verdade, seria estranho que a diversão fosse o nosso fim – que devêssemos trabalhar durante toda a nossa vida para que possamos nos divertir –, pois praticamente todo objeto que adotamos é perseguido como um meio para alguma outra coisa, exceto a felicidade, que é um fim em si mesma. Fazer da diversão o objeto de nossas atividades sérias e de nosso trabalho parece tolo e absolutamente infantil. O dito de Anacársis "divirta-se para que possa trabalhar" parece certo, porque a diversão é uma forma de descanso, e precisamos de descanso para continuarmos trabalhando constantemente. Dessa forma, o descanso não é um fim, já que o tomamos como um meio para atividades futuras.

A vida que está em conformidade com a virtude é considerada uma vida feliz; mas a vida virtuosa envolve um propósito sério e não consiste em diversão. Além disso, dizemos que as coisas sérias são superiores às coisas engraçadas e divertidas; e quanto mais nobre é uma faculdade ou uma pessoa, pensamos que mais sérias são as suas atividades; com efeito, a atividade da faculdade ou a pessoa mais nobre é em si superior e, portanto, mais produtiva de felicidade.

Por fim, qualquer pessoa, até mesmo um escravo, pode desfrutar dos prazeres do corpo não menos que o mais nobre da humanidade; mas ninguém permite a um escravo qualquer grau de felicidade, nem uma vida própria. Portanto, a felicidade não consiste em passatempos e diversões, mas em atividades de acordo com a virtude, como já dissemos.

## 7

Se a felicidade consiste na atividade de acordo com a virtude, é razoável que seja uma atividade de acordo com a virtude mais elevada; e essa será a virtude que melhor existe em nós. Quer seja a razão, quer qualquer outra coisa que se pensa que nos governa e conduz por natureza, e que tem conhecimento do que é nobre e divino, seja ele próprio também divino, ou relativamente a parte mais divina de nós, é a atividade dessa parte de acordo com a virtude que lhe é própria que constituirá a felicidade perfeita; e já foi afirmado que essa atividade é a atividade da contemplação.

E que a felicidade consiste na contemplação pode ser aceita tanto com os resultados já alcançados como com a verdade, pois a contemplação é, ao mesmo tempo, a forma mais elevada de atividade (já que a razão é a coisa mais elevada em nós, e os objetos com os quais a razão lida são as coisas conhecidas como as mais elevadas), e também é a mais contínua, porque podemos refletir mais continuamente do que realizar qualquer forma de ação.

Novamente, supomos que a felicidade deve conter um elemento de prazer; ora, a atividade de acordo com a sabedoria é reconhecidamente a mais agradável das atividades de acordo com a virtude; em todo caso, argumenta-se que a filosofia ou a busca da sabedoria contém prazeres de pureza e permanência maravilhosas, e é razoável supor que comprazer-se do conhecimento é uma ocupação ainda mais agradável do que buscá-lo.

Também se descobrirá que a atividade de contemplação possui, no mais alto grau, a qualidade que é chamada de autossuficiência; pois embora seja verdade que tanto a pessoa sábia quanto a pessoa justa requerem as necessidades da vida, estas são supridas para a sábia, enquanto que a pessoa justa precisa de terceiros com os quais, ou com cuja ajuda, ela possa agir com justiça. O mesmo acontece com a pessoa temperante, a corajosa e as outras. A pessoa sábia também pode contemplar por si mesma, e tanto mais quanto mais sábia for. Sem dúvida, fará isso melhor com a ajuda de colaboradores, mas ainda assim é a pessoa mais autossuficiente de todas.

Além disso, a atividade de contemplação parece ser a única atividade que é amada por si mesma, pois ela não produz nenhum resultado além do próprio ato de contemplação, ao passo que, a partir de atividades práticas, procuramos garantir maior ou menor proveito, além da ação em si.

Ademais, pensa-se que a felicidade envolve lazer; pois fazemos negócios para que possamos ter lazer e fazemos guerra para que possamos ter paz. Ora, as virtudes práticas são exercidas na política ou na guerra; mas as atividades da política e da guerra não parecem ser prazerosas. Principalmente as da guerra, pois ninguém deseja estar em guerra, nem toma medidas deliberadas para causar uma guerra; uma pessoa seria considerada de caráter totalmente sanguinário se declarasse guerra a uma nação amiga com o objetivo de causar batalhas e massacres. Mas a atividade do político também não é prazerosa e – além da ação política em si mesma – visa assegurar posições de autoridade e honra, ou, pelo menos, a felicidade do próprio político e a de seus concidadãos, concebida como algo distinto da atividade política, e claramente investigada como tão distinta.

Se, então, entre as atividades práticas que exibem as virtudes, a política e a guerra se destacam preeminentemente em nobreza e grandeza, e ainda assim são desinteressadas e direcionadas para algum fim, não escolhido por si mesmo, enquanto a atividade da razão é considerada superior e mais valiosa por sua seriedade, consistindo como o faz na contemplação, e não visando nenhum fim além de si mesma, e contendo um prazer próprio (o que, por sua vez, intensifica sua atividade), e se os atributos dessa atividade forem a autossuficiência, o lazer, a liberdade de fadiga (tanto quanto possível ao ser humano), e todos os outros atributos relacionados às pessoas extremamente felizes, segue-se que é a atividade da razão que constitui a felicidade humana completa, desde que lhe seja concedida uma duração de vida completa, pois nada que pertença à felicidade pode ser incompleto.

Uma vida como essa, porém, é inalcançável para o ser humano, pois não será em virtude da sua humanidade que ele assim viverá, mas em virtude de algo dentro dele que é divino; e, na medida em que esse algo é superior à sua natureza composta, a sua atividade é superior ao exercício das outras formas de virtude.

Se a razão é, portanto, algo divino em comparação com o ser humano, então a vida conforme a razão é divina em comparação com a vida humana. Não devemos obedecer àqueles que nos aconselham a ter pensamentos humanos[100], por sermos humanos, e pensamentos mortais[101], por sermos mortais, mas devemos, na medida do possível, alcançar a imortalidade e fazer todo o possível para vivermos de acordo com o que há de mais elevado em nós; pois, embora seja pequeno em relação ao lugar que ocupa, supera em muito todo o resto em poder e valor.

---

100. Eurípides, fragmento 1040.

101. Píndaro, I, 4.16.

Pode-se até afirmar que esse elemento é o próprio ser humano, na medida em que é a parte dominante e melhor; e, portanto, seria estranho que alguém não escolhesse viver a sua própria vida, mas a vida de outro. Além disso, o que foi dito antes também se aplica aqui: o que é próprio de cada criatura é, por natureza, o que existe de melhor e de mais agradável para ela; portanto, a vida conforme a razão é a melhor e mais agradável vida para o ser humano, na medida em que a razão, mais do que qualquer outra coisa, é o ser humano. Portanto, essa vida será a mais feliz.

## 8

A vida de acordo com a virtude moral, por outro lado, é feliz apenas num grau secundário, porque as atividades morais são puramente humanas, como a justiça, a coragem e as demais virtudes que demonstramos em nossas relações com nossos semelhantes, observando o que é devido a cada um nos contratos, serviços, em nossas diversas ações e em nossas emoções; e todas essas coisas parecem ser puramente humanas. Pensa-se que algumas ações morais são o resultado do próprio corpo físico e que a virtude moral tem uma estreita afinidade, em muitos aspectos, com as paixões.

Além disso, a sabedoria prática está intimamente ligada à virtude moral e esta à sabedoria prática, na medida em que os princípios que a sabedoria prática emprega são determinados pelas virtudes morais, e o padrão correto para as virtudes morais é determinado pela sabedoria prática. Mas as virtudes morais, estando também ligadas às paixões, devem pertencer à nossa natureza composta. Ora, essas virtudes da nossa natureza composta são puramente humanas; assim também é a vida que manifesta essas virtudes e a felicidade que lhe pertence. A felicidade pertencente à razão é uma coisa à parte[102], muito pode ser dito sobre ela e uma discussão completa desse assunto está além do escopo do nosso presente propósito. Tal felicidade parece necessitar de poucos bens externos, ou menos do que a felicidade baseada na virtude moral.

Ambas, pode-se admitir, requerem as necessidades da vida, e isso em igual grau, embora o político, na verdade, se preocupe mais com as necessidades corporais que filosóficas, há, a esse respeito, pouca diferença, mas, para efeitos das suas atividades, os seus requisitos serão de grande diferença. A pessoa liberal necessitará de riqueza para realizar ações liberais, e o mesmo acontecerá com o homem justo para cumprir as suas obrigações (uma vez que meras intenções são difíceis de ver, e até mesmo os injustos fingem querer agir com justiça). A pessoa corajosa precisará de força se quiser realizar qualquer ação que demonstre sua virtude; e a pessoa temperante precisará de oportunidade, caso contrário, como ela, ou quem possui qualquer outra virtude, poderia mostrar que é de caráter virtuoso?

Também é discutido se a vontade ou o ato é o fator mais importante na virtude, visto que se supõe que ela depende de ambos. É claro que

---

102. Aristóteles, *Da Alma*, 3.5.

a perfeição da virtude consistirá claramente em ambos; mas a realização de ações virtuosas exige mais instrumentos externos, e quanto mais coisas, maiores e mais nobres são as ações. Contudo o estudioso, no que diz respeito à prossecução da sua atividade, não necessita de nenhum aparato externo, pelo contrário, quase se pode dizer que os bens mundanos são um obstáculo à contemplação; embora seja verdade que, sendo um ser humano e vivendo em sociedade, escolhe envolver-se em ações virtuosas e, portanto, precisará de bens externos para levar adiante a sua vida como ser humano.

As considerações seguintes também mostrarão que a felicidade perfeita é uma atividade contemplativa. Admitamos que os deuses, tal como os concebemos, desfrutam de suprema felicidade; que tipo de ações lhes podemos atribuir? Apenas ações de justiça? Não pareceria ridículo pensar neles como pessoas que firmam contratos, restituem depósitos e coisas do gênero? Então, ações corajosas? Suportando terrores e correndo riscos porque é nobre assim fazer? Ou ações liberais? Mas a quem eles fariam dádivas? Além disso, seria absurdo supor que eles realmente tenham dinheiro ou algo do tipo! E as ações temperantes? O que significariam no caso deles? Não seria ridículo elogiá-los por não terem maus desejos?

Se examinarmos cada uma, descobriremos que todas as formas de conduta virtuosa parecem insignificantes e indignas dos deuses. Mesmo assim, todos supõem que eles vivem e, portanto, vivem ativamente; não podemos supor que estejam sempre adormecidos como Endimião. Se, de um ser vivo, eliminarmos a ação e, ainda mais, a ação produtiva, o que resta senão a contemplação? Segue-se que a atividade dos deuses, que são transcendentes em bem-aventurança, é a atividade da contemplação; e, portanto, entre as atividades humanas, aquela que mais se assemelha à atividade divina da contemplação será a maior fonte de felicidade.

Outra confirmação é que os animais inferiores não podem participar da felicidade porque estão completamente privados da atividade contemplativa. Toda a vida dos deuses é abençoada, e a do ser humano o é na medida em que contém alguma semelhança com a atividade divina; mas nenhum dos outros animais possui felicidade, porque são totalmente incapazes de contemplação. A felicidade, portanto, é coextensiva em seu alcance com a contemplação: quanto mais uma classe de seres possui a faculdade de contemplação, mais ela desfruta genuinamente da felicidade, não como um concomitante, mas como inerente à própria contemplação, uma vez que é valiosa em si mesma. Desse modo, a felicidade é alguma forma de contemplação.

Mas a pessoa feliz, por ser um ser humano, precisará de bem-estar externo, uma vez que sua natureza não é autossuficiente para a atividade de contemplação, mas também deve ter saúde corporal e um suprimento de alimentos e outros cuidados. No entanto, se a bem-aventurança suprema não é possível sem bens externos, não se deve supor que a felicidade exigirá muitas ou grandes coisas; pois a autossuficiência não depende de abundância excessiva, nem a conduta moral, e é possível realizar atos nobres mesmo sem ser governante da terra e do mar. Pode-se praticar atos virtuosos com recursos bastante moderados (isso pode ser claramente observado no fato de os cidadãos parecerem ser mais aptos a praticar ações virtuosas do que os governantes). É suficiente, então, que haja recursos moderados, pois uma vida de atividade virtuosa será essencialmente uma vida feliz.

Sólon[103] nos deu, sem dúvida, uma boa descrição da felicidade quando disse que, em sua opinião, eram felizes aquelas pessoas que, estando moderadamente providas de bens externos, realizaram façanhas nobres e viveram com temperança; pois é possível para uma pessoa com posses moderadas fazer o que é certo. Anaxágoras também parece supor que a pessoa feliz não é rica nem poderosa, quando diz que não ficaria surpreso se ele parecesse um tipo estranho de pessoa aos olhos de muitos; afinal, a maioria julga pelas coisas externas, que são tudo o que podem perceber.

Desse modo, nossos argumentos parecem estar de acordo com as opiniões dos sábios. Tais argumentos carregam, certamente, algum grau de convicção, mas é pela experiência prática de vida e de conduta que a verdade é realmente testada, pois é aí que reside a decisão final. Devemos, portanto, examinar as conclusões que apresentamos,

---

103. Heródoto, I, 30-32.

submetendo-as à prova dos fatos da vida. Se estiverem em harmonia com os fatos, podemos aceitá-los; se discordarmos, devemos considerá-los meras teorias.

O ser que exerce a atividade intelectual e que cultiva o seu intelecto, mantendo-o nas melhores condições, parece ser também o ser mais amado pelos deuses. Pois se, como geralmente se acredita, os deuses mostram interesse pelos assuntos humanos, então será razoável supor que eles sentem prazer naquela parte do ser humano que é melhor e mais parecida com eles (isto é, a razão), e recompensam com seus favores aqueles que mais estimam e honram a razão, porque estes se preocupam com as coisas que lhes são caras e agem com justiça e nobreza. Ora, está claro que todos esses atributos pertencem principalmente à pessoa sábia. É ela, portanto, o ser mais amado pelos deuses; e se for assim, ela será naturalmente mais feliz. Nesse sentido, a pessoa sábia será a mais feliz de todas.

## 9

Se discutimos suficientemente, em linhas gerais, a felicidade e a virtude em suas diversas formas, e também a amizade e o prazer, podemos presumir que a investigação que propusemos está agora completa? Sem dúvida, no entanto, como se diz, nas ciências práticas o objetivo não é atingir um conhecimento teórico dos vários assuntos, mas antes pôr em prática as nossas teorias. Nesse caso, saber o que é virtude não é suficiente, devemos nos esforçar para possuí-la e praticá-la, ou examinar alguma outra maneira que nos torne realmente bons.

Ora, se os argumentos sobre a ética fossem suficientes por si só para tornar as pessoas virtuosas, "eles ganhariam grandes e muitas recompensas"[104], como diz Teógnis com toda a razão, e fornecer tais argumentos seria tudo o que se desejava. Porém, na verdade, vemos que, embora as teorias tenham o poder de estimular e encorajar jovens generosos e, dada uma nobreza inata de caráter e um amor genuíno pelo que é nobre, possam torná-los suscetíveis à influência da virtude, ainda assim elas são impotentes para estimular a massa da humanidade à nobreza moral. É da natureza de muitos serem receptivos ao medo, mas não ao senso de honra, e abster-se do mal, não por conta de sua baixeza, mas por conta das penalidades que ele acarreta; uma vez que, vivendo como vivem pela paixão, buscam os prazeres afins à sua natureza, e as coisas que irão proporcionar esses prazeres, e evitam as dores opostas, mas com nenhuma noção do que é nobre e verdadeiramente agradável, tendo nunca provado verdadeiro prazer. Que teoria poderia reformar a natureza de pessoas como essas? Erradicar, por meio de argumentação, hábitos há muito enraizados no caráter é difícil, senão impossível. Podemos, talvez, considerar-nos afortunados se atingirmos alguma

---

104. Teógnis, 432. "Se aos médicos os deuses tivessem dado o poder de livrar a humanidade do pecado, eles ganhariam grandes e muitas recompensas."

medida de virtude quando são nossas todas as coisas que se acredita tornarem as pessoas virtuosas.

Alguns pensam que nos tornamos bons por natureza, outros, por hábito, e outros ainda, que podemos ser ensinados a ser bons. A contribuição da natureza obviamente não está sob nosso controle, é concedida àqueles que são verdadeiramente afortunados, resultante de alguma causa divina. Suspeitamos que a teoria e o ensino não sejam igualmente eficazes em todos os casos, assim como o solo deve ser previamente cultivado para promover a semente, a mente do estudioso deve ser preparada pelo cultivo de hábitos, tornando-os favoráveis a nobres alegrias e aversões. Com efeito, aquele que se deixa viver sob as regras da paixão não ouvirá nem compreenderá o raciocínio de quem tenta dissuadi-lo; mas se sim, como a opinião de tal indivíduo poderia mudar por meio de argumentos? Falando de modo geral, a paixão parece não ceder ao argumento, mas apenas à força. Devemos, portanto, de alguma forma, garantir que o caráter terá desde o início uma afinidade natural com a virtude, amando o que é nobre e odiando o que é vil.

É difícil receber uma educação correta voltada para a virtude desde a juventude sem ser educado sob leis corretas, pois viver com temperança e resistência não é agradável para a maioria das pessoas, especialmente quando jovens; portanto, a educação e os exercícios dos jovens devem ser regulamentados por lei, uma vez que a temperança e a resistência não serão dolorosas quando se tornarem habituais. Mas, sem dúvida, não é suficiente que as pessoas recebam a educação e a disciplina adequadas na juventude, devem também praticar as lições que aprenderam e estar habituados a elas quando crescerem. Consequentemente, precisamos de leis para regular também a disciplina dos adultos e, de modo geral, de toda a vida; porque muitos são mais receptivos à necessidade e à punição do que à razão e aos ideais morais.

Por esse motivo, alguns sustentam[105] que, embora seja apropriado ao legislador encorajar e exortar outros à virtude por motivos morais, na expectativa de que aqueles que tiveram uma educação moral virtuosa responderão, ainda assim ele é obrigado a impor castigos e penalidades para os de natureza inferior, e a banir completamente os incorrigíveis da pólis[106]. Eles argumentam que embora a pessoa virtuosa, que guia sua vida por ideais morais, seja obediente à razão, a pessoa má, que apenas deseja o prazer, deve ser castigada pela dor, como um animal de carga. Na verdade, por isso dizem também que as penas e penalidades infligidas deveriam ser as que mais se opusessem aos prazeres que os transgressores amam.

Em suma, como foi dito, se para ser boa uma pessoa deve ter sido devidamente educada e treinada, e deve subsequentemente continuar a seguir hábitos de vida virtuosos e não fazer nada vil, seja voluntária ou involuntariamente, então isso será

---

105. Platão, *As Leis*, 722d.

106. Platão, *Protágoras*, 325a.

assegurado aos que vivem de acordo com uma certa inteligência e ordem, desde que sejam adequadas. Ora, a autoridade paterna não tem força ou poder coercitivo quanto à obediência (falando de modo geral, nem os tem a autoridade de apenas um indivíduo, a menos que ele seja um rei ou algo semelhante); mas a lei, por outro lado, é uma regra baseada em uma certa sabedoria e razão prática e possui esse poder coercitivo. As pessoas detestam quem contraria seus impulsos, mesmo que o façam com razão, ao passo que a lei não lhes é pesada ao ordenar uma conduta virtuosa.

Esparta, todavia, parece ser a única, ou quase a única, pólis em que o legislador prestou atenção à educação e aos exercícios dos cidadãos; na maioria das pólis, tais assuntos foram totalmente negligenciados, e cada pessoa vive como quer, tal como os ciclopes: "ditando a lei ao cônjuge e aos filhos"[107]. O melhor então é que exista um sistema adequado de encargo público, mas quando o assunto é negligenciado pela comunidade, parece ser dever do indivíduo ajudar seus próprios filhos e amigos a alcançar a virtude, ou fazer desse o seu objetivo, mesmo se não for capaz de realizá-lo com sucesso.

Parece decorrer do que foi dito que esse indivíduo terá mais probabilidades de ter sucesso nisso se tiver adquirido a capacidade de legislar. De qualquer forma, as regulamentações públicas devem ser claramente estabelecidas por lei, e apenas boas

---

107. Homero, *Odisseia*, Canto IX, v. 114.

leis produzirão boas regulamentações; mas não parece fazer diferença se essas leis são escritas ou não, ou se devem regular a educação de uma única pessoa ou de um número de pessoas, assim como não acontece no caso da música, da ginástica ou de ocupações semelhantes. Assim como os decretos legais e os costumes têm autoridade na pólis, as exortações paternas e os hábitos familiares têm autoridade no lar, e é ainda mais predominante devido aos laços de sangue e dos benefícios conferidos; assim, o pai pode contar com a afeição e obediência natural dos filhos desde o início. Além disso, o tratamento privado é melhor do que público, tanto na educação como na medicina. Como regra geral, o repouso e o jejum são bons para a febre, mas podem não ser os melhores para um caso específico; e presumivelmente um professor de boxe não impõe o mesmo estilo de luta a todos os seus alunos. Pareceria, então, que a atenção privada fornece resultados mais precisos em casos particulares, pois é mais provável que o sujeito em particular obtenha o tratamento que lhe convém. Mas um médico, um treinador, ou qualquer outro que tenha o conhecimento de como tratar melhor uma pessoa em particular, sabe o que é bom para todos, ou para outras pessoas do mesmo tipo (pois as ciências lidam com o que é universal, como se dizem com razão).

Entretanto não há dúvida de que é possível que um determinado indivíduo seja tratado com sucesso por alguém que não seja um especialista científico, mas que possua um conhecimento empírico baseado na observação cuidadosa dos efeitos de várias formas de tratamento sobre a pessoa em questão; assim como algumas pessoas parecem ser os melhores médicos de si mesmas, embora não possam fazer nenhum bem a outra pessoa. No entanto, sem dúvida se concordaria que qualquer pessoa que deseje tornar-se mestre numa arte ou na ciência deve buscar os princípios gerais e familiarizar-se com eles pelo método adequado, pois a ciência, como dissemos, lida com o universal.

Assim, presumivelmente, uma pessoa que deseja melhorar outras (sejam poucas ou muitas) mediante a disciplina deve esforçar-se por adquirir a ciência da legislação, assumindo-se que é possível nos tornar bons por meio de leis. Moldar corretamente o caráter de toda e qualquer pessoa que aparece na nossa frente não é uma tarefa que pode ser realizada por qualquer pessoa, mas apenas (se é que pode ser realizada) pela pessoa que possui conhecimento científico, assim como é o caso da medicina e de outras ocupações que envolvem cuidado e prudência.

Não seria, então, conveniente agora indagar de quem ou como a ciência da legislação pode ser aprendida? Será, como em todos os outros casos, a partir dos políticos? Como vimos, a legislação é um ramo da ciência política. Ou haveria uma diferença entre a ciência política e as outras ciências e artes? Nestas, as pessoas que transmitem o conhecimento da arte são as mesmas que a praticam, como médicos e pintores; mas, na política, os sofistas, que professam ensinar a ciência da política, não são eles que a praticam, mas os políticos, que parecem confiar mais numa espécie de habilidade empírica do que no raciocínio. Com efeito, não os vemos escrever ou dar palestras sobre princípios políticos (embora isso possa ser uma ocupação mais honrosa do que redigir discursos forenses e da assembleia), nem notamos que transformam os seus próprios filhos ou amigos em estadistas. No entanto, seria de se esperar que o fizessem, se disso fossem capazes, pois não poderiam ter deixado às suas pólis nenhum legado mais valioso que a habilidade política, ou escolheriam transmiti-la aos que são mais próximos deles. Não que a experiência não pareça contribuir consideravelmente para o sucesso político; caso contrário, as pessoas nunca se teriam tornado estadistas apenas por intermédio da participação na política. Portanto, parece que aqueles que aspiram a conhecer a arte da política necessitam de experiência prática, bem como de estudo.

Por outro lado, os sofistas que professam ensinar política estão muito longe de fazê-lo com sucesso. Na verdade, ignoram absolutamente a própria natureza da ciência e dos assuntos de que trata; caso contrário, não a classificariam como idêntica, ou mesmo inferior, à arte da retórica[108]. Nem imaginariam que é fácil formular uma constituição fazendo uma coleção de leis existentes já consideradas boas, na suposição de que se pode selecionar o melhor entre elas; como se essa seleção não exigisse inteligência, e como se julgar corretamente não fosse uma tarefa muito difícil, tanto como o é, por exemplo, na música.

108. Isócrates, 15.80.

Somente os especialistas em uma arte podem julgar corretamente as produções dessa arte, e são eles que compreendem os meios e o método pelos quais a perfeição é alcançada, e sabem quais elementos se harmonizam entre si; os amadores podem contentar-se se conseguirem discernir se o resultado geral produzido é bom ou mau, por exemplo na arte da pintura. As leis são o produto, por assim dizer, da arte da política; como é possível, então, uma mera coleção de leis ensinar a alguém a ciência da legislação, ou torná-lo capaz de julgar quais delas são as melhores? Não vemos pessoas se tornando médicas especialistas a partir de um estudo de manuais médicos. No entanto, os médicos procuram descrever não apenas os tratamentos, mas também métodos de cura e modos de tratamento para tipos específicos de pacientes, classificados de acordo com seus vários hábitos corporais; e isso parece ser valioso para aqueles que tiveram experiência prática, embora seja inútil para os inexperientes.

É claro, portanto, que as compilações de leis e constituições podem ser úteis para estudiosos capazes de estudá-las criticamente e julgar quais medidas são valiosas, ou o contrário, e que tipo de circunstâncias são adequadas a que tipo de lei. Aqueles que examinam tais compilações sem possuir experiência não podem ser capazes de julgá-las corretamente, a menos que o façam por instinto, embora possam muito provavelmente tornar-se mais inteligentes nesses assuntos.

Como a questão da legislação não foi investigada pelos pensadores anteriores, talvez seja bom se a considerarmos por nós próprios, juntamente a toda a questão da constituição em geral, a fim de completar, tanto quanto possível, a nossa filosofia da humanidade. Começaremos[109] com uma revisão de todos os pronunciamentos de valor expostos pelos pensadores que nos antecederam; e então, com base na nossa coleção de constituições[110], consideraremos quais instituições preservam e quais destroem as pólis em geral, também as diferentes formas de constituição em particular, e quais são as razões que fazem com que algumas pólis sejam bem governadas e outras o oposto. Após estudar essas questões, estaremos talvez em melhor posição para discernir qual é absolutamente a melhor constituição e quais são os melhores regulamentos, leis e costumes para qualquer forma de constituição. Comecemos, então, a nossa discussão.

---

109. Esse trecho fornece um parâmetro do conteúdo da *Política*, de Aristóteles.

110. Aristóteles compilou descrições das constituições de 158 pólis gregas. Dessas, somente a *Constituição de Atenas* sobreviveu.

Veja outros livros do selo *Vozes de Bolso* pelo site

livrariavozes.com.br/colecoes/vozes-de-bolso

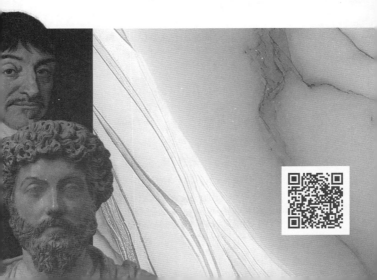

Conecte-se conosco:

- **f**    facebook.com/editoravozes
- **◉**    @editoravozes
- **X**    @editora_vozes
- **▶**    youtube.com/editoravozes
- **☏**    +55 24 2233-9033

www.vozes.com.br

Conheça nossas lojas:

www.livrariavozes.com.br

Belo Horizonte – Brasília – Campinas – Cuiabá – Curitiba
Fortaleza – Juiz de Fora – Petrópolis – Recife – São Paulo

**EDITORA VOZES LTDA.**
Rua Frei Luís, 100 – Centro – Cep 25689-900 – Petrópolis, RJ
Tel.: (24) 2233-9000 – E-mail: vendas@vozes.com.br